智能制造下的创新引领系列丛书

A Research on Construction of Integrative Leadership and its Effectiveness under Enterprise Internet Transformation

企业互联网转型背景下整合型领导力建构及其效能研究

张大鹏　孙新波　／著

中国财经出版传媒集团

经济科学出版社
Economic Science Press

图书在版编目（CIP）数据

企业互联网转型背景下整合型领导力建构及其效能研究/
张大鹏，孙新波著．—北京：经济科学出版社，2019.8
（智能制造下的创新引领系列丛书）
ISBN 978 – 7 – 5218 – 0795 – 0

Ⅰ.①企…　Ⅱ.①张…②孙…　Ⅲ.①企业领导学 –
研究　Ⅳ.①F272.91

中国版本图书馆 CIP 数据核字（2019）第 183258 号

责任编辑：李　雪
责任校对：靳玉环
责任印制：邱　天

企业互联网转型背景下整合型领导力建构及其效能研究

张大鹏　孙新波　著

经济科学出版社出版、发行　新华书店经销

社址：北京市海淀区阜成路甲 28 号　邮编：100142

总编部电话：010 – 88191217　发行部电话：010 – 88191522

网址：www. esp. com. cn

电子邮件：esp@ esp. com. cn

天猫网店：经济科学出版社旗舰店

网址：http：//jjkxcbs. tmall. com

北京季蜂印刷有限公司印装

710×1000　16 开　21.5 印张　310000 字

2019 年 8 月第 1 版　2019 年 8 月第 1 次印刷

ISBN 978 – 7 – 5218 – 0795 – 0　定价：86.00 元

（图书出现印装问题，本社负责调换。电话：010 – 88191510）

（版权所有　侵权必究　打击盗版　举报热线：010 – 88191661

QQ：2242791300　营销中心电话：010 – 88191537

电子邮箱：dbts@ esp. com. cn）

总　序

　　人类的战车已经经历了自然社会、农业社会和工业社会前期，目前正在驶向以 5G 和物联网为主要特征（德·克劳斯·施瓦布的观点）的第四次工业革命时代。众所周知，第一次工业革命自 1764 年（标志为第一台机械纺织机）始，开启了以蒸汽为动力驱动的机械生产方式；第二次工业革命自 1913 年（标志为第一条 T 型流水线）始，开启了以电力为动力驱动的大规模流水线生产方式；第三次工业革命自 1969 年（标志为第一台可编程控制器）始，开启了以电子信息技术为动力驱动的自动化生产模式，这就是坊间所谓的工业 1.0、2.0 和 3.0。一般将 2013 年德国在汉诺威工业博览会上提出的"工业 4.0"战略称为工业 4.0 的肇始，也就是第四次工业革命，第四次工业革命开启了以数据赋能为动力驱动的大规模定制智能化、数字化和网络化生产模式。工业 4.0 时代也被称为智能时代，尤其是智能制造时代，除了德国工业 4.0 之外，还有美国工业互联网和中国制造 2025，这些构成了当今全球主要的工业 4.0 版图。就过往而言，技术生产力的变革带来了生产方式的变化，进而导致经济基础和生产关系的变化。未来，人类社会可能还会出现第五次、第六次乃至于第 N 次工业革命，也可能会从工业社会跃迁到服务社会或者智慧社会，都未可知。我们只知道这一切都是人类依据自身需求经由科技进步自设计出来的，将来是开出善花还是结出恶果，都需要人类自承担，这是人类这个整体的自使命。

　　在这样一个人类社会简单演化过程中，祖国迎来了两个百年的奋斗目标和中华民族伟大复兴的梦想。两个百年分别是：从 1921 年到 2021

年的建党百年和从 1949 年到 2049 年的建国百年。我个人一般将这两个百年整合后划分为四个阶段：第一阶段是 1921 年到 1949 年的建党到建国；第二阶段是 1949 年到 1978 年的建国到改革开放；第三阶段是 1978 年到 2017 年的改革开放到新时代；第四阶段是 2017 年到 2049 年的新时代到建国百年。第一、二阶段暂且不论，狭义来看，我认为第三阶段整个社会发展的主旋律是围绕"经济、硬件和数量"展开的，其核心特征是"逐利"；第四阶段整个社会发展的主旋律将围绕"人文、软件和质量"展开，其主要特征是"寻义"。二者综合特征是"义利合一，得德相通"，这是中国当代社会发展的一种基本规律，如果说人类工业社会变迁主要是科技规律使然，那么中国近百年的社会变迁主要是人文规律使然。单纯就我国而言，人文命脉绵延至少八千年屹立不倒，这是中华民族伟大复兴的战略资源，这也是中华文明天人互惠均衡观给新时代的最重要的思想源泉。在中华民族伟大复兴的征途中，中国的企业和企业家们、尤其是中国的实体企业和企业家们如果能够抓住这个机会，必将重建中华文化的全球尊严。在复兴的伟大道路上，我们需要一边坚持全球技术的创新，一边坚持本土文化的推新，同时要控制人性欲望的膨胀。唯如此，我们方可迎难而上、引领未来，这其中，创新比任何时候都显得更为重要。

就中国实体经济中的工业发展而言，我认为其创新大抵可以分为创新追随、创新驱动和创新引领三个阶段。创新追随主要是模仿基础上的创新，其典型如学习苏联后生成的著名的鞍钢宪法（两参一改三结合），这一宝贵财富目前仍然适用于中国的许多实体企业；创新驱动主要是模仿与自主开发相结合基础上的创新，其典型如海尔基于中国传统文化与西方管理科学相交互后生成的"海尔制"管理范式（人单合一管理模式），海尔制必将继泰勒制、福特制和丰田制之后成为新的组织和管理范式并引领企业管理的发展；创新引领必然主要是自主开发基础上的创新，此时已然没有可追随者，我们已经成为被追随的对象，其典型如今日之华为在科学和技术创新道路上以点燃自我的精神奋斗不息，这种精神和行为才刚刚开始，其威力无穷，其创新无限。创新终极归宿的最好方式除了点燃，别无其他，我们的制造业企业也应该像丹柯一样把心拿出来烧，以照亮那未知的前路。

我有幸生于、长于并成于这伟大的时代、伟大的国，这时代和这国给予我无限的希望和无穷的力量，她教我建构了整体世界下的原子还原，我始终坚守"整分合"的一般逻辑，并在此基础上搭建了我的研究团队"波导战团"。"波导战团"始终坚守初心，以有限的学人之力去实践那"顶天立地"的事业，在我们而言，"顶天"就是坚持解决制造业企业的理论和实践问题，"立地"就是坚持智能制造的本土化和国际化的融合，在此基础上开出了"一体两翼"的科研奋斗格局。"一体"就是由教授、博士、硕士和本科组成的波导战团，"一翼"是线上"易简萃升书院"，它的使命是复兴基于易学等经典的传统文化；"一翼"是线下"全球制造业企业研究院"，它的使命是针对制造业企业的问题和需求提供整体解决方案，上述所有方面的交互成果之一就是"智能制造下的创新引领系列丛书"。这套丛书涵盖了"波导战团"的所有研究方向，它包括整合式领导力、协同激励、数据赋能、制造业战略转型、数字商业模式创新、数字创业机会识别、数字国际化创业以及管理哲学和本土管理研究等等领域。"波导战团"发愿三十年深耕"智能制造下的创新引领"，长期主义是"波导战团"的一贯选择，"波导战团"追求从少年期的"帅"到成年期的"师"再到成熟期的"帅"，不管是年少轻狂，还是老成持重，亦或是创新引领，我们始终是"一"以观之，从帅到师始终加一，从师到帅始终减一，我们即是旁观者，亦是参与者，这个一就是那"智能制造下的创新引领"，为此，我们初心不变。

人都是参赞化育的结果，参是标杆和榜样、赞是表扬性引导、化是以文化人魂、育是培育全英才，参赞化育在今天比历史上任何时候都重要，世界需要参赞化育，主客体只有经历了参赞化育才会开出"三生万物"的万千气象。我和我的"波导战团"始终基于人性素的人性假设，长期坚守智能制造下的创新引领，它必将生成并开出人与自然和谐共生之共同体。为此，我们坚信！

智能制造下的创新引领系列丛书计划每年至少推出 1～2 本著作。追随中国制造 2025 的战略指引，到 2025 年该系列丛书将形成区域影响力并提供智库支持；到 2035 年该系列丛书将形成全国影响力并辐射全球，2035 年之后将形成全球影响力并引领制造业发展，这是我们的梦想也是我们的使命，为此，我们奋斗不息。

孙新波

2019 年 8 月

前　言

　　随着互联网技术的不断发展与企业转型战略的深度推进，企业逐渐围绕互联网展开自己的业务活动，踏入了以互联网为支撑的新经济轨道。在这一转型过程中，企业需要应对与传统工业经济完全不同的挑战，互联网联通与显性效应使得企业、企业参与的合作网络以及企业内员工形成了一个统一的整体。企业间如何实现创新合作，组织结构如何转型支撑企业的互联网发展以及企业如何激发员工潜能等都是影响企业互联网转型的关键问题。行驶在与之前完全不同的商业逻辑轨道上，企业领导者如何应对外部动态环境变化，充分洞悉与把控影响企业互联网转型的关键因素对实现企业的转型发展至关重要。结合企业互联网转型背景，本书对整合型领导力理论进行了研究。

　　首先，本书利用扎根理论方法探究了企业互联网转型背景下整合型领导力的概念内涵。整合型领导力是在互联网时代下作用于组织及组织所在情境的多层次领导力模式，并且将其定义为：在企业互联网转型背景下从领导者的突破探索精神和共同体思维出发，利用互联网技术整合合作网络中所有参与主体的战略目标，鼓励各层级参与单元参与决策，通过关系网络发展以及边界突破能力实现共同利益分享的一种领导模式。该情境下的整合型领导力主要包含了战略目标整合、混合决策、关系网络发展、边界跨越和利益共同分享五个结构维度。对其产生的外部动因归纳为互联网情境因素变化带来的强大链接作用、隐形信息的公开化以及内部动因领导力的性格特质与思维方式。明确了其作用层次包括合作网络层、组织层以及个体层，总结了其跨边界能力和关系整合等核心特征。

其次，以沈阳机床股份有限公司以及青岛酷特智能股份有限公司为案例研究对象，对整合型领导力在企业互联网转型中的作用机理进行了研究。在合作网络中，整合型领导力主要是通过战略目标的整合，打破企业边界，创造良好稳定的合作网络环境，实现资源的交互；在组织层，整合型领导力通过组织结构以及领导成员关系的重构，实现组织的柔性化建设；在个体层，整合型领导力的作用机理主要体现在授权的环境氛围和灵活的组织结构下，促使员工对组织和领导的信任不断提升，员工参与感以及自我效能感不断增加，最终实现自我发展。另外，本书还从柔性组织结构建构来保障稳定的资源获取路径、新型的领导成员关系实现员工效能感提升、共同利益创造与分享的思想传递于个体、组织与合作网络三个层面，以此探究整合型领导力的跨层次作用机理。

再次，本书对企业互联网转型背景下整合型领导力的量表进行了开发。通过扎根理论的分析结果问题化以及与探究变量相关的已有研究量表构建了初始题库。在本书组建的实践组与学术组分析下，借助数据分析软件对初始的题库进行了纯化，最后构建了包含"在合作之前，领导者会与参与者商讨合作目标，最终达成一致性的认知""领导者会考虑所有参与者的目标，并将参与者目标整合到共同目标中去"等18个题项的企业互联网转型背景下的整合型领导力量表。正式量表形成后，在回收到184份有效问卷的基础上，进行了量表的结构分析、因子有效性与共线性检验以及效度检验，检验结果良好。

最后，探究了整合型领导力的作用效能。在第4章与第5章构造的整合型领导力的概念内涵与行为特征及作用机理的基础上对整合型领导力的作用效能进行了如下具体的研究：一是在合作网络层对整合型领导力在企业间作用效能进行了研究，主要以企业间创新绩效作为结果变量，引入了知识整合、网络关系嵌入度以及组织开放度等变量，研究发现整合型领导力正向影响企业间创新绩效；知识整合与网络关系嵌入度在其中起到部分中介作用以及两者共同起到连续中介作用；组织开放度能够正向调节整合型领导力与知识整合的关系。二是在组织层以组织创新绩效为结果变量对整合型领导力在组织层的效能进行了研究，研究发现整合型领导力正向影响组织创新绩效；人力资源柔性在其中起到部分中介作用；组织沟通正向调节整合型领导力及人力资源柔性与组织创新绩效之间的关系。三是在个体层以员工创新绩效为结果变量对整合型领导力在个体层的效能进行了研究，研究发现整合型领导力跨层次的影响员工心理授权，进而影响员工创新绩效的提升；整合型领导力通过影响人力资源柔性，跨层次的影响员工创新绩效。

本书主要的理论贡献包括：在梳理了整合型领导力的相关文献，以及对领导力文献总结的基础上对领导力的整合模型进行了构造，结合企业互联网转型的关键特征，运用动态能力理论、组织转型理论以及组织变革理论，提出了基于互联网转型背景下的整合型领导力的概念，利用扎根理论等方法对整合型领导力的内涵、动因、作用层次以及关键特征进行了分析；利用案例研究法探究了企业互联网转型背景下整合型领导力的一般作用机理。主要是在企业互联网转型背景下整合型领导力概念内涵与行为特征研究的基础上，确定了整合型领导力的作用层次，然后利用案例研究的方法对整合型领导力在合作网络层、组织层以及个体层的作用机理进行了探讨；给出了对整合型领导力的测量工具，并探究了企业互联网转型背景下整合型领导力的效能，以问卷的形式收集统计数据，在此基础上运用数据分析软件对建构的理论模型进行了实证检验。

目录

第1章

绪　　论

1.1　研究背景

1.1.1　实践背景

（1）企业互联网转型已经成为全球范围内企业发展的主流方向

随着互联网技术的不断深化发展与演进，世界各国都已经意识到信息化技术对产业革命的促进作用。在 2013 年，德国政府就推出了"工业 4.0"战略，旨在利用互联网技术带来的"互联"特性，实现传统企业向智能制造企业的转变。世界上的其他制造业大国也提出了相应的举措来应对这一场全球化的产业变革，例如美国提出了"工业互联网"和"再工业化"战略，日本发布了《制造业白皮书》，中国也提出了"中国制造 2025"计划。2015 年和 2018 年李克强总理在政府工作报告中也多次强调了制定"互联网＋"行动计划的重要性，不断推动互联网技术与传统企业的结合，进而实现传统产业的深刻重塑。互联网转型的目的也是为了实现互联网技术与传统行业的结合，改变传统企业落后的生产、管理和销售模式，不断提高其研发创新和组织创新等，实现整体产业的快速发展。此外，企业互联网转型还是供给侧改革和新常态下经济模式转变的重要实现路径。企业作为供给侧改革的生产端，在过去的几年间已经重塑了我国多个传统行业，实现了"互联网＋传统行业"的新模式，在充分利用互联网带来的活力以及其创造出来的新业态与新模式下，不断改造传统动能，实现整个行业向新动能转换。

对于整个产业来说，企业互联网转型能够提升整个产业内企业的生产运营效率、降低企业发展成本、拓展开发新市场以及创新经营新模式等，是提升产业和资源组织化程度、转变经济发展方式、提高经济运行质量和增强国际竞争力的重要途径，对于优化产业结构、支撑战略性新兴产业的发展和形成新的经济增长点具有非常重要的作用，对于满足和提升消费需求、改善民生和带动就业具有十分重要的意义，对于经济和社会可持续发展具有愈加深远的影响。麦肯锡全球研究院（MGI）2017年12月最新的报告《数字时代的中国：打造具有全球竞争力的新经济》指出，随着互联网技术的不断应用，企业数字化进程不断推进，各行各业正在不断拓宽数字技术的应用范围，新一波数字化浪潮已经到来。报告中预测到2030年，数字化的三股推动力"去中介化、分散化和非物质化"或可转变并创造10%～45%的行业总收入。同时报告中也指出，由于中国的多数传统行业效率较为低下，整个行业范围内的企业互联网转型就显得更加重要，特别是需要融合数字化技术颠覆整个行业发展规则。

对于互联网转型的企业而言，传统企业的组织模式与生产运营方式已经不能满足整个社会对于多元化需求以及快速反应的要求。因此，企业在不断地引入互联网技术，增加与消费者和整个价值链条上的链接，提高自身需求满足能力与快速反应能力。2018年1月《中国互联网络发展状况统计报告》中显示，2016年度企业的计算机使用、互联网使用以及宽带接入已全面普及，分别达到了99.0%、95.6%和93.7%，相比2015年度分别上升3.8个、6.6个和7.4个百分点。在信息沟通、财务与人力资源管理等内部支撑类应用方面，企业互联网活动的开展比例均保持上升态势。企业开展在线销售和在线采购的比例实现了 10 个百分点以上的增长，分别达 45.3% 和 45.6%。在传统媒体与新媒体加速融合发展的趋势下，互联网在企业营销体系中扮演的角色愈发重要，互联网营销推广比例达到了 38.7%。此外，60% 企业建有信息化系统，相比 2015 年提高了 13.4 个百分点。在供应链升级改造过程中，企业也日益重视并充分发挥互联网的作用。从上文中不难看出，企业互联网转型的程度和强度在不断的增加，在此过程中企业的管理情境发生了巨大的变化，领导力作为企业发展的重要保障因素也受到了冲击与颠覆，那么实践中的领导力发生了什么变化呢？它又是如何实现和保障企业转型发展的呢？这就需要结合实践情况，构造适用于新情境下的领导力类型，并探究其对企业互联网转型发展的作用机理。

（2）企业互联网转型无标杆样本作为参考，对组织管理提出了更高要求

自改革开放以来，中国经济取得万众瞩目的发展，并且已经成为世界经济不可或缺的动力引擎。然而，国内企业长期的粗放发展模式，依赖资源开发和较低的劳动力成本，加上基础建设投资减缓、去库存成为主流趋势等因素的影响，国内企业纷纷遇到转型升级的紧迫压力，互联网转型成为中国企业持续健康发展的必然选择。越来越多的传统企业开始意识到企业互联网转型的重要性，例如海尔、沈阳机床等众多著名企业正在努力寻求企业的互联网转型发展。由于互联网环境的复杂性以及企业与互联网融合模式的多样性，加之传统企业发展中战略与组织等的刚性问题，都造成了互联网转型企业没有标杆样本作为参考，只能根据企业的实际发展需求摸着石头过河。

在传统企业发展模式中，企业会面临着诸如：企业所在的价值链条过长导致信息传递效率低、反应速度慢以及沟通不畅；过于强调了标准化，缺乏对多元化市场需求的满足；强调自身利益的满足而忽视了对协同意识的关注等问题。在 2016 年张瑞敏就强调，互联网时代企业首先

应该转变的是自身的思维方式，由以前的单一卖产品转向满足用户的需求，不断地创造用户价值，打破用户与企业之间的距离，实现"零接触"。互联网思维不是对互联网工具的简单应用，而是要在企业发展运用的各个环节中都要实现链接与交互，特别在原材料的供应、产品设计、生产、销售、售后服务的各个环节和用户建立联系，及时听取用户声音，根据用户需求及时调整企业经营。

企业的互联网转型将供应商、消费者、生产者与服务商等整合到了一个互联互通的网络中，打破了原有的企业间、组织间以及企业与消费者、组织与消费者之间的时空边界，将所有经济活动运行的参与主体放置在一个整合平台中。这一方面，要求企业需要改变原有的发展模式逐渐向平台化转型；另一方面，也使企业内部的科层制受到冲击，逐渐向扁平化发展。该情境的变化给企业互联网转型中的领导者带来了一个很大的难题，领导者需要采取何种领导模式以及发挥何种作用才能够保障企业的互联网转型顺利进行。考虑到传统组织管理模式中诸如部门边界明晰、组织层级分明、领导成员关系僵化以及组织刚性等问题，会对在复杂无序的互联网时代下企业的发展造成阻碍，因此企业需要一种更具动态演化能力的复杂组织形态，特别是一种整合型领导力，以无序对抗无序、以复杂对抗复杂。因此，互联网时代的企业转型对组织管理，特别是领导模式的创新提出了更高的要求。

1.1.2　理论背景

（1）领导力理论丛林朝向整合性的趋势发展

领导力理论经过100多年的发展，已经被大量的研究证实其与组织成功存在着必然联系[1]。伴随着领导力理论的发展，领导力类型也在井喷式的增加并逐渐呈现出了丛林之态。尽管领导力得到了迅速而深刻的发展，也逐渐形成了一个较为成熟的研究领域，但是在其发展中的一些普遍性的假设还是受到了学者们的质疑[2,3]。有学者认为产生这部分质疑的主要原因是由于学者们在研究过程中对真实的领导行为和下属对领导行为的认知之间产生了混淆（Dinh et al.，2014）[4]。而有的学者认为产生和加剧混淆的主要原因是由于测量缺陷造成的（Behrendt et al.，2017）[1]。而测量背后所呈现出的混乱研究状态主要包括两点：一是在领导力的研究中，不同领导力类型缺乏明确的概念定义，导致不同概念之间有相当大的重叠。二是缺乏一个包含明确中介和调节过程的一致性因果关系模型，这就导致领导力作用机制的研究上难以达成共识抑或是缺乏理论解释的一致性[5]。

克尼彭伯格等学者指出领导力研究领域中这种混乱状态已经非常严重，对现有领导力理论的微小修正已经无法解决这一问题，并且也呼吁要减少对现有领导力理论中一些相关概念的关注，而是要将注意力放到领导力新概念的研究上[5]。大卫·V. 戴和约翰·安东纳基斯在其《领导力的本质》一书中也指出领导力的本质十分复杂，到目前为止还没有形成一个被学者们广泛接受的定义[6]。领导力难以被定义的原因一方面，是由于领导力本身涉及的相关学科非常多，例如心理学、社会学与政治学等[6~8]，学者们难以将多种学科的认识进行整合；另一方面，是由于学者们对情境因素的过度关注[9]。将情境因素加入到了领导力的研究中能够明确领导力在不同情境下的效用[10]，但是学者们将情境因素过度使用而加入到了领导力的概念中，并根据情境变化不断构造新领导力类型时就会造成领导力类型的井喷式增长和领导力理论的整体混乱[11]。

领导力的类型逐渐从个体走向团体，从职位走向职责，从单一层次走向跨层次，从自然人走向企业组织，从仅以领导为中心到开始从员工的视角来审视领导力[12]，但是这么多的领导力类型中，仍然没有一个明确的领导力定义。如果从关系的角度来看待领导力时，主要存在两个观点：第一种传统观点的认识是关注人际关系中的实体属性的识别[10][13]，第二种观点是认为领导力是一个社会建构的过程，通过此过程理解领导力的产生，并赋予其特殊的本体认识[10][13]。第一种传统的观点是从个

5

体的角度出发的，将关系看作是相互独立和分散的实体；第二种观点关注的重点不再是关系中的人，而是一个过程的视角来思考领导力的产生，并认为人员、领导力以及其他的实际关系都是过程的产物[13]。无论从什么角度来认识领导力，关于"领导力是什么？""领导力的促发因素是什么"等问题仍然没有解决。

本书的统计结果发现，在中国自然科学基金委划定的 30 种期刊公开发表的文章中共包含了 50 种领导力类型；在国外 *The Leadership Quarterly*（《领导力季刊》）、*Academy of Management Journal*（《管理学会杂志》）等 16 种期刊的发表论文中共包含了 65 种领导力类型，这足以见得领导力理论丛林是异常的茂盛。尽管出现的这些领导力类型多作用于组织或合作网络中的某个层面，但是有学者指出多种领导力的整合必然会成为一种新的趋势[2][5]。例如，巴斯认为随着经济环境的变化，组织竞争进一步加剧，需要领导者从各方面都要有所提升，这就要求领导者具备超强的整合能力，不仅要整合自身特质、技能、行为等，还要具备与具体情境相整合的领导力模型框架以应对复杂环境的能力。费尔南德斯等学者（Fernandez et al.，2010）在领导力有效性等相关理论的基础上，试图开发建构一种领导力的框架模型，并尝试将领导的技能、特质、行为、风格以及管理情境等加入模型中来解释领导力的有效性[14]。因此，在复杂情境下分析领导力的发展，并构造一种整合型领导力已经成为领导力领域发展的新趋势。已有领导力理论整合的相关研究，能够为整合型领导力的产生提供理论支持，同时为整合型领导力的理论建构提供理论基础。

（2）企业互联网转型给领导力理论带来了全新的挑战

互联网时代的企业转型本质上是组织在高度不确定性、快速变化背景下将互联网作为一种生产力，是涉及公司文化、策略、运营、组织架构和合作伙伴的多维度、大规模和全方位性的组织变革[15]。企业互联网转型主要在两方面发挥作用：一是企业利用技术和平台打破原有的资源获取路径，使企业将自身放置在整体网络中（网络中心度低和无明显的行政隶属关系等特点），以提高生产与服务效率[16]；二是通过组织结构变革，打破原有的部门制与科层制，充分利用获取的资源，快速响应消费者的需求[17]。但在这一过程中，企业领导者往往会面临"两不着"的转型困境：首先，企业能否实现在与利益相关者建立的平台生态系统中获取资源。其次，企业的组织结构能否实现资源的利用和快速满足消费者需求。两者共同的结果直接影响整个企业互联网转型的成败。事实上，许多研究者和实践者都指出领导力在组织转型中具有重要的作用[18]。

企业互联网转型中企业领导者的任务要求由于情境变迁而发生了显著的变化。首先，互联网技术深刻地改变了各个行业所处的外部环境，使得企业生存和发展的商业逻辑发生了很大改变，因此领导者需要更加重视组织外部因素[19]。例如，领导者要思考企业在互联网背景下有哪些新兴用户及其新的特点，组织是否需要重构商业模型或重构资源获取路径来适应互联网的快速迭代。其次，互联网对企业各个管理活动的深刻影响，使领导者与员工之间的互动关系呈现出新的特点[20]。例如，企业领导者过去更多是通过组织设计或制度安排与员工建立联系，但在强调开放、平等和互动的互联网背景下，企业领导者与组织中的员工有了更多直接互动的可能，同时需要关注员工多元化的个性需求。相比于传统任务，这些新的领导任务表现出两方面特点：一方面，受外部环境驱动更多，创新的开发和执行在互联网时代对于经济环境的骤变是最重要的，因此领导者的任务重心开始转向基于外部环境的组织创新与生态合作[21]；另一方面，需重新审视组织内部人力资源的管理，特别是领导者与员工之间的新型互动关系，员工的身份在互联网背景下开始由受雇方转为组织合作者，同时更多地参与组织的各项任务和重要决策[20]。因此，在新情境下需要一种新型的领导力理论既能保证基于外部环境的组织创新与生态合作的顺利运行，还要保证组织结构柔性化以及新型的领导员工关系以适应这种快速变化和不确定性的外部环境。

1.2 问题提出

1.2.1 互联网转型背景下整合型领导力的概念内涵是什么

企业互联网转型打破了传统的企业发展模式，不再仅依靠单个价值链条，而是借助互联网带来的效应，与利益相关者形成共同的价值网，以此获得共同利益。在此过程中，企业为了能够适应自身与外界信息交流的速度和质量要求，不断的打破各种边界，形成极度扁平化的组织结构。该组织结构直接与外部需求进行对接，即企业互联网转型打破了企业原有的边界限制，使企业内部组织结构直接参与到价值创造的过程中来。这种融合型的组织结构是企业互联网转型所特有的，并且也是决定着企业是否能够成功转型的关键性因素（李金柱，2017）。

在该种合作模式与组织模式融合的新情境下，需要一种既能作用于合作网络层、组织层又能作用于个体层的领导模式来保障企业的顺利运行，本书将这种领导模式称之为整合型领导力。该领导力不再是传统意义上的领导力类型，而是趋于一种整合式的领导力框架模式，既该领导力向内能够充分调动员工的积极性、激发员工的潜力，向外能够保障合作网络的顺利运行。领导力在组织正常运转中的关键作用已经被学者们所证实，但是在企业互联网转型背景下还没有一种有针对性的领导力理论来指导该种情境下管理实践的顺利运行。现有对于该主题研究尚处于起步阶段，相关研究主要集中在两个方面：一个是从平台这一宏观层面研究领导力，例如平台型领导力[22]；另一个是结合信息技术来研究技术支撑下的领导力类型，例如信息化领导力[23]。这两种领导力类型虽然已经捕捉到了新情境下领导力的变化，但是两者都从某一视角分析的，没有从整体上把握企业互联网转型中领导力的创新。互联网时代使企业与内部员工和外部利益相关者成为一个整体，因此从某一视角来认识领导力的变化存在一定的局限性。然而对于企业互联网转型背景下领导力的以往研究并没有直接给出清晰的概念界定和维度划分，特别是对互联网技术支持下形成的互联互通效应关注不够。因此，本书需要解决的第一个问题就是如何能够运用严谨的科学研究方法准确的把握企业互联网转型背景下的整合型领导力的概念内涵，在此基础上概括出其行为特征。

1.2.2 互联网转型背景下整合型领导力如何影响企业转型

由于整合型领导力是一种全新的领导力模式，无论是在实践界还是理论界都是在尝试性的对其进行使用和研究，对其影响企业转型的基本作用机理还没有一个统一的科学化认识。这也印证了之前学者的基本观点，领导力混乱现象之一就是没有一个明确的作用机理研究[5]，整合型领导力是在一个全新情境下产生的领导力类型，即便是现阶段转型成功的企业也未必明确整合型领导力的作用机理。不少企业家发现在企业互联网转型过程中涉及的领导力是一个作用于多层级、多主体的领导力类型，对于其在企业转型中的作用机理的探讨不能拘囿于单一层面。另外需要指出的是企业互联网转型不仅是企业发展中某一个层面的转型，而是将互联网打通的整个企业中的各个层级都纳入转型发展之中。由于转型的复杂性，整合型领导力在不同的作用层面上作用的对象和作用机理是不同的。因为，本书需要解决的第二个问题是利用选取的典型案例对象来探究整合型领导力作用与企业转型发展的机理，这对把控整合型领导力的实践作用和理论贡献都具有重要意义。

1.2.3 互联网转型背景下整合型领导力如何实现多层次效能

一个企业的创新绩效反映了企业开展创新活动的基本情况，创新也是一个企业是否能够获得竞争优势，实现可持续发展的关键。一个企业的创新发展受到合作网络、组织以及员工等多方面的影响。整合型领导力作为一个新型的领导力类型，其是如何实现多层次效能的呢？第一，整合型领导力能够将企业内外部资源整合起来，将消费者的需求看作是企业发展的一种必然资源，同时与供应商、服务商以及企业内部的员工紧紧地整合在一起，实现利益相关者的共同利益创造。整合型领导力是如何实现所有利益相关者的共同创新发展的呢？第二，整合型领导力作用于组织层面，实现了组织的扁平化发展，创新了组织结构以及领导成员之间的关系，充分调动整个组织的活力，以适应互联网转型发展的需求。但是整合型领导力如何将这种创新的组织结构和领导成员关系转化为企业创新发展的动力呢？第三，从实践的角度来看，整合型领导力能够将员工需求与消费者需求整合起来，打破了两者的边界，实现了两者的融合。如何在充分满足消费者需求的基础上，最大限度地提升员工创新能力呢？整合型领导力对内需要实现组织结构、领导方式的转变，改变传统意义上领导—成员关系以及领导小组的组成方式等，对外还要实现与合作网络中其他利益相关者的合作。合作是以满足市场需求为目的，整合型领导者与追随者之间没有直接的行政隶属关系，而是以共同的战略目标为合作导向最终实现共同利益创造。在合作过程中就会遇到上述合作网络、组织以及个体三个层面的问题。因此，本书以企业间创新绩效、组织创新绩效以及员工创新绩效作为研究的结果变量，以此来分析整合型领导力是如何实现其多层次效能的。

1.3 研究目的与意义

1.3.1 研究目的

本书在组织转型与变革理论、领导力理论和企业动态能力理论等相关理论的支撑下，试图对企业互联网转型中整合型领导力建构以及其对组织创新绩效的影响等内容进行深入的研究。本书的主要研究目的如下：

第一，在探析领导力的核心内涵、熟知企业互联网转型中的领导模式以及充分调研的基础上，利用扎根理论对整合型领导力的概念内涵以及行为特征进行清晰的界定。

第二，利用案例研究的方法对整合型领导力在企业转型发展中的作用机理进行研究，并对其形成因素、作用层次以及作用主体等方面进行深入分析。

第三，运用实证研究方法，对整合型领导力量表进行开发以及对整合型领导力在企业转型中的多层次效能机制进行检验。

本书的主要目的就是要构建企业互联网转型这一新情境下的领导力，并探究其对企业转型发展的影响及其多层次效能。一方面，能够为领导力领域的研究提供新的理论视角；另一方面，还可以为企业互联网转型提供实践指导。

1.3.2 研究意义

（1）理论意义

本书将在组织转型与变革理论、领导力理论以及企业动态能力理论的基础上，建构适用于企业互联网转型的整合型领导力理论。整合型领导力理论是一种不同于传统领导力类型，将企业内外部资源、需求等整合起来的领导力类型，通过内外部的整合实现企业的创新发展。这会给领导力与企业转型等领域的学者们提供一个崭新的研究视角，具体的理论意义如下所示。

首先，本书对领导力领域的相关概念内涵进行了总结、丰富与完善。在对近10年16本英文期刊以及自1985以来中国国家自然基金委划定的30种期刊中的领导力领域的相关文献进行总结后发现，学者们根据不同的情境提出了 85 种领导力类型（由于中英文期刊上有部分重复的领导力类型，整合后共获得 85 种领导力类型），其中也提到了与本书整合型领导力内涵相近的几种领导力类型，例如平台领导力以及合作网络中的整合型领导力。但是这些领导力类型没有考虑到互联网对组织结构的冲击[21~22]，对企业内外部的领导力整合缺少关注。另外，大多数领导力类型是简单依托情境的变化而提出的，对情景的理论认识和领导力本身的概念探究不足，这造成了领导力数量不断增加，但是领导力本质却没有能够给出共识性的结论，甚至有学者指出有多少领导力类型就有多少领导力的定义[6]。本书是从领导力的本质入手开始研究，在明晰基本的领导力概念和领导模式之后，再结合企业互联网转型的背景，构造适用于该情境的整合型领导力概念模型。本书利用文献分析法、案例研究法以及扎根理论等研究方法，试图将领导力与领导力的作用情境区分开，揭示领导力的本质内涵，在此基础上丰富新情境下领导力的理论与模式，对领导力理论的创新与发展实现了进一步的补充完善。

其次，本书对企业互联网转型背景下整合型领导力对企业转型发展的作用机理、形成因素、作用层次以及作用主体等进行了深入与系统性的研究。从企业互联网转型的核心特征出发，即传统制造业企业向互联网企业转型过程中，不仅是制造和销售环节与互联网融合，而是整个企业的所有环节都与互联网实现深度融合，特别是影响企业整体转型的组织结构。企业互联网转型下的组织结构从横向和纵向上打破了组织的原有边界，在纵向上实现了组织结构的扁平化，横向上将部门的规模逐渐缩小，以组织节点的形式直接参与到合作网络的各个环节中来。在此基础上，本书解释了整合型领导力的形成因素，并揭示了整合型领导力的作用层次与作用主体，这为后续开展整合型领导力的相关研究提供了理论依据。研究结论对企业互联网转型与整合型领导力的理论研究进行了完善与补充。

最后，本书对企业互联网转型背景下整合型领导力对组织创新发展的效能进行了深入研究。以往对企业创新发展进行研究的文献多是从企业中的个体、企业中的组织或者产业集群下的企业间等角度进行研究，对于互联网背景下形成的合作网络中的组织创新研究还比较少。特别是从整合型领导力的角度来研究个体—组织—企业间合作网络不同层次的组织创新还未涉及。本书研究了整合型领导力对知识整合、人力资源柔性以及心理授权等的影响如何进一步影响创新绩效的提升，并对其相关的作用机制进行了解释。这也是对领导力理论和组织创新理论的补充与完善。

（2）实践意义

企业的互联网转型已经是时代要求企业生存与发展的必然选择。大多数企业都面临着不转型死，转型有可能不死的困境。本书以企业互联网转型为背景，从实践现象与研究问题出发，探究了其中涉及的新型领导力模式，并对该领导模式在企业转型中的作用机理以及在合作网络层、组织层和个体层的效能机制进行了研究。研究结论会对面临转型或正在转型的实践者们对企业的互联网转型或者创新绩效的提升都有重要的实践意义。

第一，本书的研究结论能够增强实践中领导者对整合型领导力的理解、使用与把握。在互联网转型过程中，企业会遭受到更大的不确定性，如何能够适应外部环境带来的变化是企业能否转型成功的关键所在。这就要求企业的领导者们必须要认清自己所处的时代环境，从企业的内部与外部来积极地适应不确定性与不断变化的环境。对内整合型领导者要构建灵活的组织结构与人性化的领导成员关系，做到与外部环境的快速匹配与精准响应，对外要与合作网络建立适度的关系，能够统一战略合作目标的基础上，通过关系的整合实现资源整合，最终实现多方受益。从这个角度来讲，对从事企业互联网转型的实践者有比较重要的现实意义。

第二，本书研究了整合型领导力对企业转型涉及的不同层次上创新绩效的影响，这有利于企业在转型发展过程中获取和保持自己的竞争优势。研究结论发现整合型领导力可以从合作网络层、组织层及个体层三个层次影响创新绩效的提升。那么企业领导者在进行政策的制定与战略的决策时，要充分考虑到三个层次的影响。在以往的认识中，资源、能力以及知识是企业发展的关键因素，但是在企业互联网转型背景下，不仅如此，企业中员工的自我发展需求、消费者的多元化需求等都成为企业发展的关键资源。这就要求企业的领导者一定要具有整合性的思维，从多角度、多层次来思考企业的发展问题。另外本书从合作网络层、组织层以及个体层三个层面探究了整合型领导力对企业创新的影响，研究结论对如何能够提升企业的创新绩效有着重要的现实意义。

1.4　研究思路及方法

1.4.1　研究思路

本书的主要研究思路见图 1.1。

通过以上研究思路不难看出，本书遵从的是研究问题的提出—查找解决问题的理论基础与已有研究成果—构建本书的理论分析框架—明晰整合型领导力的概念与行为特征—揭示整合型领导力的作用机理—探究整合型领导力对个体层、组织层以及合作网络层创新绩效的影响。

具体体现在：一是根据理论背景与实践背景，凝练出本书的主要研究问题，确定主要研究内容。二是对组织变革理论、组织转型理论、领导力理论以及企业动态能力理论等相关理论以及知识整合、网络关系嵌入和人力资源柔性等相关变量进行文献综述，为本书奠定了一定的研究基础。在相关理论与文献总结与梳理基础上，形成理论分析框架。三是在明晰企业互联网转型背景以及结合梳理的相关理论基础上，对整合型领导力的概念进行阐释，构造其理论模型与概括其行为特征。接下来进一步利用案例研究的方法，对经典的实践案例进行分析，探讨整合型领

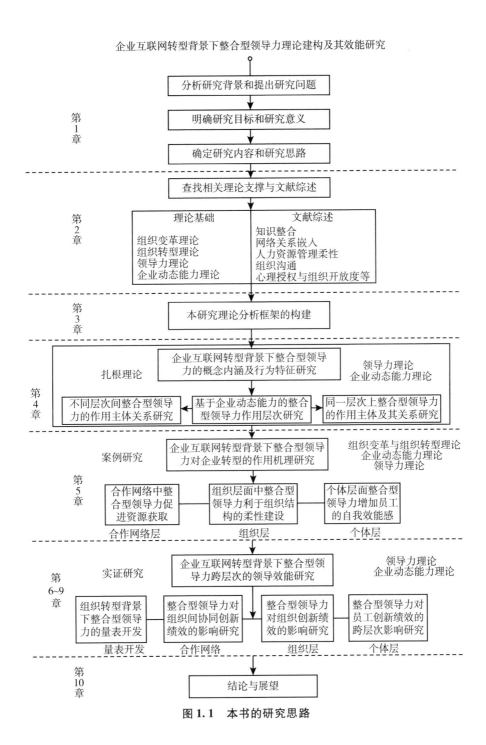

图 1.1 本书的研究思路

导力的作用机理。四是在对整合型领导力概念模型建构与作用机理分析的基础上，对整合型领导力进行维度划分与量表开发，并进行相关检验。紧接着，运用实证研究的方法，从整合型领导力影响合作网络层、组织层以及个体层三个层次确定本书的研究假设，构建研究模型。进行问卷设计与预测试相关的研究，进行数据收集与数据评估，对假设进行检验以及对结果进行分析。最终得出研究结论、研究启示以及提出未来的研究展望。

1.4.2　章节内容安排

本书的主要章节结构图见图1.2。

本书主要包括十章的内容，主要内容如下所示：

第1章，绪论。绪论部分主要介绍了本书的研究背景，提出研究问题，阐述了研究目的与研究意义，通过对本书研究内容、研究思路以及运用的研究方法的研究，构造主要研究框架。此外，还总结了本书的主要创新点。

第2章，文献综述与理论基础。此章主要介绍了相关文献的检索情况，知识整合、人力资源柔性、组织沟通、心理授权以及组织开放度的相关文献。了解这些变量的研究现状，为后续的研究奠定一定的基础。此章还主要介绍本书中所应用到的相关理论基础，包括对组织变革与组织转型理论、领导力理论以及企业动态管理理论进行概述与介绍，此外还进行了相应的文献综述。

第3章，研究框架与研究设计。此章对以往研究成果进行分析与总结，凝练出本书拟解决的关键理论问题；在研究背景与理论和文献分析的基础上，设计出本书的理论研究框架。

第4章，整合型领导力的概念内涵及行为特征研究。确定了此章的研究方法，明确内容所需要的访谈对象；详细介绍此章所使用资料的来源与收集过程；进行数据的分析，包括数据的编码策略介绍、开放式编

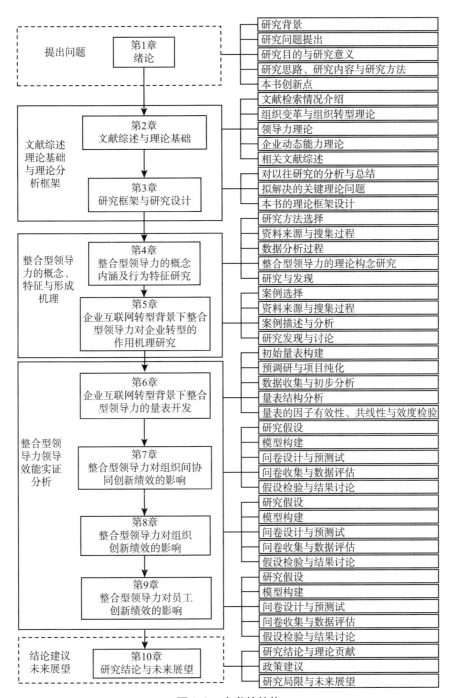

图1.2 本书的结构

码、主轴编码与选择式编码；进行整合型领导力的理论构念研究；在研究发现与讨论中总结了整合型领导力的概念与特征。

第5章，企业互联网转型背景下整合型领导力对企业转型的作用机理研究。此章确定选用案例研究的方法进行该项研究，并选择了有针对性的案例对象；详细介绍此章所使用资料的来源与收集过程；对选择的案例进行了描述；对案例对象进行了单案例以及跨案例的研究；在研究发现与讨论中探讨整合型领导力的作用机理。

第6章，企业互联网转型背景下整合型领导力的量表开发。此章在充分调研的基础上，构建了整合型领导力的初始量表；对初始量表进行了预调研与项目的纯化；进行大样本的数据收集并进行初步的分析；对量表的结构进行分析；对整合型领导力的量表进行因子有效性、共线性以及效度检验，确定最终量表的内容与结构。

第7章，整合型领导力对企业间协同创新绩效的影响。此章分析整合型领导力、企业间协同创新绩效、知识整合以及网络关系嵌入度等变量之间的关系，确定本书的研究假设；构建此章的主题模型与整体模型；进行问卷设计与预测试相关的研究；进行数据收集与数据评估；进行假设检验与结果分析。

第8章，整合型领导力对组织创新绩效的影响。分析整合型领导力、组织创新绩效以及人力资源柔性等变量之间的关系，确定本书的研究假设；构建此章的主题模型与整体模型；进行问卷设计与预测试相关的研究；进行数据收集与数据评估；进行假设检验与结果分析。

第9章，整合型领导力对员工创新绩效的影响。分析整合型领导力、员工创新绩效、员工心理授权以及人力资源柔性等变量之间的关系，确定本书的研究假设；构建此章的研究模型；进行问卷设计与预测试相关的研究；进行数据收集与数据评估；进行假设检验与结果分析。

第10章，研究结论与未来展望。此章主要对本书的研究成果进行总结归纳；在此基础上提出对企业、组织发展的相关政策建议；提出本书的研究局限性以及提出未来的主要研究方向。

1.4.3 研究方法

本书在组织转型与变革理论、领导力理论以及企业动态能力理论等相关理论的支撑下，运用了管理学、心理学和统计学等多个学科领域的研究理论与方法，结合了定性研究的理论分析、定量研究的实证分析等手段对整合型领导力展开了综合研究。在研究方法上主要采用了文献综述研究、扎根理论研究、案例研究、调查研究与数理统计等方法。

（1）文献综述研究

文献综述研究是开展基础性研究的前提，也是在管理学领域进行研究最基本和最重要的研究方法。本书运用文献综述研究方法主要是对组织转型与变革、领导力以及企业动态能力最新研究成果和理论动态性的梳理与把握，并对本书所涉及的文献资料进行检索，按照时间和研究主题对研究内容进行阅读、总结和归纳，为接下来的研究工作进行充分的理论支持。在对领导力的研究进行文献综述时，主要是探究领导力的本质内涵，为结合企业互联网转型背景构造整合型领导力的概念内涵和行为特征提供参考，同时也为整合型领导力的作用机理和效能研究提供充足的理论基础。

（2）扎根理论研究

扎根理论研究方法是指研究者根据自身感兴趣的实践现象，通过收集和分析相关的文件资料，并对资料进行周密的思考和研究，从中挖掘并建立全新理论的方法。由于企业互联网转型是一个新的研究情境，对该情境下领导力的研究数量较少，并且理论探究不足。因此本研究采用扎根理论的方法，通过对大量访谈数据进行分析，展开理论探讨，以此来界定整合型领导力的概念内涵，并总结出整合型领导力的行为特征。

（3）案例研究

案例研究主要包括了三种类型：探索性案例研究、描述性案例研究以及因果性案例研究。探索性案例研究主要指的是研究者对研究问题未能全面了解，需要对典型的案例进行严格和科学的分析，以此探究案例背后的理论基础与作用机理。采用探索性案例研究方法时，研究者可以在案例资料的收集（直接或间接）、分析过程中对案例所涉及研究问题进行更加深入的认识和理解。本书利用探索性案例研究的研究方法主要用于企业互联网转型背景下整合型领导力作用机理的研究。在整合型领导力的概念内涵与关键特征分析基础上，根据整合型领导力的现实作用情境进行作用机理的探究。案例研究与此研究问题能够很好地匹配，因此在这一部分应用案例研究的方法对整合型领导力的作用机理进行研究。

（4）调查研究与数理统计

调查研究与梳理统计分析研究有很多种方法，其中涉及的有问卷调查、访谈法等，其中也会应用到一些梳理统计分析工具，例如 SPSS、AMOS、HLM 以及 MPLUS 等。调查研究的方法主要是查找相关视角下，对实践中研究对象的影响因素，以及探究两者之间的逻辑关系，例如包括其中包含的中介作用和调节作用。本书主要是运用此类研究方法对整合型领导力的领导效能进行研究。

1.5　本书创新点

本书的主要创新点包括以下三个方面：

第一，利用扎根理论研究方法，探究了企业互联网转型的新情境下新型领导力的概念内涵与行为特征。

本书的首要创新点是构造企业互联网转型背景下整合型领导力的概念内涵，并探究了其行为特征。在进行领导力的文献综述时发现，国内外知名期刊上的 85 种领导力类型涉及的领导力层次包括了个体层、团体层以及组织（网络）层。个体层的领导力类型包括了诸如以领导者为核心的谦卑型领导力、自恋型领导力、公仆型领导力以及放任式领导力等和以下属为核心的追随力等；团体层的领导力类型包括了变革型领导力、交易型领导力、家长式领导力以及团队导向型领导力等；组织（网络）层的领导力类型包括了核心企业领导力、企业间领导力以及平台型领导力等。再者，从整个领导力理论学派的发展过程来看，领导力理论经历了领导特质理论、领导行为理论、领导权变理论以及新型领导力理论的发展，不同理论学派的领导力研究是在特定的历史实践情境下对领导力认识的改观。整体而言，对领导力的本质认识还没有达成共识，并且逐渐呈现丛林之态，甚至出现了研究混乱的局面[5]。在企业互联网转型这一全新的背景下，部分学者还在坚持用传统的领导力类型分析现有的实践情境，这显然在理论与实践的兼容性上出现了偏差。从领导力的不同研究层次和研究学派中，都无法查找出适用于企业互联网转型发展的领导力类型。企业互联网转型使企业更加开放，无论是供应链中企业的边界还是企业内部的层次性都逐渐被打破，使企业内部组织直接参与到经济活动的所有环节中，这就需要一种具有整合特性的领导力类型指导实践的发展。由于领导力类型已经出现了相互之间重叠和冗余的现象，本书并不是直接构造一种新型的领导力类型，而是在已有领导力理论的基础上，从企业互联网转型的实践中收集数据，利用扎根理论的方法构造出适用于互联网时代企业转型发展的领导力类型，特别是其特有的概念内涵与行为特征。

第二，利用案例研究法，明晰了整合型领导力对企业转型发展的作用机理。

智能制造时代的到来，企业对领导的发展提出了更高的要求。在先前的研究中就有学者指出，几乎一半以上组织变革的失败都是由于糟糕的领导力造成的[24]。由于企业互联网转型背景下领导力的概念内涵与行为特征发生了创新性的变化，那么组织内领导力的作用机理也随之发生了变化。目前对整合型领导力的作用机理研究相对比较匮乏，尽管有学者已经研究了合作网络中整合型领导力的作用机理，但是智能制造时代下企业的互联网转型不仅仅改变了企业的合作模式，组织内部的结构、领导模式以及个体的发展等都得到了重塑，因此只有在新情境下，根据整合型领导力的内涵发展，探究其作用层次上的作用机理才能够更加准确的指导实践活动。本书利用案例研究的方法，选取典型的案例研究对象，在企业动态能力理论的动态性、领导力理论等支持下从整合型领导力概念中包含的不同层次入手，分析整合型领导力在不同层次上的作用机理。

第三，利用实证研究与跨层次的研究方法，构建互联网转型背景下整合型领导力的多层次效能机制。

在构造整合型领导力的多层效能机制之前，采用严谨的量表开发方法，对整合型领导力在企业互联网转型背景下的量表进行开发。只有开发出企业互联网转型背景下整合型领导力的量表，才能够探究其在新情境下的效能，也能够为其他学者对整合型领导力的研究提供便利。随着跨层次研究的兴起，从不同层面解析领导力的构念已成为目前领导力研究的前沿和热点问题[25]。虽然已有学者证实了跨层次研究的适用性[26]，但在学术界对于领导力的跨层次实证研究才刚刚兴起，目前仅有少量研究同时探索同一领导力类型在不同层面上的作用机制，关于整合型领导力在不同层面的效能机制仍有待于深入研究。本书以整合型领导力概念、特征、作用层次以及作用层次上的一般作用机理为基础，结合创新相关的理论与研究成果，探究其在不同作用层次上的效能机制。

第2章

文献综述与理论基础

2.1 相关概念界定与文献检索情况概述

2.1.1 相关概念界定

2.1.1.1 领导与领导力

（1）原始语义界定

在已有的学术研究中，经常会出现领导与领导力混用的现象，使研究的严谨性受到质疑。因此本书需要对两者有一个清晰的界定，为后续研究提供严谨的基础。查询四部权威英语词典（大英百科全书、韦氏大学词典、朗文当代英语词典、剑桥高级学习词典），领导力用"leadership"进行检索，领导用"leader"进行检索。领导力（leadership）共有四个语义：领导者所在的位置；领导者的能力；领导者的行为；领导者（具体指人）。领导（leader）的语义更多是指引导、指引的人。查询四部比较权威的汉语词典（词典、辞典、汉语大词典、新华词典），并没有检索到领导力的语义。领导作为名词是领导机关、领导人的意思。

根据语义查询，本书认为领导力（leadership）是指领导者的能力和领导者的行为。领导（leader）是指领导个体或领导机关。

（2）文献语义界定

当"leader/领导"一词出现在文献中时，多数是指领导者[27~28]，也有指代领导组织的情况[22][29]。关于"leadership/领导力"的文献研究，有学者认为领导力是个人指导一个团体朝着一个共同目标活动的行为（Stogdill and Coons，1957）[30]。豪斯（House，2002）认为20世纪90年代全球领导者对组织领导力的一个共识是：领导力能对个体产生影响和激励，是一种促使组织内成员为组织获得效益和成功而做出贡献的能力[31]。约基宁（Jokinen，2003）认为领导力的核心层包括自我觉知力、个体变革力和求知力，行为层包括社会技能、网络管理能力和知识应用能力[32]。佐卡罗（Zaccaro，2004）认为，领导力包括认知能力、人格魅力和激励力三种远端属性以及社会评价力、问题解决力和专家/默会知识技能三种近端属性[33]。有学者认为领导力包括变革力、合作及追随力、愿景理解力、驱动力、沟通力和创新力等（Tubbs and Schulz，2006）[34]。乌尔—边（Uhl-Bien，2006）和霍斯金（Hosking，2018）认为领导力是一个社会建构的过程，通过此过程理解领导力的产生，并赋予其特殊的本体认识[10,12]。总结以上学者们对领导力的研究，本书认为领导力是一个过程的产物，并在此过程中领导者向被领导者施加影响以此实现共同目标的能力或行为。

2.1.1.2　整合型领导力

（1）原始语义界定

查询四部比较权威的英语词典（大英百科全书、韦氏大学词典、朗文当代英语词典、剑桥高级学习词典）整理得到"整合"（integrative）一共有三个语义：形成、协调或融入统一的整体，高效的协同工作；与一些其他的东西混合在一起或者是合并成一个更大的单元；结束隔离状态（或是废止种族隔离），社会或组织中形成了平等的成员权力。查询三部比较权威的中文词典（辞海、新华字典、现代汉语词典）对整合的释义为：通过整顿、协调重新组合。根据语义查询，本书将整合界定为：协调、整顿或重组成一个统一的整体以高效的协同工作。

（2）文献语义界定

在已有文献中，特别是 *Leadership quarterly*（《领导力季刊》）系统刊出的整合型领导力文献中，对整合型领导力的描述使用的是"integrative leadership"一词。对相关文献梳理时发现，有学者使用"integrated leadership"一词来表示整合型的领导模型构建，在理解学者构建的整合型的领导模型后，发现对领导者技能、风格以及领导情境的整合能够为整合型领导力的研究提供借鉴，因此在后续章节的文献检索时，也将"integrated leadership"纳入了检索目标中。

现有文献对整合型领导力的界定比较少，据可以查到的文献，对整合型领导力明确的定义有三个，第一个是克罗斯比和布赖森（Crosby and Bryson，2010）认为整合型领导力是引导不同的组织和团体以非固定的方式（典型的跨部门边界）一起解决复杂的公共问题并实现共同利益[35]。第二个是将整合型领导力定义为高级管理人员之间共享目标，保障组织成员之间战略信息水平和企业运营水平上的信息共享，使供应链获得有效产出（Sunhee，2012）[36]。第三个是张大鹏和孙新波（2017）认为整合型领导力是一种以参与合作单元的领导要素整合与战略决策整合为依托，以关系整合为核心，通过制定达成共识的运行机制与保障机制，实现多方共同利益的网络式动态化的合作驱动力与保障力[37]。从整合型领导力的概念梳理可以发现，整合型领导力是一种整合不同组织参与合作，最终实现共同利益的领导力类型。以往整合型领导力的研究多是关注了在宏观层面的影响，对组织内部和员工的影响关注不足。但是随着互联网情景的发展，整合型领导力的概念内涵得到了进一步的延伸，由仅关注组织间宏观方面逐渐扩展到关注组织内外的各个层次。

（3）企业互联网转型

IBM 公司在对多个行业调研的基础上，总结了互联网环境下企业面临的五大重要情境特点：连通性、可用性、互动化、数字化和注意力效用。在对情境特点分析的基础上，进一步提出了企业互联网转型的三个阶段。在第一阶段，企业为了提高组织内部的运营效率和削减成本，利用互联网改善企业内部的运作流程；在第二个阶段，企业主要是进行结构上的创新，利用互联网技术实现组织内部结构的改变以及跨组织价值链的再塑；在第三个阶段，企业传统的运作流程、商业模式和战略目标与互联网全面融合，企业通过互联网实现了合作伙伴、供应商和客户的全面无缝连接，使得互联网技术支持下的"共同体"获得更大的竞争优势。谢康等学者（2016）认为企业互联网转型是传统企业向互联网企业转变的过程，在此过程中充分利用互联网带来的市场优势，同时也带来了未知的高风险[15]。在该研究中，学者们以四家制造业企业为案例研究对象探究了组织惯例（组织结构、组织能力、员工态度及流程惯例等）在企业互联网转型中的关键作用[15]。在以往的研究中发现，有关企业互联网转型的研究主体大都是制造业企业[20~21,38]，因此本书的企业互联网转型的主体也设定为制造业企业。这是由于一方面，制造业企业有着更迫切的转型需求；另一方面，以制造业企业为研究对象能够实现与已有理论的精准对接，研究结论的理论贡献明确且实践价值更具针对性。

另外，在调研过程中也出现了一些新的词汇来代表企业实践中创新变化，例如数据节点、家庭式的细胞单元以及小微组织等。数据节点主要是指企业在进行转型过程中将大部分职能部门去除，通过数据链接代替以往部门之间的联系，数据节点起到以往职能部门的作用，但是在计算机背后算法和数据链接作用下，大大减少了员工数量，简化了以往的管理流程，并只需少数的员工和计算机组成即可完成工作。家庭式的细胞单元和小微是企业在进行转型中形成的新型的组织结构单元，前者主要是指形成的新型领导小组，后者主要是指生产运营管理中组织结构的创新。

2.1.2 文献检索范围分级

为了整体研究整合型领导力的研究现状与进展情况，本书分别以

"领导力"与"整合型领导力""leadership"与"integrative leadership"
为关键词在中国知网、万方数据库等中文网站以及"web of science"
"EBSCO"等英文数据库进行了文献的检索。以领导力和"leadership"
为关键词的检索主要遵循以下的检索策略：首先，为了全面了解领导力
在中文期刊的发展脉络，本书对中文期刊的检索范围选定为自创刊开始
到 2019 年 1 月份。其次，由于英文期刊论文数量较多，且更新较快，
因此本研究主要精选了有关领导力研究领域的 16 本学术期刊近十年的
学术文献。最后，按照期刊和年份进行了描述性统计。统计结果为中文
期刊共检索到 494 篇有关领导力的期刊论文，其中包括了 51 种领导力
类型；英文期刊主要检索到 998 篇学术论文，其中包括了 65 种领导力
类型，对中英文检索结果进行整合后，共包括了 86 种领导力类型。以
领导力/leadership 为关键词的检索结果见附件 A。

　　由于整合型领导力的研究刚刚起步，文献数量较少，本研究以"整
合型领导力"和"integrative leadership"为主题进行检索，同时为保证
研究的严谨性还对整合型领导力和"integrative leadership"相关主题的
文献进行了检索（例如 integrated leader 和 Integrated leadership），具体结
果由如表 2.1 所示。

表 2.1　　以整合型领导力/integrative leadership 等为关键词的检索结果

中文文献		时间跨度	英文文献		时间跨度
检索词	篇数		检索词	篇数	
整合型领导	0	2001～2019 年	integrated/integrative leader	27	1950～2019 年
整合型领导力	8	2001～2019 年	Integrated/integrative leadership	135	1950～2019 年
整合型领导力与组织间创新绩效	2	2001～2019 年	Integrated/integrative leader、Organizational innovation performance	0	1950～2019 年

续表

中文文献		时间跨度	英文文献		时间跨度
检索词	篇数		检索词	篇数	
整合型领导力与组织创新绩效	3	2001～2019 年	Integrated/integrative leadership、Organizational innovation performance	0	1950～2019 年
整合型领导力与个体创新绩效	0	2001～2019 年	Integrated/integrative leadership、Employee innovation performance	0	1950～2019 年

资料来源：作者整理。

2.1.3 领导力文献的可视化分析

对领导力的可视化分析本研究主要采取了如下分析策略：一是以期刊发表的文章数量为标准，从整理出来的样本中挑选出发表领导力论文数量前三的期刊（*Leadership quarterly、Journal of leadership and organizational studies、Journal of organizational behavior*），分别以每一本期刊中近十年的领导力文献为分析样本，分别获得了可视化分析图。二是以领导力研究的时间发展作为分析的依据，将十年的期刊论文按五年一个节点分为两个分析样本（2009～2013 年样本、2014～2019 年样本），分别得到了不同时间段的可视化分析图，具体的检索步骤如下：首先，以检索的目标期刊文献为分析样本，构建样本库；其次，导出文献关键词，借助 Excel 生成关键词的数据透视表；最后，借助 UCINET 分析软件进行共词网络分析，通过设置阈值生成最终的关键词共线网络。

以期刊发表的文章数量为标准进行可视化分析，获得的分析图如图 2.1、图 2.2 以及图 2.3 所示。在以"leadership"为主题的期刊中，在众多的领导力细分方向中都共同提到了领导力的多层次发展（multi-level），这也为整合型领导力的理论构建提供了思路。

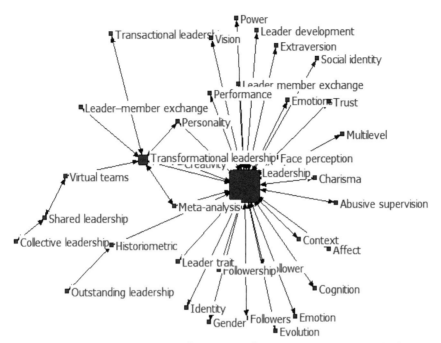

图 2.1 *Leadership quarterly*（《领导力季刊》）期刊领导力可视化分析结果

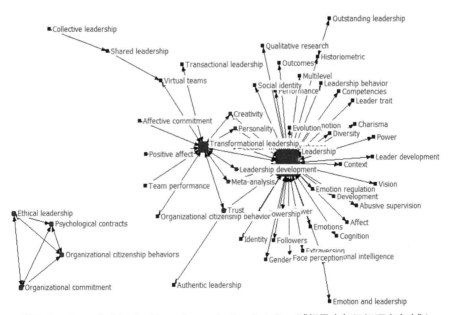

图 2.2 *Journal of leadership and organizational studies*（《领导力与组织研究杂志》）

期刊领导力可视化分析结果

图2.3　*Journal of organizational behavior*（《组织行为杂志》）

期刊领导力可视化分析结果

　　由于以期刊作为分析样本难以实现从时间维度对领导力的发展进行分析，因此本书以领导力研究的时间发展为标准也进行可视化分析，获得的分析结果见图 2.4 和图 2.5。在分析中发现领导力的研究细分方向很多，选取的共线性标准较低时分析出来的图形较为烦琐，因此在以领导力研究的时间发展为标准进行可视化分析时，选取的图示是共线性大于 3 的图示。在以时间为标准的研究中也涉及组织变革（organizational change）以及领导力的多层次发展（multilevel），这些研究主题也为整合型领导力的理论建构提供了理论基础。

图 2.4　2009～2013 年可视化分析结果

图 2.5　2014～2019 年可视化分析结果

2.1.4　相关变量的学术趋势分析

利用中国知网以及 web of science，本书对所涉及的主要研究变量进行学术趋势分析。需要说明的是，变量的中文学术趋势分析采用的是中国知网已有统计数据，由于不同变量发表文章的数量差异以及统计年份的度量划分上存在差异，因此造成变量的分析截至日包含 2018 年和 2019 年两个结果。变量的英文学术趋势分析采用的是 web of science 已有统计数据，该网站统一截至 2018 年。

（1）知识整合

在中国知网上以"知识整合"为关键词，进行相关文献的检索，利用中国知网中的可视化分析功能，对知识整合的相关研究的学术趋势进行分析（如图 2.6 所示），发现从 2008 年开始知识整合就成了相关研究领域的研究热点，尽管在 2016 年左右有所起伏，但是基本上到 2018 年都是研究的热点，这也说明了本书研究的热点性与价值性。

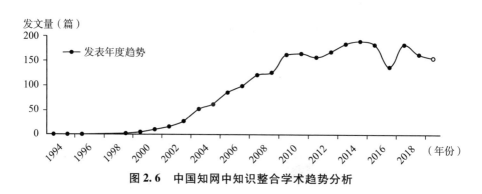

图 2.6　中国知网中知识整合学术趋势分析

在 web of science 上以"knowledge integration"为关键词进行分析，相关文献检索情况如图 2.7 所示。由于 web of science 上的检索结果显示"knowledge integration"涉及的研究领域较多，本书主要选择了社会科学研究领域，可视化分析发现从 2015 年开始"knowledge integration"的研究热度又进一步得到了提升。并且近 10 年的引用量达到了 60 178 次，平均被引 14.10 次。

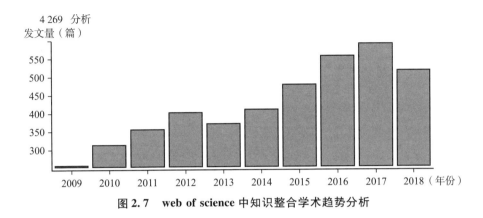

图 2.7 web of science 中知识整合学术趋势分析

（2）网络关系嵌入

在中国知网上以"网络关系嵌入"为关键词，进行相关文献的检索，利用中国知网中的可视化分析功能，对网络关系嵌入的相关研究的学术趋势进行分析（如图 2.8 所示），发现从 2015 年开始网络关系嵌入就成了相关研究领域的研究热点，到 2018 年研究热度又得到了进一步的提升，这也说明了本书研究的热点性与价值性。

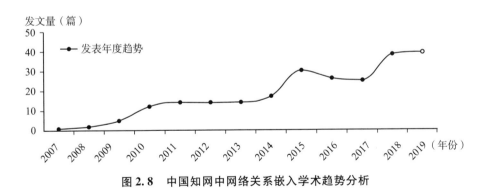

图 2.8 中国知网中网络关系嵌入学术趋势分析

在 web of science 上以"Network relationship embedding"为关键词进行分析，相关文献检索情况如图 2.9 所示。由于 web of science 上的检索结果显示"Network relationship embedding"涉及的研究领域较多，本书

主要选择了社会科学研究领域，可视化分析发现从 2014 年开始"Network relationship embedding"的研究热度又进一步得到了提升。并且近 10 年的引用量达到了 11 796 次，平均被引 11.21 次。

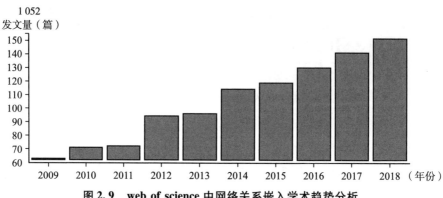

图 2.9   web of science 中网络关系嵌入学术趋势分析

（3）人力资源柔性

在中国知网上以"人力资源柔性"为关键词，进行相关文献的检索，利用中国知网中的可视化分析功能，对人力资源柔性相关研究的学术趋势进行分析（如图 2.10 所示），发现从 2008 年开始人力资源柔性就成了相关研究领域的研究热点，到 2012 年研究热度又得到了进一步的提升，这也说明了本书研究的热点性与价值性。

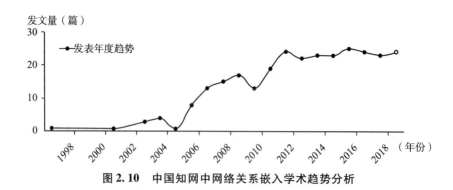

图 2.10   中国知网中网络关系嵌入学术趋势分析

在 web of science 上以"Human resource flexibility"为关键词进行了分析，相关文献检索情况如图 2.11 所示。由于 web of science 上的检索结果显示"Human resource flexibility"涉及的研究领域较多，本书主要选择了社会科学研究领域，可视化分析发现从 2014 年开始"Human resource flexibility"的研究热度又进一步得到了提升。并且近 10 年的引用量达到了 18 963 次，平均被引 10.41 次。

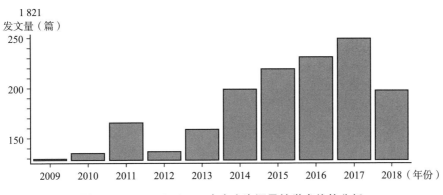

图 2.11 web of science 中人力资源柔性学术趋势分析

（4）组织沟通

在中国知网上以"组织沟通"为关键词，进行相关文献的检索，利用中国知网中的可视化分析功能，对组织沟通相关研究的学术趋势进行分析（如图 2.12 所示），发现从 2008 年开始组织沟通就成了相关研究领域的研究热点，尽管在 2014 年前后有所起伏，但是后续的研究关注度仍处于较高的水平，这也说明了本书研究的热点性与价值性。

在 web of science 上以"Organizational communication"为关键词进行了分析，相关文献检索情况如图 2.13 所示。由于 web of science 上的检索结果显示"Organizational communication"涉及的研究领域较多，本书主要选择了社会科学研究领域，可视化分析发现从 2015 年开始"Organizational communication"的研究热度又进一步得到了提升。并且近 10 年的引用量达到了 47 279 次，平均被引 10.76 次。

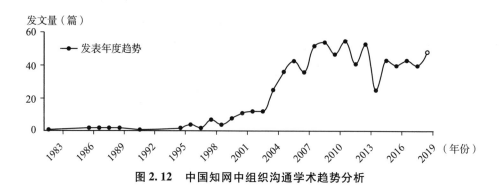

图 2.12 中国知网中组织沟通学术趋势分析

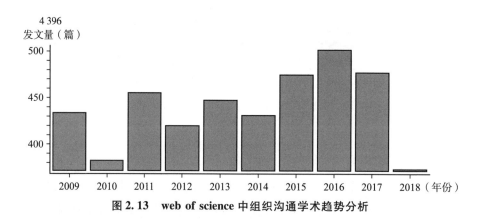

图 2.13 web of science 中组织沟通学术趋势分析

（5）心理授权

在中国知网上以"心理授权"为关键词，进行相关文献的检索，利用中国知网中的可视化分析功能，对心理授权相关研究的学术趋势进行分析（如图 2.14 所示），发现从 2012 年开始心理授权就成了相关研究领域的研究热点，尽管在 2015 年前后有所起伏，但是后续的研究关注度仍处于较高的水平，这也说明了本书研究的热点性与价值性。

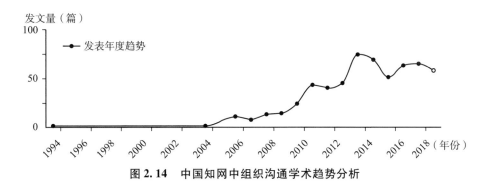

图2.14　中国知网中组织沟通学术趋势分析

在web of science上以"Psychological Empowerment"为关键词进行了分析，相关文献检索情况如图2.15所示。由于web of science上的检索结果显示"Psychological Empowerment"涉及的研究领域较多，本书主要选择了社会科学研究领域，可视化分析发现从2011年开始"Psychological Empowerment"就受到了学者们的广泛关注。并且近10年的引用量达到了32 453次，平均被引13.83次。

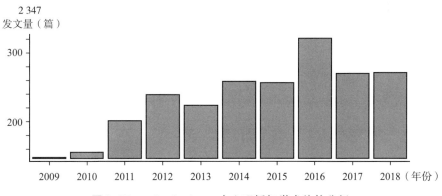

图2.15　web of science中心理授权学术趋势分析

（6）组织开放度

在中国知网上以"组织开放度"为关键词，进行相关文献的检索，利用中国知网中的可视化分析功能，对组织开放度相关研究的学术趋势进行分析（如图 2.16 所示），发现从 2014 年开始组织开放度就成了相关研究领域的研究热点，尽管在 2016 年前后有所起伏，但是后续的研究关注度仍处于较高的水平，这也说明了本书研究的热点性与价值性。

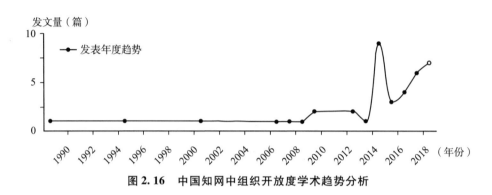

图 2.16　中国知网中组织开放度学术趋势分析

在 web of science 上以"Organizational openness"为关键词进行了分析，相关文献检索情况如图 2.17 所示。由于 web of science 上的检索结果显示"Organizational openness"涉及的研究领域较多，本书主要选择了社会科学研究领域，可视化分析发现从 2014 年开始"Organizational openness"就受到了学者们的广泛关注。并且近 10 年的引用量达到了 7 742 次，平均被引 10.45 次。

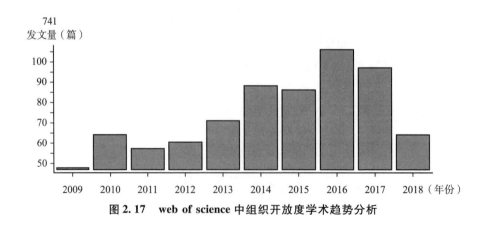

图 2.17　web of science 中组织开放度学术趋势分析

2.2 领导力理论

2.2.1 领导力理论学派发展

领导力的科学发展之路是什么？怎么理解领导力的发展过程？现有领导力理论学派的文献书籍比比皆是，但是在其中的描述中，学者们大都还是受到了分类逻辑思想的影响，即试图对观察到的现象进行空间化，然后以静止的范畴来分析它[39]。分类逻辑的思想根植于亚里士多德的"形而上学"思想，着力于将事物的本质内涵操作化为"变量"，通过数学统计逻辑等方法探究变量与变量之间的关系与作用程度[40]。这种分类逻辑能够准确把握事物的本质内涵特征，却难以实现从整体上了解事物的发展过程与规律，本书受反管理思想的启发[41]，应用东方传统哲学中提倡的整体生成论思想与英国著名的哲学家怀特海倡导的过程哲学来分析领导力的发展过程。

（1）领导特质理论学派

对领导特质理论的科学研究最早可追溯到 1896 年高尔顿（Galton）的研究，该学者认为非凡的智慧是成为一个领导者的关键，还从遗传学的角度提出，通过优生能够实现优秀领导特质的最佳组合。1904 年，特曼第一次应用实证检验法，研究发现领导者与非领导者的一些品质在学生时代就表现出了差异。20 世纪初，学者们更加关注领导特质理论中的智力因素，其中主流研究包括智力水平与部队领导职位之间或与组织商业成功之间的关系两个方面，但是研究结论并没有发现智力水平与部队领导职位或组织商业成功之间存在必然关系。正在此时，第一次世界大战爆发引发了学术界对性格的研究兴趣，学者们也对性格与领导力之间的关系进行了研究。例如，20 世纪 30 年代中期弗莱明使用因素分析法确定了领导力的四种类型：令人愉快的、聪明的、有教养的以及公正的。随后理查德森和哈那瓦特在 20 世纪 40 年代的研究中认为领导者在非神经质、更有支配欲的、自立的、自信的和外向的等五方面优于非领导者。到了 20 世纪中叶，领导特质理论逐渐走向了衰弱，主要原因是学者们普遍认为尽管个人特质是影响一个人成为领导者的重要因素，但是情境因素起到决定性的作用[42]。因此学者们逐渐将关注的重点转移到领导者所在的情境和不同情境下的行为研究上。随后领导行为理论学派与领导权变理论学派逐渐成为领导力领域的研究主流学派。直到 20 世纪 80 年代，劳德等学者（1986）对曼恩（1959）的数据进行了重新分析，发现智力与领导力确实是密不可分的。这一研究使学者们重新燃起了对领导者特质的关注，随后性别、稳定的性格和潜在动机等变量也逐渐被引入到领导力领域的研究中来[43]。领导特质理论不仅直接催发了像魅力型领导以及外向型领导等领导力类型的出现，也对诸如变革型领导力、道德型领导力以及谦卑型领导力等领导力类型的发展奠定了一定的理论基础。

到目前为止，领导特质理论仍然处于一种混乱的状态之中，究其原因主要是"特质"的科学解释并没有统一。查询牛津词典，"Trait"一词的含义是某人特有的品质和特点，并且通常情况下这些品质和特点还是受基因控制的。有学者认为，领导特质是个人特征相对稳定和连贯的整合，也是在不同的团体或组织情境中始终如一的一个领导力模式。领导特质反映了一系列稳定的个体差异，主要包括品质、性格、认知能力、技能、动机以及专业知识等[44]。

（2）领导行为理论学派

领导行为理论的科学研究最早可追溯到勒温（Lewin，1939）与利比特和怀特（Lippitt and White，1943）对童子军的研究，致力于寻找具有普遍性与高效的领导行为[45~46]。真正将领导行为理论推向高潮的还是哈佛大学、俄亥俄州立大学以及密歇根大学的研究者们，他们将领导行为分为了两类：以人为中心和以任务为中心，并确定了定规与关怀两个维度。直到 20 世纪 80 年代，对于领导行为主题的研究仍是领导力领域的研究主流。但是，学者们也发现研究结果并不能自圆其说，情境的不同会使得一种行为比另一种行为更有效[47]。当然，在领导行为理论的指导下，出现了大量的领导力类型，例如参与式领导、服务型领导以及仆人式领导等。

后来，领导力逐渐出现了整合的迹象，例如巴斯提出的变革型领导力。变革型领导力的四个维度：领导魅力、领导感召力、智力激发和个性化关怀，既包含了领导者特质也包含了领导者行为，这一领导力类型受到大量学者的追捧。除此之外，领导行为与领导特质整合的研究还有很多，例如卡利和伊格利（Carli and Eagly，1999）进行了个性与社会角色理论之间的关系研究[48]；还有在同样的环境里，如果都采用阳刚式的管理风格，女性领导者更易受到认可等[49]。直到当下领导力的研究，领导特质与领导行为的整合仍然是研究的热点问题之一。

领导行为理论学派也是处在丛林之中，各种领导行为层出不穷，尽管学者们已经意识到并在尝试性的整合，但是仍存在以下的问题：不同领导力类型中领导行为的交叉重叠以及领导力类型之间差别较大但是其行为测量的工具却没有根据领导类型的变化而做出调整[5]。

（3）领导权变理论学派

社会心理学家认识到情境因素对领导力的发展有所贡献。领导权变理论不仅包含了领导的特质和行为，还包含了社会情境因素。不得不说的是因为社会情境因素的多样性，才发展出更多种领导力类型。领导力最早的权变模型可以追溯到 1964 年菲德勒（Fiedler）的研究[50]，其通过实验法总结出了第一个领导特质权变模型。领导权变理论的发展主要分为两类：领导特质权变理论与领导行为权变理论。

领导特质权变理论主要强调在不同环境下，领导者某一特质会对组织绩效或组织发展产生差异。例如菲德勒研究了压力环境、领导者智力与领导业绩之间的关系。领导行为权变理论主要强调环境的变化，需要不同的领导力行为与之对应，才能实现领导的有效性。领导行为权变理论主要包括了弗鲁姆和耶顿开发的领导力决策的权变模型；豪斯提出的路径目标理论以及其他学者依此的后续研究等。总体而言，领导行为权变理论更加强调了领导特质、领导行为以及所处情境的和谐统一。不得不说，现在大量的领导力类型都受领导权变理论思想的影响而提出，例如中国情境下的集体领导力和家长式领导力等。

领导权变理论仍然没有解决领导力普遍性的问题，情境的种类多的数不胜数。如果任何一种情境都需要开发一种领导力与之对应的话，那么领导力类型的种类将会更多，相互重叠的现象会更加严重。因此，对领导所处情境的分析就显得更加重要了，但是在这一主题的研究上似乎还有很长的路要走[10~11]。

还有学者在进行领导力理论学派划分时，还包括了诸如领导风格学派[6]、新型领导力学派[51]等。但是总体而言，这些学派的产生基础都离不开领导者特质、领导行为与领导所处的情境因素。

2.2.2 合作网络中的整合型领导力理论

创新一直以来都是组织赖以生存和发展的关键。但是随着创新复杂化程度的不断加深以及跨学科趋势的出现，单个组织难以拥有企业发展所需的全部资源与知识[52]。因此，不同创新主体不断寻求合作逐渐形成创新网络，并且已成为企业创新活动的重要组织形式[53~54]。随着组织间网络的不断发展，逐渐形成了自我中心网络以及整体网络两大类别[55]。自我中心网络的主要研究对象是网络中某个企业组织、网络中某个位置或者网络中的某个节点[56]。而整体网络是指三个或三个以上的组织以有助于组织间共同目标实现的方式连接起来的群体。其主要的研究对象是网络整体的特征和属性，而不再是关注合作网络中的某个组织[55]。其主要的特点包括目标一致性、互动性和跨越组织边界等，其本质是网络成员为了实现共同利益，以非层级的关系参与合作，并依靠信任实现和维持相互之间的联系。

整体网络的形成与高效运转离不开领导力的支持。整体网络所涉及的领导力已经成为整合型领导力的雏形。其主要的理论基础包括三个方面：第一，自工业革命以来，领导力经过了从个体领导力、团体领导力以及组织（网络）领导力的发展。但是随着管理情境的变化，组织正经受着自然环境和经济环境带来的双重压力。部分学者试图对已有的领导力理论要素进行整合，构造出一种领导力的综合模型[36]，以此应对复杂情境。该模型的建构主要包括了整合特质、技能、才能、人品以及风格与情境变量等[57~58]。第二，从跨部门合作的理论出发。有学者认为跨部门合作是组织间以一种非永久式的方式形成合作网络，最终实现公共价值与共同利益[59]。跨部门合作所形成的网络就是整体网络，虽然仍有一个组织起到领袖作用，但其主要职责是确定时间进度表以及具体目标实施等。而且这种关系已经不再是简单的层级关系，而是近乎平等的指引关系[60]。第三，全球范围内，整合性思维在多领域的深入发展。特别是多伦多大学罗特曼商学院独创了"整合管理思维"（integrative thinking model）模式，将整合性思维运用到领导人才的培养中来。在学术界，当代的西方理论研究者从多维度、多层次以及整合性思维来探究领导的本质[51]；在实践领域，实践者通过跨部门的合作实现资源和关系等的整合，实现领导力效能[36][61~62]。

情境的变化以及实践活动的需求促使合作网络的现象不断涌现，但是如何更高效的促成合作网络的建成以及如何维持合作网络的关系，成为一个亟待解决的问题。由此对整合型领导力相关理论以及方法的研究显得格外重要。考虑到整合型领导力是一个全新的研究方向，为了加深对整合型领导力的认识以及后续深入研究，本书综述了有关整合型领导力的研究进展。并在此基础上述评了整合型领导力的研究现状，聚焦了整合型领导力的研究问题，整合了整合型领导力的研究框架，指出了整合型领导力的未来研究方向。

2.2.2.1　整合型领导力的相关研究现状

（1）以"整合型领导力"为关键词的文献研究情况

整合型领导力理论基础之一来源于对跨部门合作的研究（Crosby，

Bryson and Stone，2006）[63]。其中较为经典的文献是 2006 年克罗斯比和布赖森（Crosby and Bryson）发表的关于跨部门合作的框架模型[64]。该框架模型主要包括初始条件、过程、结果与治理、突发事件与约束条件以及结果与岗位职责等要素。在对跨部门合作的研究中，学者们依托的情境是如何解决地区性和公共性问题（Crosby、Bryson and Stone，2006）[63]。正如其在文中指出的解决艾滋病、恐怖主义、教育、收入差距和种族歧视等问题，没有跨部门的协议与合作是很难解决的。2007年，罗斯比和布赖森在《领导力季刊》（*The leadership quarterly*）总结了发展整合型公共领导力需要解决的十大问题[64]。分别是：跨越文化、国界、部门以及党派边界，整合型领导者如何在不同联盟中交流、鼓舞与动员；整合型领导者如何把解决棘手问题带来的战略改变需求进行概念化、框架化以及推广化；整合型领导者在解决组内与组间冲突的职责是什么；以一种明智和道德的方式为促进公共利益，整合型领导者在设计与建构机构中是什么样的角色；在什么样的机构与竞争环境中对整合型领导力起到促进与限制的作用；整合型领导者如何决定时间性的问题，包括什么时间开始、什么时间等待以及什么时间放弃；领导力教育者如何培养实践整合型领导力所需要的认知、社会性以及复杂的行为；在不同水平上，应该如何制定政策来促进或阻碍整合型领导力；整合型领导力的情境的适用性问题；整合型领导者如何整合每个部门的优缺点，创造广泛的持续的公共价值。莫尔斯（Morse，2007）以跨部门合作为基础，从结构催化、过程催化以及个体催化三个方面探究了整合型公共领导力对合作创造公共价值的催化作用[60]。之后，罗斯比和布赖森（2010）研究了整合型公共领导力对跨部门合作创造与维护作用，并定义整合型领导力为以一种半永久式的方式（典型的边界跨越）将多个团体或组织结合在一块，解决公共问题实现共同利益[36]。从企业中部门的角度进行研究，发现企业中首席执行官（CEO）、信息主管（CIO）和供应链主管（SCO）之间的目标越统一，能实现更高的供应链产出（Sunhee et al.，2012）[37]。帕尔曼（Perlman，2014）认为采用整合型领导力可以实现医疗卫生行业的变革，其主要的核心思想是通过人员关系的整合，将建立的价值观以及相关理念以关系为依托进行传递，逐渐地扩大受影响的人群。最终提出了整合型领导力发展的五个范畴：即自我范畴（基础范畴）、他人范畴、团队范畴、组织制度范畴和组织文化范畴。这五个范畴依次呈波浪式递进构成了整合型领导力的发展模型[61]。克努森（Knutson，2015）在以医疗改革为背景的研究中，指出整合型领导力在实践活动中能够发挥非常重要的作用，其认为整合型领导力主要通过对关系的整合，最终实现医疗系统的改革[62]。国内的相关研究中，张大鹏和孙新波（2017）对整合型领导力的研究框架、行为以及来源与内涵方面进行了总结，并初步探讨了其在合作网络中的概念内涵、行为特征以及对组织创新的影响[38,65]。

（2）以组织间网络和领导力为关键词的文献情况

首先，将组织间网络界定为个体网络和整体网络[66]、微观层面和宏观层面[67]以及自我中心网络和整体网络[68]。有学者指出组织间网络有两种形式，其一是根据资源的交换，着重强调主导地位的核心组织（Therrien，1995）；其二是从组织领域的视角，网络包含了多个组织互动的集合，但不强调某个核心组织[69]。格林等学者（1989）在埃文（1976）的研究基础上，分析了由中心度以及核心组织的位置确定的组织间网络的五种模型（如图2.18所示）[70~71]。普罗等人（2007）从自

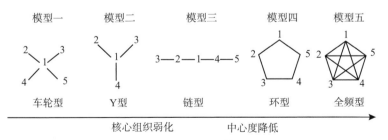

图2.18 组织间网络图示

资料来源：格林（Green）和埃文（Evan）等学者的研究。

变量与因变量两个方面总结了组织间网络研究的主要类别（如表2.4所示）[55]。从现有的资料发现跨部门合作所形成的组织网络等同于整体网络[47][57]，也就是模型图中的第五种形态。

根据组织间网络的图示，核心组织（图2.18中数字1代表）的核心位置逐渐降低，合作网络的中心度也在逐渐降低，但是组织之间的联系不断增强，从整体来看组织之间的关系逐渐形成了一个网络。从表2.2中以整体网络视角看来，主要的研究内容是关系或网络变量对整体网络或网络层面互动的影响。根据跨部门合作的理论基础，跨部门合作的基本思想就是通过共同的目的实现多组织或多部门的协作，最后建立一种网络关系实现共同利益[63]，整体网络的形成是以跨部门合作为基础的[72]。跨部门合作与整体网络的联系如图2.19所示。该图示主要展示了：首先，跨部门合作促使了整合型领导力的形成，同时整合型领导力对跨部门合作的形成也起到了保障作用。其次，整合型领导力在跨部门合作形成整体网络中起到促进作用。最后，整合型领导力维护并保障了整体网络的高效运作。

表2.2　　　　　　　　　　组织间网络研究的类型

自变量（关注投入）	因变量（关注结果）	
	个体组织	集体组织
组织变量	组织通过二元互动对其他组织的影响	个体组织对网络的影响
关系或网络变量	网络对个体组织的影响	整体网络或网络层面的互动

资料来源：格林和埃文等学者的研究。

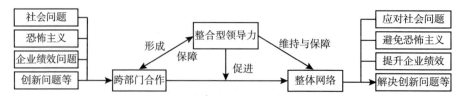

图2.19　跨部门合作、整合型领导力与整体网络关系图

资料来源：由作者绘制所得。

　　穆勒—塞茨（2012）认为研究组织间网络的领导力是一个难以达成共识的问题[73]。因为其研究范围跨越了多个学科，并且存在多个研究角度。而且随着组织间网络的发展，其研究的重点也在发生变化，例如从人际关系的角度[74]、企业内部网络[75]以及战略联盟[76]的角度研究组织间网络的领导力。组织间网络所涉及的领导力与个体组织的领导力存在明显差异。首先，在组织间网络成员间不可能直接通过命令的方式改变其他的网络组织成员[77]，而在单个组织中某个领导会享有至高无上的权利，通过命令改变组织成员。其次，组织间网络的领导力主要体现在独立组织对相关活动的引导与定位上[78]。引导与定位的实施需要通过塑造整体条件，试着影响相关活动和关系的规则以保障网络的运行[79]。再次，网络组织相关的领导力所指代的不再是治理的含义，因为治理通常讲的是如何建构网络结构或者建立一种协调方式等，由于核心组织的不断弱化，单由一个行政管理组织协调的方式[80~81]，也在不断地弱化。由此根据范根和哈克森（2000）与普罗等学者（2007）的研究[82][55]，本书把组织间网络的领导力界定为一种驱动力和影响力，而不仅是一种吸引力。

　　综上所述，从对整合型领导力的研究现状梳理上看，已经有不少学者关注了整合型领导力的相关研究，这充分显示出了整合型领导力的实践应用价值与理论研究价值。总体而言，整合型领导力的相关文献较少，但已有的研究成果对其深入研究起到了重要作用。本书将已有研究成果总结为以下几个方面：一是已有研究成果初步涉及了整合型领导力的概念，为以后的研究奠定了基础。二是对整合型领导力的作用机理有了初步的描述，体现出了关系整合的核心作用。三是整合型领导力的理论基础有了初步的涉及，主要从跨部门合作以及整体网络涉及的领导力两方面进行整合型领导力的理论解析。四是多采用案例研究的方法，体现了整合型领导力在实践应用中的价值。此外，本书概括了关于整合型领导力的几个关键词：目标整合、公共价值、跨部门合作、整体网络、关系整合而非关系治理、引导与影响等。这些关键词能够勾勒出整合型领导力的基本框架，但是就整合型领导力的研究问题、研究框架以及未来研究方向上现有文献还相对比较分散，缺乏系统的梳理。整合型领导力研究还没有形成一套完善的理论与方法体系。因此本书接下来对相关文献进行梳理，总结其发展背景、概念内涵与研究问题，确定其研究框架以及明确其未来研究方向。

2.2.2.2　整合型领导力的问题聚焦

根据对已有文献的研读和总结，本书把关于整合型领导力的研究问题聚焦为以下几个方面：第一，明确整合型领导力的发展背景，深入了解整合型领导力中的整合性思维。第二，梳理整合型领导力的概念与内涵，为实践应用与理论研究奠定基础。第三，梳理整合型领导力的主要研究方向，便于学者与实践者在某一领域的研究与应用。第四，梳理整合型领导力的研究方法，主要为整合型领导力的深入研究奠定基础。

（1）整合型领导力的发展背景

在现有的自然与经济条件下，必然促使整合型领导力的出现。近几年，自然环境恶化[72]、经济不景气[83]以及企业生存竞争压力不断增大[37]，创新复杂程度加大并且跨组织的趋势明显[52]对整合型领导力的出现起到了决定性的推动作用。具体发展背景如图2.20所示。

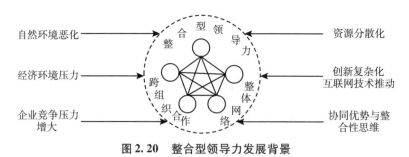

图2.20　整合型领导力发展背景

资料来源：由作者绘制所得。

第一，自然环境恶化。近二十年，世界上诸如地震、海啸、泥石流与山体滑坡等自然灾害频发。自然灾害的可预测性低，为了将其带来的人员伤害与经济损失降到最低，通常需要多个组织与部门建立合作关系，共同来应对危机。

第二，经济环境压力。自金融危机以来，全球经济处在一个持续低迷的状态中。企业希望通过风险分散、利益共享的方法来应对这一局面。因此，企业通过跨部门的合作建立整体网络，在实现知识资源分享的过程中也实现了风险的分散。

第三，企业竞争压力增大。随着经济一体化程度的不断加深，企业之间的关联性与密切度不断加深。企业之间的竞争逐渐演变为企业所处链条、所处群体以及所处生态圈的竞争。因此，企业需要在其所处的价值链条、公共群体以及生态圈内实现协同发展，才能够满足现实的竞争要求。

第四，资源分散化。随着社会分工程度的不断加深，随之带来的是资源、知识与信息的分散化。再者随着知识经济的到来，知识是企业竞争关键要素，知识创新成为企业活动的核心。因此，企业试图通过关系整合，加强知识、资源与信息的交流、碰撞，达成企业间的协同竞争优势。

第五，创新复杂化与互联网技术推动。随着竞争压力的增大，简单的知识与资源整合难以实现企业的创新优势。随着互联网技术的不断发展，企业将原有的业务与互联网深度融合，开发出新的发展模式，不断地寻求与整合跨组织、跨学科甚至跨文化的创新元素，以此实现创新发展。

第六，协同优势与整合性思维。协同化发展已经成为组织发展的重要形式。类似于协同管理、协同创新和协同办公等。而整合性思维在全球比较盛行，例如整合营销、整合培训和整合资源等。协同带来的优势以及整合性思维为企业发展提供的新思考，都在促使着组织之间的合作，促使着整合型领导力的发展。

（2）整合型领导力的概念与内涵

国外学者尝试给整合型领导力下过定义，《领导力季刊》（*The leadership quarterly*）系统的刊出过以整合型领导力为专题的研究。现对其专刊的8篇相关文献中的有关整合型领导力的内涵进行综述[14][36、60][72][84~87]，具体如表 2.3 所示。

表 2.3　　　　　　　　　　　整合型领导力概念探析

序号	作者（年份）	主要视角	内涵界定
1	克罗斯比和布赖森（2010）	合作视角	把多个团体或组织以非固定式的方式聚集在一起，解决复杂的公共问题，实现公共利益
2	莫尔斯（2010）	过程视角	跨越组织、部门以及相关机构边界发展伙伴关系，创造公共价值的过程
3	斯蒂芬（2010）	治理视角	把公民参与、合作治理以及冲突解决加入整合型领导力的模型中
4	西尔维娅，麦圭尔（2010）	网络视角	在部门与网络环境中，组织导向的行为使用广泛，在领导单个部门时，领导关注的是人本导向的行为
5	瑞德科普（2010）	边界跨域	整合型领导者通过跨越边界，实现公共利益
6	奥斯皮纳和福迪（2010）	协同视角	在边界内或跨越边界，培养合作行动，为了协同工作，培养必要的联系，实现组织愿景
7	费尔南德斯等（2010）	整合视角	整合型领导力是任务导向、关系导向、变革导向、多元化导向以及整体导向五种领导力角色的整合
8	博诺等（2010）	动机视角	关注团队建设以及在社区团体内传递知识和意识

资料来源：根据检索文献梳理而得。

2010 年，克罗斯比和布赖森首次较为完善地提出了整合型领导力的概念。两位学者认为整合型领导力的主要作用是聚集多个团体或组织，实现公共价值[36]。此外，两位学者认为在合作组织中，组织之间不再具有明显的层级关系，而是更加注重引导力与影响力。对整合型领导力研究的学者基本都认同整合型领导力的最终作用结果是实现公共价值[60][84][61~62]。但是在实现公共价值的作用机理上，有学者从协同视角[87]、跨越边界的视角[84]以及过程视角[60]等进行研究。

尽管《领导力季刊》（The leadership quarterly）对整合型领导力进行了系统刊出，但是由于整合型领导力的相关理论还在进一步的发展之中，其概念并没有统一。主要原因有以下几点：其一，整合型领导力作为一种全新的领导力理论，对于研究情境的界定还不确定。现有学者有从自然危机处理方面[72]、多部门系统构建方面[60]、企业效率提升方面[37]以及医疗改革方面[61~62]等情境进行的研究，研究情境的本质特点并没有系统总结。其二，整合型领导力的研究视角多样[85~86]以及网络组织相关的领导力涉及的学科较多[74]，从而导致学者们从不同的视角来构造整合型领导力的内涵，因此很难达成一种共识的概念框架模型。其三，整合型领导力作为一种较新的研究方向，大部分的研究都是探索性的研究，学者们在理解上可能也存在着差异。其四，最本质的问题是没有从领导力的主体和领导者本身进行研究。

通过对已有文献的研读，整合型领导力的理论基础涉及跨部门合作、领导要素整合以及整体网络等。其作用过程（如图2.21所示）是，通过施加影响力与引导力实现组织之间的跨部门合作，在整体网络中实现知识、资源的共享与互补，最终实现公共价值。因此，本书从关系整合的角度，从公共价值创造过程来看，结合已有学者的研究成果给出整合型领导力的一个初步的概念：整合型领导力以实现公共价值为目标，由一个或多个拥有不同知识资源的行为主体（个人、团队和组织），通过影响力与引导力，依托于关系整合，实现知识、资源以及责任等的整合，实现组织间关系建立与维持。

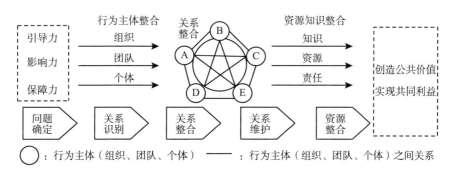

图2.21　整合型领导力的概念作用模型

资料来源：由作者绘制所得。

（3）整合型领导力的主要研究方向

本书根据对已有文献的研读与总结，目前对整合型领导力的研究主要集中在整合型领导力对社会公共利益的创造与维护、整合型领导者相关的研究以及经典领导力理论的整合等方面。

第一，整合型领导力对社会公共利益的创造与维护。

从研究跨部门合作开始，布赖森、克罗斯比和斯通（2006）就指出如果没有跨部门的合作与协议，诸如艾滋病、恐怖主义、收入差距大以及种族歧视等问题是难以解决的[63]。因此，解决公共问题，实现共同利益是整合型领导力的主要研究方向之一。本书将已有研究成果总结为三个小的研究方向。一是整合型领导力在地区发展问题上的应用。克罗斯比等人（2010）对农村地区下水道管线工程实施、地方学校和大学之间的宽带网络基础设施构建以及开展当地的环保工作三个案例进行研究[36]。其认为整合型领导力可以引导多个利益共同体的参与，不仅能够解决复杂的问题，还能够创造共同利益。莫尔斯（2010）研究了各方利益主体以及政府部门之间的关系整合，通过目的、资源和战略等的整合，实现了参与各方多赢的局面，最终保证了地理信息系统的顺利构建[60]。奥佐伦等学者（2013）以英国可持续住房建设为背景，研究认为整合参与主体的关系，以及实施有效的领导力可以实现有益于公共价值提升的创新。二是整合型领导力对社会医疗改革方面的应用[88]。帕尔曼等学者（2014）认为整合型领导力是通过对关系的整合，不断扩大影响力，最终实现医疗系统的改革[61]。克努特森（2015）研究认为通过人员关系整合，对建立的价值观以及相关理念进行传递，逐渐地扩大受影响的人群，最终实现目标结果。三是整合型领导力在社区中公民权益提升问题上的研究[62]。博诺等人（2010）认为整合型社区领导力能够促使公民自愿参与社区公共活动，来解决公共的社区问题从而提高公民的生活和工作条件[87]。培芝（2010）认为整合型领导力可以帮助政府官员、不同的组织和公民来创造持续有效的公共问题解决方案[86]。彼得和安德森（2012）认为变革型领导适用于多元化集成，需要考虑到"市民能力"这个概念，并由此推进了整合的公共领导力的研究[89]。

第二，整合型领导者相关的研究。

在整合型领导者角度的研究中，主要集中在整合型领导者的能力、身份和风格等方面。西尔维亚和麦奎尔（2010）认为整合型领导者应具有双重身份（本部门的领导者，跨组织应急响应网络中的合作者）。同时其活动范围涉及跨越多个司法管辖区以及应该增加以人为本的行为[72]。乔翁和费尔南德斯（2010）认为整合型领导力是员工和领导者在同一层次不同水平上共同表现出来的五种领导角色组合，其并分析了整合型领导力对联邦机构的绩效提升有积极和相当大的影响作用[14]。杨和扬（2012）研究了企业中的首席执行官（CEO）、信息主管（CIO）和供应链主管（SCO）如果在供应链中有一致的目标，能够通过激活系统协同信息流来获得有效的供应链实现结果[37]。沙姆堡（2013）把团队性别多元化，企业高层领导中男女平衡，团队中男性女性协同工作，促使企业获得更高的绩效定义为整合型领导力[90]。埃尔乔恩和贝沙塔（2013）提出一个整合型的领导方式（灵活的组织结构、民主的领导风格和更加全面协调决策），来协调领导者之间的关系，达到提高企业盈利范围的目的[91]。舍梅克和克虏伯（2015）认为在不确定性的市场环境下，若使组织能够迅速改变方向适应市场，领导者必须具备六种整合的战略能力，包括：设立期望的能力、接受挑战的能力、解释理解能力、做出决定的能力、调整能力和学习能力[83]。张大鹏和孙新波（2017）利用扎根理论的方法，对整合型领导力进行了概念界定，并利用实证研究的方法对其在实践中的作用进行了检验[38、65]。

第三，经典领导力理论的整合。

埃尔德和拉尔森（2012）对变革型领导力、真性情领导力和间接型领导力进行了定性的分析，整合了个人特征、环境特征、随时间变化的评估过程、信任和心理资本，在此基础上提出了一个有益于组织招聘与选拔、领导力发展规划以及组织规划的整合型领导力理论模型[93]。丹瑟罗等学者（2013）认为领导力的本质是人与人之间的相互作用，这种特性可以由归属维度和控制维度进行描述，并以此维度为横纵轴，提出了一个整合的领导力圆盘模型[94]。雷德克等人（2014）对领导力理论进行整合，提出所有领导理论都遵循一个共同的理论基础——自我扩张理论[95]。

综上所述，整合型领导力的研究内容主要局限于整合型领导力在实践情境下的应用、整合型领导者以及现有领导力理论的整合上。但就整合型领导力的研究进展而言，国内外学者尚未就整合型领导力的研究范围、研究框架等内容达成共识。在其系统的理论建构方面，其概念、特点、研究范围与框架等还需要进一步澄清。

2.2.2.3　整合型领导力的研究范围

深入分析，本书发现整合型领导力的研究大多是经验性质的研究，是在多部门参与以及复杂情境下，多从领导实践的角度出发对其进行研究。在前人研究的基础上，本书从以下几个方面分析整合型领导力的研究范围。

第一，整合型领导力是在特殊情境下，对领导力理论的延伸，其是领导力体系的重要组成部分。要想深入了解整合型领导力的内涵，必须明确整合型领导力与领导力之间的关系。根据苗建明和霍国庆的观点，领导力是领导者在特定的情境中吸引和影响追随者与利益相关者并持续实现群体或组织目标的能力[96~97]。根据前文总结的整合型领导力的初始概念与一般意义的领导力概念内涵，本书进一步把整合型领导力看作是在多部门参与、跨部门合作等复杂情境下，领导者吸引和影响利益相关者，通过关系整合，形成关系网络，在网络中持续实现群体或组织目标的能力。从表面来看，领导力与整合型领导力只是在"情境"这一要素上发生了变化，但是情境的变化引发了领导者、追随者、群体目标的实现形式以及组织合作的参与方式等发生了根本性的变化。

第二，明确整合型领导力的自变量。整合型领导力参与主体所处的情境是对其研究的切入点，因此本书把整合型领导力参与主体所处的情境看作是整合型领导力的自变量。研究整合型领导力不仅要关注参与组织所处的自然、经济和科技等的宏观环境，还要关注组织所面临的竞争环境以及组织内部所处的环境。因此，明确整合型领导力的作用情境是其主要的研究范围之一。

第三，整合型领导者是整合型领导力的核心。多部门合作以及跨组织结盟的情境以及受此情境影响的追随者和利益相关者都会对整合型领导者提出更高的要求。虽然现有文献对整合型领导者的研究较少，但是在大量的领导力研究中已经间接或直接的涉及整合的元素。例如，有学者认为以前在一个组织中的生产和支撑活动，现在需要分散到多个组织中，因此需要一种整合、协调各种项目以及向这些项目组提供资源的正式领导力[98]。还有学者把整合型领导者的 35 个行为分为了人员导向、组织导向以及任务导向[72]。借鉴经典领导学的研究思路，整合型领导者的研究重心是领导者在跨部门合作或整体网络中的职责、角色、行为以及能力等。因此，探究整合型领导者在所处情境中的职责、角色、行为以及能力等是整合型领导力的主要研究范围之一。

第四，在跨部门合作与整体网络中，被领导者或利益相关者对整合型领导者的影响也是其研究重点之一。当代的被领导者已经发生了很大的变化，有学者指出当代员工逐渐趋向于"知识型员工"，他们对自己的工作更加了解，并且掌握着生产资料—知识[97]。作为追随者的员工或组织已经不再是领导者决定一切以及一味地满足组织需要的时代[99]。整合型领导者与追随者同样具有这样的问题，因此在现有情境下整合型领导者与追随者要相互适应，彼此调整自己的认知与行为，这些都是整合型领导力的主要研究内容。

第五，领导力的研究离不开领导者与被领导者之间的关系。因此，对整合型领导力而言，整合型领导者与被领导者或追随者之间的关系是其重要的研究内容之一。根据分析，本书把整合型领导力的主要研究内容总结为以下几个方面（如图 2.22 所示）：领导力与整合型领导力；整合型领导力的情境研究；整合型领导者的风格、行为、职能以及能力等；整合型领导力相关的被领导者、追随者和利益相关者的研究。

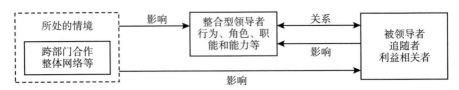

图 2.22　整合型领导力研究范围图示

资料来源：由作者绘制所得。

2.2.3　领导力理论的本质探析

本书以中国国家自然基金委认定的 30 种中文期刊、国外《管理学会杂志》（*Academy of Management Journal*）等 16 本英文期刊为目标期刊，以领导力/leadership 为关键词进行检索，中文期刊共检索出 494 篇涉及 51 种领导力类型，英文期刊仅近十年就检索出 998 篇涉及 65 种领导力类型。将中文期刊检索结果与英文期刊检索结果整合后，发现共涉及 86 种领导力类型。关于领导力是什么的问题，一直都是学者们关心的焦点。在回答什么是领导力的问题时，在领导力与管理的区别上、领导力的认识视角上、领导力的作用层次上以及领导力的目的上都要有一个清晰的认识。

在巴纳德的《经理人员的职能》一书中认为领导力的一个重要含义是"领先、表现出众"；另一个意思就是能够引领他人，成为一个组织的首领，为组织的发展和事务做出决策[100]。关于领导力与管理的理论认识上，在大卫·V. 戴和约翰·安东纳基斯的《领导力的本质》一书中做了较为详细的解读。领导力是目的驱动的，并且是基于价值观、理想、愿景等的情感上的改变或者是组织的转型变革。而管理是目标驱动的，通过理性、行政手段或者合同的履行等实现稳定的结果[6]。在领导力与管理的混淆上，主要是角色认知上的差异，作为一个领导者需要兼具领导力与管理能力，如果仅从"人"的职位角色上来认识领导力与管理势必会造成两者的混淆。因为领导力和管理本身就是相辅相成的，但是领导力对于组织发展的重要程度是远远高于管理的。从管理和领导力的本质目的上来讲，领导力是引领人或组织的变革，而管理是为了稳定实现组织目标，那么如此而言，领导力区别于管理的一个重要指标是领导力能够实现组织超预期结果，而管理只能实现组织目标或者无限接近组织既定目标[101~102]。

对领导力概念认识的另一个难点是领导力本身就是一个不断演化的构念，无论是面对员工、组织发展和环境变化等的挑战都对领导力的实时变化提出了更高的要求[6]。在领导力的研究中，有的学者认为领导力是一种影响力；有的学者从政治学中思考领导力认为其是权力的直接体现；还有学者从过程的视角来认识领导力，认为领导力是领导者与追随者之间的相互影响作用过程。尽管领导力是根植于不同情境之中的，但是在对领导力进行解释时只有跳出情境因素对领导力的影响，才能够把握住领导力的本质。

领导力的作用层次是之前学者容易忽略也是现有学者比较关注的一个问题[103~104]。领导力理论的主流学派中领导特质理论、领导行为理论以及领导权变理论等都关注了不同的研究层次。当然，领导力的理论体系中，还包含了其他的一些理论视角（例如信息处理理论、系统性理论以及复杂性理论等），但终究是涵盖了以个体"人"为主的微观层面、以群体为主体的中观层面和以组织为主体的宏观层面。与此同时，领导力的分析还涵盖了各种交叉学科的思想，例如社会学、心理学、经济学以及政治学等。因此，如何确定领导力的不同作用层面，确定不同层面上领导力的本质属性以及确定不同层次之间领导力的内在相互联系，是真正了解领导力本质的关键所在。

综上，本书从领导力微观—中观—宏观的不同作用层次入手，在已有关于领导力不同认识视角研究的基础上，整合已有研究成果，从而回答什么是领导力的问题。

2.2.3.1 不同层次的领导力理论梳理

在对85种领导力类型进行梳理的过程中，挑选出不同层次上典型性的领导力类型，并进行概念的研读与分类。挑选的原则：一是以检索文献为基础，查找涉及领导力类型的源文献，从源文献入手准确理解该领导力类型的内涵与作用层次。二是对涉及跨层次的领导力类型，以现有研究中主流的分析层次进行类别的划分。三是作用层次的划分需要领导力领域的专家与研究团队多成员间的研讨与共识，以确保分类的准确性。

（1）微观层面的领导力理论梳理

在对微观层面的领导力类型进行梳理时，主要是遵循了戴的观点，即将"对领导者的感知"和"领导者对组织的影响"区分开来[6]。这是因为对领导者感知是从领导者的个体特质出发的，而领导者对组织的影响其中包含了以组织发展为目的的多主体作用机制，两者存在了本质的差别，也会形成不同的领导力作用模式。因此，在微观层面的领导力类型中主要是考察以领导者为主体，对领导者的感知或形成进行分析，来探究领导力的核心要义。在对 85 种领导力类型的核心要义进行总结的基础上，划分出 25 种个体层面的领导力类型（如表 2.4 所示）。这些领导力的类型多与个体的个性或特质有关，其中像是包容、诚信、道德、谦卑、权威和仁慈等，但是仅从特质或个性的角度来理解领导力似乎是存在局限的，因为作为个体既难以改变自己的性格特点/个性，也难以改变其他人的性格特点/个性。从认知科学的角度来讲，个性是一个稳定但是动态与自我建构相关的内在联系网络[26]。

表 2.4　　　　　　　　　　微观层面的领导力类型总结

序号	领导力类型	核心要义	作用层面	凝练核心要义
1	包容型领导	尊重和理解员工，对员工进行反馈和承担责任[105]	个体层面	尊重理解承担责任
2	诚信型领导	能深刻了解自己是如何思想和行动的领导者，并且在其他人看来，能够认识自己和他人的价值观、道德观、知识及优势；了解自己所工作的情景；自信、满怀希望、乐观、灵活，在个性方面拥有高水平的道德水准[106]	个体层面	知己知彼乐观道德

续表

序号	领导力类型	核心要义	作用层面	凝练核心要义
3	大五人格特质	外向、情绪稳定性、宜人、开放性、责任心[107]	个体层面	性格差异
4	道德型领导力	首先，我们将道德化作为追随者将其领导者视为道德的主要过程。其次，我们使用道德基础理论来说明追随者最有可能道德化的领导者行为的类型。再次，我们将道德自尊和道德声誉的动机确定为道德化影响追随者行为的两种不同途径。最后，我们展示了领导者道德行为的基础价值决定了出现的追随者行为的具体类型（例如，亲社会行为和亲组织行为等）[108]	个体层面	规范行为双向沟通
5	发展型领导力	发展型领导行为主要指向领导的监督行为（关注下属的发展），旨在培养下属与工作相关的知识和技能，并促进下属的个人和职业发展[109]	个体层面	关注下属职业发展
6	积极型领导力	积极型领导就是领导行为归属到积极心理范畴中的领导类型[110]	个体层面	员工认知心理资本
7	杰出型领导力	了解这些精英群体的成员如何做出决定，与追随者互动，并影响他们周围的人[111]	个体层面	精英群体决策影响
8	女性领导力	女性领导优势的论点认为，与男性相比，女性更倾向于人际关系，更倾向于强调团队合作而非个人利益，在领导中更有参与性。女性领导者比男性领导者更有效率[7、112~113]	个体层面	团队合作注重效率
9	破坏型领导力	破坏型领导行为是下属感知到的上司持续表现出来的言语或非言语性的敌意行为[27,114]	个体层面	敌意言语敌意行为
10	谦卑型领导	对于自身能力和成绩的精确评估；能勇于承认自己的错误、知识的欠缺以及自身局限性；对新思想、反对的信息和意见的开放性；恰当地处理自身能力与成绩的关系；相对低度的自我关注；欣赏所有事物的价值[115]	个体层面	自我评估自我批评
11	情境型领导力	主要是领导在进行领导风格的选择时要根据下属的成熟度来进行调整。对于较低成熟度的员工要进行"说教式"的领导力形式；对于中低成熟度的员工要进行"销售式"的领导力形式；对于中高成熟度的员工进行"参与式"的领导力形式；对于高成熟度的员工进行"授权式"的领导力形式[116]	个体层面	员工成熟度选择领导方式
12	权威型领导力	独裁型领导的行为包括不与下属协商而做出重要的决策、批评差的工作、确保下属遵循程序、确保下属发挥出最大能力及任务导向行为等[117]	个体层面	独自决策任务导向

序号	领导力类型	核心要义	作用层面	凝练核心要义
13	仁慈型领导力	提供机会来纠正错误，避免下属的公开尴尬，提供指导，以及关心下属的职业发展。它也可以表达为非工作领域内的个性化关怀，例如将下属视为家庭成员，在个人危机期间协助下属，以及表现出超越职业关系的整体关注[118]	个体层面	宽容错误关心下属
14	话语型领导力	与主流领导学者相比，受语言转向影响的学者是广泛的社会建构主义者、散文家和定性研究者。他们的视角更多的是社会和文化，而不是个人和心理。他们认为语言并不反映现实，而是构成了现实。人类的沟通也不仅仅是一种简单的传递行为；它是关于意义的建构和协商[119]	个体层面	注重语言意义建构
15	外向型领导力	外向性高的领导者更有可能表达个人魅力，提供智力刺激，并为员工提供个性化的考虑[120]	个体层面	个性表达智力刺激
16	务实型领导者	务实的领导者没有为他们的追随者阐明愿景。相反，务实的领导者关注当前的问题，并通过对社会系统和因果变量的深入理解和敏感来发挥其影响力。务实的领导者通常被认为是功能问题解决者，在审查问题和需要解决问题时考虑情境和人[121]	个体层面	忽视阐明愿景关注当下问题
17	消极领导力	被动领导是指处于权威地位的人表现出的一种不作为的模式。消极领导的例子包括避免决策、忽视工作场所的问题、未能模仿或强化适当的行为。被动领导包括异常的被动管理和自由放任的领导[122]	个体层面	不作为避免决策
18	隐性领导力	隐性领导理论被定义为认知结构或原型，指定了领导者特质[123]	个体层面	领导特质领导能力
19	战略领导	领导者可准确预测未来、勾画愿景、保持灵活性和战略思考，以及与他人合作发动变革的个人能力[124]	个体层面	预测未来发动变革
20	中国本土伦理领导力	品格高尚和正直；具有伦理意识；伦理领导以人/社区为本；善于鼓励和赋权，这有助于追随者获得独立的个人特质；肩负着管理道德的责任[125]	个体层面	鼓励赋权坚守道德
21	专家型领导力	领导者的专业知识与组织的核心业务需要一致并能提高组织绩效；招聘组应该充分考虑领导者的专家知识/核心业务关系[126]	个体层面	业务优秀业务主导
22	专制（独裁）型领导	专制领导是指控制和指导的领导行为运用，旨在集中决策和权力集中[127]	个体层面	集中决策权力集中

序号	领导力类型	核心要义	作用层面	凝练核心要义
23	自恋型领导力	自恋型领导好大喜功、骄傲自大、自我陶醉、脆弱自尊、充满敌意等；他们的领导行为常常是被自私的权力需求和组织机构的利益驱动。而不是出于对他人的同情心[128,129]	个体层面	好大喜功利益驱动
24	自我领导力	在个体已有经验基础上形成的，个体通过自我指导和自我激励最终实现自我影响的过程[130]	个体层面	自我指导；自我激励；自我影响
25	自我牺牲型领导力	自我牺牲型领导是指放弃自身利益为下属谋福利的一种领导形式[131]	个体层面	放弃自身利益为下属谋福利

资料来源：作者根据梳理的文献整理而得，根据本书对领导力的语义界定，将相关文献也纳入了分析范围。

个体层面的领导力多是根据自身性格、观念认识等的一种自我领导意识的构建过程，基本没有涉及与员工在心理、认知、行为与关系等的互动，以价值观念传递与单方面行为表达来发挥领导作用。在对核心要义进行总结的基础上，提炼出47个关键词，再进一步对47个关键词进行聚类分析，最终确定了自我建构与下属发展两个维度。自我建构维度包括了对自我性格、自我领导能力等的自我认识，将自身个性与特质体现在领导过程中，以积极或消极的领导方式传递价值观念，影响员工的行为，最终促成组织的发展。下属发展是指个体层面的领导力关注下属的发展情况，包括个体的认知发展、行为发展以及职业发展等。由于个体层面的领导力多是以自我建构为核心，对下属的发展也是在自我建构的基础上完成的。有的领导力类型仅关注了自我建构的过程，对如何影响员工并没有包含在领导力本身的概念之中；有的领导力类型是兼顾到了自我建构与下属发展两个方面。在此基础上，分析了领导者在领导力的形成过程中是如何实现自我建构与下属发展的，并将25种领导力类

型按照不同维度的侧重点不同划分到两个维度构建的坐标轴中（如图
2.23 所示）。

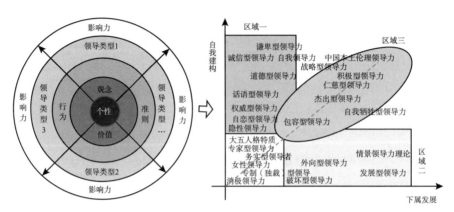

图 2.23　个体层面领导力的分析图示

资料来源：由作者绘制所得。

个体层面的领导力从自身的个性出发，形成一套特定情境下的价值
观念，在领导力的施展过程中表现出不同的领导行为和规范准则，形成
不同的领导力类型或领导力模式，对下属形成影响力。按照侧重于自我
建构、侧重于下属发展以及侧重于两者整合的标准，将 25 种个体层面
的领导力划分为三个区域，区域一包含的领导力类型更多的强调了领导
者根据自我个性与特质的自我建构。区域二主要是领导者自我建构程度
较低，以长期形成的性格或性别等为基础形成的领导力，着重体现了对
员工或好或坏的影响。区域三主要是领导者对自我建构和下属发展的平
衡关注。

（2）中观层面的领导力理论梳理

在对中层领导力的梳理过程中，关注团队层面的领导力类型中大都
强调了设定愿景的重要性，同时强调了团队领导是一个群体关系和行为
的构建过程，整体是一个社会建构的过程，在此过程中不再是领导者自
我意识的传递与表达，而是以特定组织目标与愿景为指引，通过鼓励下

属自我释放并建立有差别的社会关系来实现组织的整体发展。在梳理的领导力类型中共总结提炼出 37 种作用于团队层面的领导力类型（如表 2.5 所示），并根据主要内涵继续凝练了 94 个核心要义。在对 94 个核心要义进行进一步的提炼总结的基础上，提炼出以下五个核心的关键词：愿景传递、人际互动、激励、参与管理与自我发展，其中核心的两个维度是愿景传递与人际互动。

表 2.5 中观层面的领导力类型总结

序号	领导力类型	主要内涵	作用层次	凝练核心要义
1	变革型领导力	领导者具有为追随者创造和展现富有吸引力的愿景，并通过个人魅力和激动人心的言语激发追随者的高层次需求、信任、激情和工作潜能的能力[132]	团队层面	设定愿景 魅力指引 智力激发 个性关怀
2	参与型领导	增加下属参与组织管理的程度，给予下属足够的判断力、注意力、影响力、支持、信息以及其他资源，使下属体验到这些领导行为带来的内在激励，产生自我价值、自我效能、自我决策能力等主观感觉[133]	团队层面	鼓励参与 自我决策 体验领导
3	常态型领导力、机会型领导导、理想型领导与幻觉型领导	根据组织情境的不确定性高低，大多数组织成员是否理解组织的方向和目标一致性的预期来划分的四种领导力类型[134]	团队层面	方向理解 目标一致
4	创新型领导力	创新型领导力包括鼓励个人倡议，使个人责任和绩效评估系统清晰明确，强调任务实现，创造质量关系得到重视的环境，以及培养信任[135]	团队层面	评估清晰 环境创造 培养信任
5	创业型领导力	通过主动创造愿景来激励下属，动员和赢得下属的支持，致力于发现和创造组织的战略价值[135]	团队层面	创造愿景 下属支持 战略价值
6	放任式领导力	对责任不去承担，不去作决策，在工作的争论中经常选择中立的态度，对正在实施中的工作也没有兴趣[137,138]	团队层面	不承担责任 不做决策 态度中立

续表

序号	领导力类型	主要内涵	作用层次	凝练核心要义
7	服务型领导	善于倾听、具有同情心、善于抚慰心灵、自我认知、善于说服他人、有全局观念、有远见卓识、有管家精神、愿意培养他人以及建设社区[139]	团队层面	安抚下属 富有远见 培养他人
8	个人主义型领导力	具有个性化权力取向的领导者利用他们的权力来满足他们自我需求。通常，个性化领导者将精力集中在破坏性行为上，试图让下属顺从[140]	团队层面	满足自我 破坏行为 软弱下属
9	个体领导力	关于LMX和变革—交易领导的基础工作，IL是一个概念框架，提供了另一种领导选择。它承认上下级二元关系的人际关系，因此允许领导者与他们的每个追随者在独立和不同的对话中形成独特、独立和平衡的一对一关系[141]	团队层面	独立关系
10	公仆型领导	公仆型领导者做他人的仆从、为他人服务，并非只关注利益，并与他人分享权力和地位，以便增大组织成员、组织及其服务对象的共同利益[142]	团队层面	为他人服务 分享权力 关注共同利益
11	共享式领导力	为达成协作网络整体及成员目标，而采取的动态互动影响过程。（1）共享合作承诺；（2）共享客户价值创造承诺；（3）共享创新承诺[143]	团队层面	共享合作承诺 共创客户价值 共享创新承诺
12	鼓舞性领导力	通过传达愿景，鼓舞人心的领导者可以强化团队的共同目标；通过对群体成员表达信心，他们可以增强群体的独特性和声望；通过激励团队成员，他们可以鼓励团队成员之间更多的人际互动[144]	团队层面	传达愿景 强化共同目标 鼓励人际互动 群体声望
13	关系型领导力	（1）关注参与人际关系时个体属性的识别（从实体/本质的角度来看）；（2）从关系的角度来看，认为领导力是一个社会建构的过程，通过此过程理解领导力的产生，并赋予其特殊的本体论[145]	团队层面	社会建构

续表

序号	领导力类型	主要内涵	作用层次	凝练核心要义
14	家长式领导力	在一种人治的氛围下，显现出严明的纪律与权威、父亲般的仁慈及道德的廉洁性领导方式，包括威权、仁慈及德行领导三个重要的面向[146]	团队层面	纪律严明慈爱道德
15	交易型领导力	交易型领导者常常以"以正确的方式做事"为下属安排任务，要求保持对领导和既定方案的依从[147]	团队层面	安排任务依从领导依从方案
16	精神型领导力	内在激励自己和他人以满足他们基于使命和成员身份的精神存在感的一种价值观、态度和行为的总和[148]	团队层面	精神存在价值观自他激励
17	空想主义领导力	空想主义领导者与魅力型领导者的最大区别在于愿景的设定是依照过去而不是依照未来。理论家的愿景通常以强调共同价值观重要性的使命为框架，尤其依赖于分享和强化他所阐述的愿景的团体[121]	团队层面	依过去设定愿景共同的价值观分享愿景
18	领导—成员交换	由于时间和资源的限制，领导和所有下属的关系不可能完全相同，领导会根据下属对其所界定角色的接受程度，以及该下属的表现是否满足领导的角色要求来判断是否和该下属建立良好的关系[149]	团队层面	角色判断关系差别
19	领导教练行为	通过直接或间接的方式激励、帮助和指导成员完成目标的行为[150]	团队层面	激励帮助下属完成目标
20	伦理型领导力	通过个体行为和人际互动，向其下属表明什么是规范的、恰当的行为，并通过双向沟通、强制与决策等方式，促使他们照之执行[151]	团队层面	个体影响人际互动规范执行
21	魅力型领导力	魅力型领导具有非凡的自身特征而产生魅力，能在情感上对下属产生深远的影响，使得下属表现出对领导的追随，对工作和组织更高的满意度。魅力不能单独存在于领导者身上或其个人品格中，而是体现在领导者的人格和动机特征上，以及体现在与追随者的需要、信仰、价值观以及环境的相互作用之中，是领导者特征、下属特征与环境条件共同作用的产物[138]	团队层面	自身魅力拥有人格动机与价值观契合领导—下属—环境的共同产物

续表

序号	领导力类型	主要内涵	作用层次	凝练核心要义
22	命令型领导力	命令型领导行为包括开创团队活动、详细界定工作完成的方式、建立清晰的沟通渠道、强调目标达成、分配下属任务、给问题提供新方案和协调下属活动等[152]	团队层面	界定工作方式 分配任务 强调目标达成
23	批判型领导力	批判型领导力研究的任务是去解释领导作为一种生产力与破坏力之间的艰难平衡。批判性领导力研究是在评估领导力什么时间、什么形式在工作场所中支持一些批判性意见，而不是只支持一系列的美德和正向的理念[153]	团队层面	批判性意见使用 发现组织工作关系模式
24	辱虐型领导力	辱虐型领导是指员工知觉到的上级持续表现出的怀有敌意的言语及非言语行为，但不包含身体接触类行为[154]	团队层面	语言和非语言行为攻击
25	适应型领导力	适应型领导力是一种非正式的领导过程，它发生在交互的和相互依赖的人类主体（个人或集体）的有意行为中，以产生和推进满足系统适应性需求的新解决方案[155]	团队层面	交互依赖的多主体 系统适用性
26	授权型领导力	授权型领导并不是放任自流，在实施过程中可以通过员工的相互监督、相互鼓励进行控制，并要提供在自我目标设定、自我评估、自我奖励和自我发展方面的支持[156]	团队层面	相互监督鼓励 自我发展
27	双元领导力	为应对外部环境不可预测性带来的挑战，领导者利用矛盾思维将相互对立但又相互关联的行为方式进行平衡，根据具体情境变化要求实现行为策略之间的柔性转换，从而发挥矛盾力量协同增效作用的领导模式[157]	团队层面	对立关联 柔性转换 协同增效
28	团队导向型领导力	团队领导是一种上下互动的关系，通过发展一个良好的团队互动环境来促进成员间的合作与沟通，进而引发团队成员去追求和达成团队的共同目标[158]	团队层面	互动环境良好 共同目标
29	协作型领导力	协作型领导强调在决策制定和领导过程中与参与者的协作[159]	团队层面	参与者协作
30	新魅力型领导力	新魅力型领导基本上认同这些领导行为：识别和阐明愿景，提供适当的模型，促进团队目标的接受，设定高绩效期望，提供个性化支持，以及促进智力刺激等[160]	团队层面	阐明愿景 个性化支持 智力刺激

续表

序号	领导力类型	主要内涵	作用层次	凝练核心要义
31	信心领导力	自我信心和二元对偶信心；善于表达自信的领导者常被认为拥有乐观、有决断力和负责任等优良品质；对下属有信心的领导会对下属的工作能力和工作意愿表示充分的信任，并鼓励下属承担起工作责任，发挥自己的主观能动性去解决相关的工作问题[161]	团队层面	充分信任下属鼓励承担责任主观能动性
32	以价值为本的领导力	持有明确价值观的领导者，通过明确表达愿景，向组织和工作中注入自己的价值观，使得被领导者所持有的价值观和情感与之发生共鸣，从而唤醒跟随者对集体和集体愿景的认同，导致领导者自我价值的实施[162]	团队层面	明确愿景注入价值观与下属共鸣愿景认同
33	涌现型领导	能够对整个团队施加重要影响的团队成员，强调长期且以愿景为基础的激励过程，并帮助提供超越期望绩效的自信等来影响下属[163]	团队层面	愿景激励团队成员
34	愿景型领导	领导对未来组织状态的想象，领导有效地描述愿景并传递给追随者，授权使追随者有效地认同愿景[164]	团队层面	描述愿景传递追随者
35	责任型领导力	有效性、伦理和持续性，也即责任型领导的领导行为应该是有效的、伦理的，并且是可持续的[165]	团队层面	可持续性的
36	真实（真诚）型领导	领导者将自身积极心理能力与高度发展的组织情境相结合，以激发领导者和下属强烈的自我意识和积极的自我调节行为，最终促进双方积极自我发展的过程[166]	团队层面	激励下属自我意识自我调节行为
37	追随力	为实现共同利益而形成的领导者与追随者之间的影响关系；在与名义领导的关系背景下，个体的一种预先选择，权威和等级在这一选择中不起主要作用，只受到追随者与领导关系情境的影响[167]	团队层面	共同利益相互影响关系

资料来源：作者根据梳理的文献整理而得，根据本书对领导力的语义界定，将相关文献也纳入到了分析范围。

愿景是团队层面领导力的一个核心元素，设定一个有吸引力的愿景不仅能够使团队成员团结起来，而且还能够让团队成员朝着共同的目标前进[60]。在大多数的领导力类型中都提到了设定愿景的重要性，但是设定愿景的方式不同，例如空想主义领导力与魅力型领导力的愿景设定就存在着本质的差别，空想主义领导力的愿景设定主要是依据过去，而魅力型领导力中的愿景是对未来创新发展而设定的。愿景设定后，以价值观的传递实现领导观念在整个团队的扩展，激励着每个成员为之努力。人际互动是团队领导力的另一个核心要素，在团队领导力中每一个领导力类型都非常关注团队内成员与领导之间的关系建构，这也是社会建构的重要过程。领导者会根据资源、能力与外部环境的差异，与下属建立不同的领导—成员关系，这种关系有着两种本质的区别，一种是高质量的情感属性，一种是低质量的交易属性。情感属性的领导成员关系考虑到领导和下属之间有着更深层次的情感表达，包括信任、资源分享偏好以及信息共享程度等；交易属性的领导成员关系中领导者很少与下属进行情感的交流，主要是依托目标任务的直接物质交易。激励是团队领导为了实现团队目标而采取的必要工具，在激励下属的过程中，有的领导力类型是靠愿景激励的，有的是靠建立良好的人际互动关系激励的。鼓励团队成员积极参与管理是团队领导力为了激发团队成员的团队身份认同很重要的一步，只有认同了组织的发展模式和自己在其中的角色位置以及在参与决策和领导过程中的作用，才能更好地拥有主人翁精神，实现领导作用的涌现。自我实现是团队领导中的终极目标，即下属会实现自我目标设定、自我评估、自我奖励和自我发展等。

团队层面的领导力主要还是一个社会建构的过程，该社会建构是以关系识别、建立以及维护为基础和表现形式的，但是关系本身并不属于领导力的构成部分，社会关系构建过程中形成的组织文化、领导与下属的相互作用才是领导力的本质体现。而在此过程中，整体的领导氛围需要以团队愿景设定和传播等的形式来营造与构建，以人际关系的互动为主要内容构建领导模式，完成整体的团队任务。根据以上的分析，构造中观层面领导力的分析图示（如图2.24所示）。

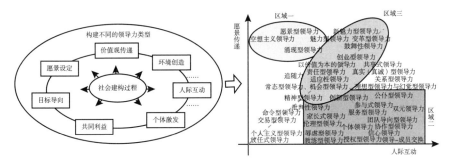

图 2.24　中观层面领导力的分析图示

资料来源：由作者绘制所得。

（3）宏观层面的领导力理论梳理

宏观层面的领导者关注的核心点不在仅是领导者自我、追随者自我以及两者之间社会关系的建构，而是将关注的重点放到了整个组织所处的网络结构、整个组织的整体发展以及整合组织层面领导力的哲学思考上。由于宏观层面的领导力既包括了新情境与新合作模式下的组织结构、角色等的变化，也包括了领导力整体的哲学思考，因此在这一层次主要进行了领导角色建构与组织领导力的哲学建构。

对领导角色的思考和构建的领导力主要是分布式领导力、核心企业领导力、集体领导力、跨文化领导力、临时（时间）性领导、目标聚焦型领导力、嵌入型领导力、平台领导力、企业间领导力、情境型领导力、群体领导力和整合型领导力。关于对领导力整体的哲学思考包括本土领导力、差序式领导力、道领导力、复杂领导力、和谐管理领导力、爵士领导力、群体领导力、儒家领导力、物化领导力、职能型领导力和制度化领导力（如表 2.6 所示）。对领导角色的建构主要立足于两个方面：一是领导结构在整个组织内部的合理布局，二是领导在整个所处合作网络中的能力要求和职责。领导结构在组织内部的合理布局主要是领导能力与任务特点的匹配、领导层次在整个组织运行中的影响以及集体领导等；从组织合作网络中领导能力要求和职责方面的架构主要是共同目标构建、跨文化整合、强调协调者角色、权力的动态性以及共同利益的创造等。但是整体来看，组织内部与组织外部协调发展的领导力类型还存在着一定的研究缺失。对领导力哲学思考后的领导力类型主要是立足于两个方面一是特定宏观情境下领导力内涵的提炼，另一个是领导力的本质认识与建构。特定宏观情境下领导力内涵的提炼主要是中国传统文化下领导力的内涵建构，包括了对本土情境、中国的差序文化、道家、儒家以及和谐管理观下的领导力内涵总结；对领导力本质认识和建构方面主要是运用复杂性理论、隐喻方法以及从职能、制度方面考虑领导力的构建。具体的理论分析如图 2.25 和表 2.6 所示。

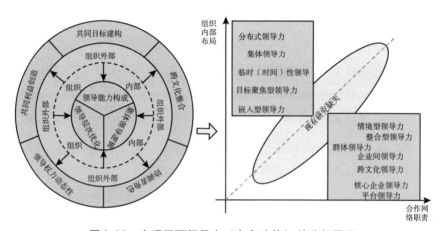

图 2.25　宏观层面领导力（角色建构）的分析图示

资料来源：由作者绘制所得。

表 2.6　　　　　　　　　宏观层面的领导力类型总结

序号	领导力类型	核心要义	作用层面	备注
1	中国本土领导力	中国本土领导研究的本土视角强调研究者要基于中国情境并与被研究者视域融合，需要研究者基于被研究者视域的价值思考，逼近真正的"真实"，并进行深描、诠释与建构[168]	组织层面	研究情景研究者视域相互融合

续表

序号	领导力类型	核心要义	作用层面	备注
2	差序式领导	（1）沟通照顾；（2）宽容亲信；（3）提拔奖励[169]	组织层面	整体方式 亲疏远近
3	道领导力	道家领导的特点是逆向思维，老子认为这是事物变化的一般规律。如果一个事物发展到极端，那么它必然会转变成相反的东西。道领导力的属性——拒绝支配、逆向思维和无私——可以培养员工的亲环境态度[170]	组织层面	思维构建
4	分布式领导力	分布式领导是以正式领导为纽带，采取集体领导的形式有效统筹运作，从组织的各个层面挖掘优秀人才，根据任务特点和成员的不同能力，让领导角色在成员间动态更替，从而充分发挥每一个组织成员的技能和才干，让组织更加灵活高效的一种领导方式[171,172]	组织层面	根据任务与才干动态更替领导角色 充分发挥组织成员技能才干
5	复杂领导力	复杂性领导力中复杂主要强调了系统之间关系的复杂性，并不是静态的描述性复杂[155]	组织层面	系统关系复杂
6	和谐管理领导力	领导者逐步形成自己对组织发展的主观设想，并结合客观信息进行可行性分析，提炼出和谐主题并最终达到管理的"和谐"，和谐的管理可以导致良好的组织绩效，而领导者在这个过程中起着至关重要的作用[173]	组织层面	主观设想与客观信息的分析 管理的和谐
7	核心企业领导力	技术创新网络中核心企业通过营造共同目标，获取成员企业的认可，并吸引和影响成员企业持续实现目标的能力[174]	组织层面	网络核心企业获得成员认可持续实现目标
8	集体领导力	集体领导是一个组织为完成共同任务和目标，由组织内不同领导岗位上任职的领导者所组成的一个集体（团队），该团队表现出的领导力就是集体领导力[175]	组织层面	任务与目标 领导者集体
9	爵士领导力	爵士领导力是超越爵士乐，作为一种即兴创作的隐喻表达。通过非正式讲故事的形式阐述如何成为领导以及对组织的一种强大意义和意义赋予机制[176]	组织层面	领导即兴 意义形成赋予机制

序号	领导力类型	核心要义	作用层面	备注
10	跨文化领导力	跨文化情景下的一种领导力类型[10]	组织层面	跨文化
11	临时（时间）性领导力	由于组织需求的变化，团队领导者越来越需要参与临时性的领导行为，以协调团队成员的工作，避免与时间相关的冲突并确保团队表现良好。时间领导力起源于时间、交互和绩效理论，它强调了由内部群体交互的时间模式来定义的核心活动：调度、时间协调和时间资源的分配[177]	组织层面	组织需求变化临时领导行为注重时间分配
12	目标聚焦型领导力	目标聚焦型领导力是指使用政策和实践来传达组织目标，并使员工的努力与这些目标保持一致的领导方式[178]	组织层面	传达组织目标员工、目标一致
13	平台领导力	平台领导者通过一系列的策略，协调网络状产业链各参与主体的价值创新行为。网络状产业链需要一个产业链的领导（通俗称为产业链的"链主"）来协调价值创新过程，这样的协调者也被称为平台领导，它是指以推动行业创新为目标的公司[22]	组织层面	协调参与者行为网络状产业链
14	企业间领导力	企业间领导力代表了核心企业的领导能力或影响力，能够直接作用于成员企业的行为，使成员企业主动追随并乐于为了共同的联盟利益而努力[29]	组织层面	领导能力或影响力成员企业追随服务于联盟利益
15	嵌入型领导力	为强调容易被忽视的中层管理者的领导作用，引入了"嵌入式领导"的概念。由于层级距离的关系，高层管理对底层员工的影响力会非常小，这时引入中层管理，借由中层的嵌入，能够降低影响力的层级距离衰减现象[179]	组织层面	领导层级距离中层管理者
16	情境型领导力	核心企业情境型领导风格可以通过有效协调，与网络成员建立良好的关系，对成员提供支持和鼓励，使其感知的核心企业对创新支持产生正向效果[180]	组织层面	协调网络成员支持与鼓励核心企业
17	群体领导	群体领导通过发展群体的共享和任务适应理解来影响群体成员任务表现[181]	组织层面	群体共享任务适应理解

续表

序号	领导力类型	核心要义	作用层面	备注
18	群体领导力	群体领导力：理解和影响紧急集体行为，强调群体在面临紧急情况时涌现出来的领导行为风格[182]	组织层面	领导风格涌现 紧急情况
19	儒家领导力	弱化和限制专制权力，保障百姓的幸福安康；通过科举制度设立普通百姓的仕途渠道，以及通过建立人与人之间的美德与责任的道德标准来引导社会的和谐发展[183]	组织层面	限制专制权力 建立美德与责任 引导社会和谐
20	物化领导力	研究重要性不是检验"事物"，而是研究社会关系存在的实质或方式。它侧重于某些影响（如领导力）对我们产生影响或"实现"的过程。我们不能在不研究社会关系的情况下研究"物质性"，如果不了解物质如何赋予这些关系实质并有助于发展新的行动可能性，我们就无法研究社会关系[184]	组织层面	侧重于某些影响（如领导力）对我们产生影响或"实现"的过程
21	整合型领导力	(1) 关注网络内权力分享动态机制；(2) 应用多方参与规则制定的设计；(3) 引领协作网络的规则变革过程；(4) 发挥领导自身的组织领导能力[14]	组织层面	网络内权力 多方参与 规则变革 组织领导能力
22	职能型领导力	职能型领导力将领导行为视为代表"一种基于组织的问题解决形式"，一种"解决社会问题的综合，包括影响尝试行为产生、选择和实施中的许多认知能力"[185]	组织层面	组织问题解决 社会问题的解决
23	制度化领导力	组织在发展中的制度可以被（一定程度的）塑造，领导的作用就体现于此，因此，领导是此组织价值的赋予和维系[186]	组织层面	制度塑造 组织价值的赋予和维系

资料来源：作者根据梳理的文献整理而得，根据本书对领导力的语义界定，将相关文献也纳入到了分析范围。

2.2.3.2 跨层次的领导力作用模型

通过对微观、中观和宏观三个层次的分析，发现领导力在不同作用层次下的背后建构逻辑有本质差异（由于宏观层次下包含了对领导力整体的哲学思考，本书暂时不把哲学性思考的领导力类型作为分析单元）。微观层面领导力的形成主要是领导者的自我建构，自我建构是自我领导能力识别、认知与塑造的过程，该过程的主要参与对象是领导者本身，领导者的领导力会作用于下属，但是并不是该层次领导者关注的重点。中观层面领导力的形成是领导者与下属进行社会关系构建的过程，在该过程中以愿景的传递和人际关系互动为核心，通过与员工建立不同的社会关系，影响组织的资源与能力分配，进而实现组织目标。宏观层面的背后逻辑是由于情境复杂性的变化以及合作网络化的深化，组织在整个合作网络的角色和职能发生了变化，因此组织层面的领导力也发生了变化，该层面的领导力类型主要是建构了领导在合作网络中的角色。

领导力的三个作用层面关注的主体构成了组织正常运转与发展的核心要素（如图 2.26 所示）。从微观—中观—宏观三个层面出发，领导者

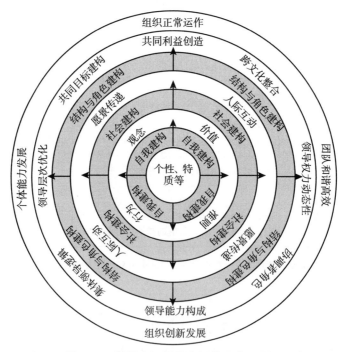

图 2.26　领导力不同层次间作用关系图示

　资料来源：由作者绘制所得。

实现了以领导者为核心的自我建构、以领导成员关系为核心的社会关系建构以及组织网络环境中内外部结构与角色的建构。微观层面的领导者自我建构是领导力形成的基础，自我建构能够实现领导者对领导能力与领导技能的获取，是领导力的核心部分，也是中观层面与宏观层面领导力形成的基础。中观层面的领导力主要实现了领导成员关系的社会建构，这种社会建构是以团队的共同愿景为基础的。中观层面的领导类型以愿景和价值观传递的方式实现了微观层面领导者的自我建构在团队内形成整体氛围和环境，这也印证了领导者是组织绩效的关键因素。微观和中观的层面的领导力主要是以个体以及个体之间的关系为研究对象的，而宏观层面的领导力类型，关注点不再是个体，而是以组织整体发展为前提，调整组织的内部领导结构，并确定组织在合作网络中的角色定位和职能设定。

领导力作用层次的差异是一个由内向外逐渐扩展的过程，但是其与组织内部的科层制度没有本质的联系。领导力作用层次是以领导者为核心的，以价值观传递的方式实现领导作用向中观层面的扩展，宏观层面是结合了组织内外部情境的差异，对组织领导结构的修订补充，对领导角色进行再思考与总结，最终实现领导效能的增加。而科层制中的领导力是以权力与职位为核心的，通过权力的扩展实现组织任务，两者之间是存在本质区别的。

2.2.3.3 领导力形成因素的理论模型

（1）微观层面领导力的形成因素

微观层面的领导力会涉及一个长期以来在领导力领域的争论，领导力是天生的还是后天培养的。如果从自我建构的角度来讲的话，似乎可以尝试性的回答这个问题，如果领导者依据自我个性与天生特质而实现领导力构建的，那么这部分领导力应该是属于天生的，而如果是依靠着后天自我认知与自我意识下为了实现自我效能感而构建的领导力应该是属于后天培养形成的。领导者特质是包括了诸如领导者性别、智力水平、品质与性格等，其具有一定的稳定性，并且具有与生俱来或非常稳定的特性。在总结出的领导力类型中，从自身性别、品质与性格角度来架构领导能力的比较常见，例如依靠性别建构的女性领导力；依靠品质构建的谦卑型领导力、仁慈型领导力等；依靠性格建构的外向型领导力等。个性在个体身上也能表现出相对稳定的属性，但是个性还是会随着时间、地点以及人群的不同表现出不同的个性，依据个性差异建构的领导力类型包括了消极型领导力、积极型领导力和务实型领导力等。为了实现自我效能感而构建的领导力类型是具有动机性的自我建构的过程，具有比较明显的后天形成属性，这部分形成因素可能存在于以特质或个性而建构的领导力类型中，也有单独存在的情况，例如发展型领导力就是以下属发展为主要领导目的的，对下属发展的自我效能实现。

（2）中观层面领导力的形成因素

中观层面的领导力建构目的是以实现团队目标为前提的，在团队绩效实现过程中关注了员工对组织发展的关键作用，因此强调了在愿景认同与价值观传递下的领导成员关系的社会建构。实现团队目标以及团队绩效的提升，领导者会设定有利于目标实现的愿景、传递有利于团队目标实现的价值观指导团队成员的行为、创造有利于团队目标实现的整体环境、激励团队成员积极参与团队运转等方式，来实现团队目标。领导动机的产生是领导者对于团队目标的追求，因此大部分的中层领导力类型都是任务目标导向型的。由于资源的有限性，即使领导者已经意识到团队成员对团队目标完成的积极作用，但是也无法与每一个团队成员建立高质量的交换关系，这就形成了就有差别的领导成员关系，也就是现阶段领导力研究领域比较成熟的 LMX 理论，在资源有限性背后反应的是领导与成员对团队资源和情感网络的认知，LMX 建立的过程是双向的，领导力并不是关系建立的过程，而是在关系的过程中伴随着领导力的产生。关系型领导力理论就认为领导力本身就是一个社会关系建构的过程，应该从本体视角来解读和理解领导力的产生。在员工实现组织目标的过程中不仅仅关注的是交易属性，也有社会情感交换的需求，这也形成了领导者在完成团队绩效时，注重人际关系的互动。

（3）宏观层面领导力的形成因素

宏观层面的领导力类型主要受到了环境复杂性、组织结构特点、组织领导成员技能多样性与组织内个体自我发展需求的影响。环境复杂性是指组织在发展过程中经历的环境更加多变、不确定性元素不断增加、各种组织边界变得更加模糊，因此领导力的模式需要从组织整体视角上理解领导力，构建适应于环境复杂性快速变化的领导力类型。在复杂多变的环境以及现有互联网技术的支撑下，组织为了实现可持续的发展，逐渐将自身的业务放到合作网络中，合作网络不再是过去中心度较高的集群，而是形成了以共同战略目标指引的整体网络，整体网络中各成员之间合作更加紧密，行政隶属关系逐渐消失，形成的是价值创造共同体、命运共同体与利益共同体。在这样组织环境下，领导者需要对该情境下组织领导的角色进行重新的理解与建构。现有的领导力类型也尝试性的对其进行了研究，但是研究都集中在宏观层面，对边界打破下、组织极度扁平化组织结构中各层次领导力的融合研究不足，这也促使领导者在组织结构深刻认识下从组织结构的角度构建的领导力模式。在复杂情境下，需要组织内部各成员发挥积极的领导作用，加之组织领导成员技能的多样性，就促使了诸如集体领导力产生。在宏观层面的分析中，无论是领导者、下属还是参与合作的团队、组织都有较强烈的自我实现需求，因此在总结出的领导力类型中基本都关注了整体利益的追求，也有个别领导力关注了成员的发展问题。

（4）跨层次的领导力形成因素整合模型梳理

对不同层次形成因素分析涉及的主要领导力相关理论总结如图 2.27 所示。

在图 2.27 中将不同层次领导力的形成因素与作用层次分析进行了整合，并进一步探讨了不同层次形成因素之间的关系，构建了跨层次领导力形成因素的整合模型。在根据已有研究和形成因素，微观层面的领导力形成因素主要涉及的理论包括了领导特质理论、自我效能感理论以及个性等；中观层面的领导力形成因素主要涉及的理论包括了动机理论、关系型领导力理论、LMX、情感依赖理论、社会认同理论以及资源基础理论等；宏观层面的领导力形成因素主要涉及的理论包括了复杂性理论、组织结构相关理论、整体网络理论以及角色理论等。

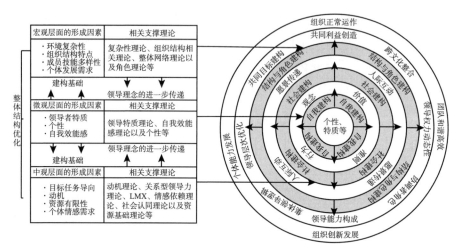

图 2.27　跨层次领导力形成因素的整合模型

资料来源：由作者绘制所得。

不同层次的形成因素之间相互作用，形成了跨层次领导力形成因素整合模型。微观层面的形成因素是作用于中观层面和宏观层面领导力的建构基础，并且作用于中观层面和宏观层面领导力的领导理念能够传递到微观层面。作用于宏观层面的领导力能够实现对其他作用层次上领导力的结构性优化。

2.2.3.4　领导力本质的整合模型

领导力的整合模型图如图 2.28 所示。

从领导力的作用层次分析来看，领导力是一个多层次系统性的构念，包括了微观层面的领导者自我建构、中观层面以领导成员关系为核心的社会建构以及对组织运作环境整体认识下的角色和结构建构，终极目的是实现不同作用层次下的整个系统的正常运转。但是终究从什么视角来认识领导力呢？这就涉及宏观层面对领导力的哲学性思考。领导力

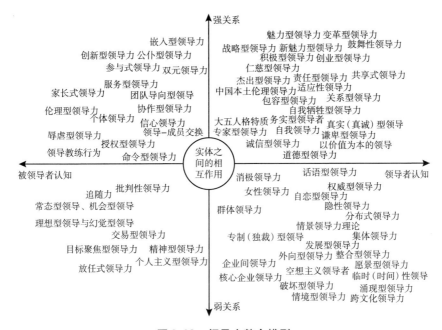

图 2.28 领导力整合模型

资料来源：由作者绘制所得。实体是指领导者与被领导者。

是一个客观存在的"物质"，它是独立于实体而发生在实体之间的相互作用，最终实现实体构成系统的动态平衡。在领导力这一系统性的概念中，领导者与被领导者就是领导力相关的实体，如何提升领导力依赖于领导者与被领导者对领导力的认知水平。按照 Yukl 的过程性观点，认为领导力是领导者设定愿景，激励下属积极参与到组织发展中并实现组织目标的一系列过程[3]。Yukl 对于领导力的定义偏重于领导（力）模式，领导（力）模式是领导力的作用体现，其是为了实现领导力而形成的。对领导力的理解不能简单地类比于物理学中力的概念，因为领导力所涉及的实体是人，人是具有心理认知能力的实体，在对领导力的本质认识中应该从两方面进行，一方面，实体对领导力的认知；另一方面，实体间的互动关系。这两个方面一个侧重于实体的内在认知属性，一个侧重于实体外在之间的关系（行为）属性。因此，在进行领导力整合模型主要包含了两个维度认知属性（领导者认知与追随者认知）与关系属性（强关系与弱关系），整合模型如图 2.28 所示。

2.3　组织变革理论与组织转型理论

2.3.1　组织变革理论

尽管组织变革已经成为社会科学研究中的重要议题，但是在学术研究中还没有形成一个统一的、被广泛接受的概念[187]。从心理学视角来看组织变革认为其是各种价值观念的集合体，在变革的过程中领导者需要引导下属的观念改变和心理适应，通过知识的共享、政策制定以及物质或精神激励等管理活动促进并保障这一过程的发生[188]。从心理学角度对组织变革的认识主要关注了领导者和员工个体，对诸如组织结构等组织变革的系统性因素关注不足。从进化论的视角来看组织变革认为其是一种状态转变的过程，在该过程中可能是一种新的企业战略的实施、新的企业文化的创造以及新技术的引入等[189]。由于该视角是自然选择理论在组织变革研究中的应用，过度关注了环境因素的作用，对个体和组织结构等因素的关注不足。从理性视角来看组织变革是一个领导者规划和引导的过程。在该过程中主要体现了领导者的意志、愿景和行动，并且在变革的过程中这些因素都是可以控制的。随着在实践中，理性视角体现了其实用性的优势，但是当组织遇到一些结构性的困境或高层领导者之间战略意见存在争议时，领导者就难以把控组织变革的进度。对组织变革三个视角不同的认识，体现了组织变革的复杂性，同时也强调了组织变革应该是一个系统性的工程，在该过程中需要整合个体、系统性结构以及环境等因素，从整合的视角来认识组织变革，对其涉及的领导力方面的研究也应该从多层次整合的视角出发。

2.3.2 组织转型理论

组织转型是一个具有时代属性的概念，在不同的时代下组织转型的形式与类型表现也是不同的。最早的组织转型理论研究可追溯到波特的五力模型，其中包含的基本观点是企业的可持续竞争优势与企业是否处于具有赢利能力的产业之中密切相关，因此要特别警觉外部环境的变化。当原有产业难以为企业提供足够的成长空间时，组织可以通过自身的多源关注、交互洞察和前瞻判断等方式寻找环境中的新兴机会。后来学者们开始从微观视角关注组织转型，甚至有的学者认为组织变革与组织转型具有相同的含义。大多数学者认为组织变革与组织转型的理论含义还是存在本质差异的，例如利维和梅里（1986）认为组织转型是多维度、大规模和全方位的非线性变革，强调转型是根本性的改变[196]。埃特默尔（1999）提出了一个两阶变革模型来区别组织变革和组织转型。他认为基于原有框架的渐进性改变、调整和修正称为组织变革，而打破原有框架和基础进行重新定义才能称为组织转型[197]。目前，学者在企业转型的内涵方面取得共识并将其与变革进行区分，认为企业转型是组织应对外部商业环境的剧烈变革在价值观、管理理念与管理思维模式上的彻底改造，是涉及战略、结构、文化和运行机制的范式变换。组织转型的分析应该包括四个方面——科学技术、制度安排、业务活动与组织目标[192]。科学技术是企业组织形成的关键一环，任何企业组织必须依赖于一定的技术而设立。核心技术作为企业组织存在的关键，其特性决定了企业组织的性质，规定了企业组织中人与物的关系。制度安排保证了组织中人与人之间的关系。在技术与制度之间存在着一种对立：一方面，一定的技术要求一定的制度与之相配，不相配的制度会影响技术潜能的发挥；另一方面，技术的变更和进步会推动制度的改进，一种优化的制度总是要通过技术的最充分使用才能体现。在此对立中，业务活动是联系它们的中介或第三项，实现了它们之间关系的转换。科学技术、制度安排和业务活动都直接或间接地与组织目标相关联，组织目标能够把其他的要素带动起来，使企业转型成功并顺利运转起来[193]。

2.3.3 互联网转型中的领导力研究

互联网时代的到来给世界经济与人们日常生活带来了颠覆性的变化[194]。根据学者们的研究，互联网的到来给经济发展带来了五个方面的变化：一是商业模式的变化，罗珉和李亮宇认为互联网时代的商业模式主要是为了应对互联网带来的不确定性和边界的模糊性，通过构建平台实现隔离机制来维持组织稳定和红利连接的模式群[195]。二是经济关联性的发展，戴德宝等认为互联网的发展能够促进快递行业的发展，区域经济的发展以及国家的经济转型[196]。三是组织形式发生了重大变化，如红领集团等企业，最大限度地实现了组织的去中介化和扁平化，提高了组织的运作效率。四是政府执政信息透明，各级政府都建立了自己的网站，在网站上可以查询到政府的决策文件，做到开放、公开、透明，同时还要强调政府对互联网渗透的引导与管理[197]。五是企业的转型升级，苏萨和罗查（2019）认为互联网技术的出现为组织变革研究注入了新的议题[198]，无论是国内还是国际上的制造业企业都试图与互联网融合进行深度变革，实现企业的转型升级。孙新波和张大鹏（2017）在对互联网带来的经济效应做了研究，总结提炼出来互联网"＋""－""×""÷""次方"五种效应，并从商业模式、思维模式、定制模式和代表企业等进行了分析[199]。在互联网时代，组织逐渐朝向网络规模更大、过程更加复杂的互联网转型，组织互联网转型能够打破原有的组织边界，与多变且需要及时满足的市场需求直接对接，这也给组织互联网转型带来了更大的挑战与发展机会[200]。

企业在互联网的应用中也涌现出了少数几种与互联网相关的领导力类型，例如平台领导力、信息化领导力。平台领导力主要是指领导者通过一系列的策略，协调网络状产业链参与主体的价值创新行为。网络状产业链需要一个产业链的领导（通俗称为产业链的"链主"）来协调价值创新过程，这样的协调者也被称为平台领导[22]。关于信息化领导力的研究学者阿南齐奥和利查认为，信息化领导力帮助企业的高层经理人改组企业并参与到飞速发展的信息技术竞争之中，它意味着变革文化、培育快速柔性的经营管理态度来面对新型技术与新型经济的内部变革[201]。学者普利等人指出信息化领导力是"超链接的"，即信息化领导力的聚焦点不再是个体领导者的主导作用，而是逐步转向团体、组织[202]。胡维拉通过信息管理的角度，给信息化领导力定义为能够引领组织中的信息流程活动，并能清晰地制定关于使用、应用、管理信息资源及信息设备的决策的能力[203]。另外也有国内学者就互联网背景下的领导力进行了研究，例如国内主要的研究学者包括吴挺（2016）研究了在互联网创业转型下变革型领导力的内涵变化[204]；吴玲伟（2015）研究了互联网时代下的领导力需要转型，并且转型的核心是发展平行领导力[205]。国外学者研究了技术型领导对工作绩效的影响，还评估了互联网自我效能和创造性解决问题能力的作用[206]。

2.4　企业动态能力理论

2.4.1　企业动态能力的内涵解析

企业动态能力理论最早由蒂斯、皮萨诺和舒恩于 1997 年提出，三位学者认为动态能力是企业积聚、组合、调配以及应用资源并且能够根据市场变化和机会不断对资源进行重新组合、再调配和应用的能力。20世纪 90 年代，随着产业结构分析法与资源本位观的融合，形成了企业动态能力等的主导范式，强调企业有效构建资源与能力之间的联系，保持自身独特的竞争优势。特克斯（1997）等学者认为企业动态能力是企业进行资源调配和运用的能力，是通过资源运用发现市场机会为企业获得竞争优势的能力，是将组织内资源与组织外环境变化进行匹配的能力[207]。艾森哈特和马丁（2000）认为动态能力是一种组织过程，是组织通过获取、释放、整合或重组自己的资源来适应或创造市场变化，或者凭借战略惯例不断更新资源配置，以满足环境变化的需要，能使企业更加迅速、敏捷、柔性地适应变化[208]。古德汉姆（2008）把异质性人力资本、内部开发惯例以及与外部服务提供者缔结联盟的能力视为动态能力的构成要素[209]。汪（2010）秉承了先前学者的研究将动态能力概括为适应能力、吸收能力和创新能力三类，适应能力聚焦于企业整合、重组自身资源以应对环境的变化；吸收能力侧重于企业学习外部知识，并将它转化为自身的新能力；而创新能力则强调企业自身的能力与新产品（市场）间的创新路径或过程[210]。近几年，有关企业动态能力的研究持续升温，学者们更广泛关注的是动态能力的微观基础。研究者继承了西蒙等人开创的战略过程研究，将战略背后的人（战略决策者）突出地置于战略管理的总体图景中。这就是以哈姆布里克为首所倡导的高阶视角，注重对 CEO 和 TMT 的构成、特点和动态进行研究。赫法特和彼得拉（2015）从管理团队认知能力的角度对企业动态能力进行分析，确定了特定类型的认知能力有利于感知、捕获和重新配置企业的动态能力[211]。关于微观基础的研究主要包括三个方面：首先，是战略管理者对企业行为和绩效的影响，试图在环境决定论和自由意志论这两个极端论断中寻求平衡。研究认为，管理者特点对企业战略、行为和绩效存在影响；其次，是考察了管理者特性、管理团队的构成特点和动态，以及他们对企业战略类型的选择、组织结构的设计、控制体系的建立、企业文化的培育以及决策中风险承担等的影响。最后，关注了 CEO 和 TMT 成员的更替，强调了两者在管理决策中的重要性。

2.4.2　企业动态能力的多层次理论

　　在先前对企业动态能力理论的研究中，一方面，宏观组织层面的观点将动态能力概念化为更高层次的组织程序[212~213]或决策制定规则和算法[214]；另一方面，微观个体层面的认识将动态能力解释为以一个或几个企业高管人员的技能为前提的决策活动[215][216]。这两种视角的认识中前者限制了动态能力改变组织的程度，因为惯例依赖于管理路径并以本地化学习为前提[217]，因此不易改变且由于刚性作用在组织中难以实现进一步的创新[218]；而后者强调高层管理者作为动态能力的来源，忽视了企业这一重要主体对资源动态化过程中系统性和可靠性的保障作用[218]，并对下层雇员的创造力产生破坏作用[216]。了解到以往关于企业动态能力的研究不足，萨尔瓦托和瓦索洛（2018）开发了动态能力的多层次理论，通过给人和人际互动赋予核心作用，而不是抽象到企业层次来解释资源动态。在他们的研究中利用个体、人际和组织层面的能力将动态能力的几个视角整合在一起。当前组织层面的研究将动态能力描述为集体努力，但却没有指明它们是如何在组织内出现和运作的，而微观层面的研究将动态能力阐述为少数个体的贡献，将公司的动态能力减少到少数高层管理者的认知和行动上[217]，两个层面的研究没有形成良好的衔接。因此萨尔瓦托和瓦索洛（2018）创造性地提出了企业动态能力多层次理论，该理论认为动态能力是个体利用人际关系在组织中实现有效对话的能力，并最终产生社会价值[218]。其中该理论包括了个体层、人际层与组织层三个层面。在个体层强调了动态的管理能力，在人际层强调了动态的人际关系能力以及在组织层强调了动态组织能力，不同层面上的能力对组织的影响机制分别为个体整合、人际关系参与以及资源动态化。

企业互联网转型使得企业处于动态的环境中，如何能够把握和提升企业的动态能力是企业互联网转型和可持续发展的关键。根据萨尔瓦托和瓦索洛（2018）的动态能力多层次理论，在本书建构企业互联网转型下的整合型领导力需要关注组织中个体、人际以及组织层面的整合。

2.4.3 企业动态能力与领导力的相关研究

国内外学者就企业动态能力与领导力相关主题进行了研究，国外学者扎拉等人（2006）强调领导决策对动态能力构建与发展的重要性，尤其是公司主要决策者重新配置资源和调整程序的能力[219]。施韦策和乔森（2014）探究了联盟能力发展中的异质性是否可归因于某些公司内部领导行为的使用。研究结论表明变革型领导行为对战略联盟创新（动态）能力的发展比对运营（实质）能力的发展具有更强的影响，并且交易型领导行为的影响主要保留运营能力上[220]。舍梅克、希顿和特克斯（2018）研究认为当今企业运营的世界不仅风险更大，而且更具波动性，不确定性，复杂性和模糊性（VUCA）。VUCA 条件的不稳定作用不仅需要具有更好的一般能力，而是需要强大的动态功能。一般能力实际上会阻碍组织动态能力的更新[216]。罗彪、张哲宇和王琼（2014）研究认为领导力特别是领导者表现出的企业家精神能够提升企业动态能力[221]。王晓红和徐峰（2018）研究了交易型领导力与动态能力之间的关系，研究结果表明，权变奖励与感知、掌握能力呈显著正相关关系，例外管理与重构能力呈显著正相关关系，促进定向与预防定向在上述关系中分别起中介作用[215]。

2.5 相关文献综述

2.5.1 知识整合的研究综述

对于知识整合的研究最早可以追溯到 1945 年，哈耶克在研究"建立合理的经济秩序时，所需要解决的根本经济问题是什么"时，从认识论的角度论证了社会中知识分散的必然性，提出大多数知识属于"默会知识"，即无法表达的知识。哈耶克认为必须让组织内成员参与到知识整合的过程中，通过整合个人的分散知识，才能解决企业具体环境中的复杂问题。据此，学者们开展了大量的关于企业层面知识整合的相关研究。他们发现，只有将个体层面的知识整合为组织知识或集体知识，才能为企业目标的实现提供足够的支持。然而，如何将企业内个体层面的知识整合为企业层面的组织知识或集体知识，成为各个企业中不可避免的问题。为此，格兰特基于组织能力的知识基础理论，首次提出了"知识整合"的概念，从产品创新的角度来看，知识整合可以将企业单一的产品集成方式融合成一个整体的知识构架。随着研究的深入，不同学者对知识整合进行了界定，阿尔伯斯和布鲁尔（2003）认为知识整合包括两个方面：一是对管理组织中已经存在的知识进行管理；二是提高创造新知识的能力[222]。在两位学者研究的基础上，康奈尔等人（2013）定义知识整合为组织通过创造新知识，实现知识共享，从而获取自身和其他组织知识的行为[223]。赫斯塔德等人（2015）从创新价值的角度，认为知识整合是不同形式的知识和创新模式之间的互补性能力，其价值在于创新价值和先前累积的熟悉度之间的平衡[224]。在国内，魏江等学者一直对知识整合进行关注。魏江（2013）将知识整合定义为"以实现企业能力提升为目的，对来自本地、超本地知识网络中不同主体、内容、形态的知识进行获取、解构、融合与重构的动态循环过程"[225]。刘岩芳（2017）在进行社会网络和知识整合机制研究的过程中，认为知识整合是一个动态过程，是组织或个人将分散的知识进行一定的加工、处理，从而转化为新的整体知识体系的过程[226]。在上述概念界定的基础上，知识整合从单一的产品开发层面延伸到复杂的企业能力建设层面，而如何进行知识整合成为目前研究的焦点。普伦奇佩和特尔（2017）对于知识整合的观点与格兰多里倡导的知识整合就是知识管理机制下的知识流动观点相似，他们认为知识整合具有复杂性，这种复杂性可以在组织机制中获取，能够在组织任务划分和组织成员之间进行转换。与通过经验积累和常规学习的这些内化特征相反，知识整合过程意味着旨在外化隐性知识的集体努力[227]。

2.5.2　网络关系嵌入的研究综述

关系嵌入的概念最早可以追溯到 1944 年波兰尼对于经济行为和经济制度的研究。学者们对于网络关系的研究主要集中于机会识别和资源调动两个方向[228~230]。个体层面的网络关系研究集中于个人间和个体与组织间的关系或联系；企业层面的网络关系为企业的业务发展和战略调整等获取到新的机会、资源和路径。但是，这些网络联系的特点会影响到机会和资源的确定、获得、调动和利用的程度。当网络关系嵌入到社会关系中影响企业的经济决策时，称为网络关系嵌入。在网络关系嵌入的维度研究方面，格兰奥维特（1985）将网络关系嵌入分为两个维度：关系嵌入和结构嵌入[231]；乌西（1996）将网络关系嵌入分为三个维度：信任、信息共享和共同解决问题[232]。纳哈皮特和戈沙尔（1998）细化了格兰奥维特的网络关系嵌入概念，为这两个维度提供了更具实质性的定义。他们将结构嵌入定义为人与人或单位之间联系的非个人配置[233]。这些特性包括参与者之间是否存在网络连接，是否具有连接性和集中性的结构特性。与结构嵌入的非个人配置相反，纳哈皮特和戈沙尔（1998）将关系嵌入定义为人们在互动的过程中彼此发展起来的个人关系[233]。关系嵌入的关键方面包括人际信任和可信赖性、重叠的身份认同、亲密感以及人际团结感。安德森和霍尔姆（2002）认为网络是独特的，是通过依赖特定路径而创建的，网络关系嵌入能够促使企业获得组织之外的资源和能力，如资本、商品、服务和创新等资源[234]。在企业国际化过程中，网络发挥着重要作用：企业为获得缄默的经验知识，需要不断嵌入相关的国际市场网络，企业在做出资源承诺决策的同时，同时也在网络中共创和分享知识[235]。在产业集群的研究中，网络是产业集群形成竞争力的基础，网络关系嵌入是企业在应对复杂外部环境时，通过嵌入本地网络，与其他公司联网，建立企业间的相互依赖关系，共同解决问题和提升企业竞争力的过程[238]。普雷苏蒂（2011）定义了网络关系嵌入是企业间通过信息共享、利益分配、共同解决问题等机制来实现企业间的合作水平和关系提升[236]。许晖和许守任等人（2013）提出网络关系嵌入是企业通过网络关系扩展知识平台，分享缄默知识，从而改变企业的网络特征和网络位置的过程[237]。许晖（2018）在之前研究的基础上，从静态结构的视角研究公司跨国经营在东道国的网络关系嵌入，定义了网络关系嵌入是企业在面对复杂环境时，通过企业与企业之间强连接，实现对资源的整合和利用，推动企业的资源能够在网络间有效率的运转，从而提高企业竞争力的过程[238]。

2.5.3 人力资源柔性的研究综述

知识经济的到来，带来的是组织内外关系的变革，组织内员工与管理者关系、组织与社会关系都已经产生了巨大的变化。管理者原先所采用的强制性、命令性、刚性的管理方式已不再适用，取而代之的是非强制性、合作性、柔性的管理方式更能激发员工的积极性[239]。人力资源柔性就是在这样的背景下，针对人力资源刚性提出的概念，是对刚性管理概念的补充和发展。相对于将员工视为"经济人"，人力资源柔性思想将员工视为"社会人"，员工能够在一定程度上拥有做出选择的机会，并安排其工作生活的核心方面[240]，通过在平衡工作和非工作两方面的平衡，为员工提供工作动力、能力和机会，从而使员工在工作中更有效率[241]。关于人力资源柔性的定义，最早可以追溯到1991年，明德等学者（1991）提出人力资源柔性是组织内能够有效提高组织对内外部环境的适应能力，响应并及时调整以应对环境要求的人力资源管理能力[242]。赖特和罗伊（1997）继承了明德的观点，进一步指出柔性是指能够改变公司的政策、实践或程序，从而更容易和更快地适应多变的环境；对变化的灵活反应及其产生都需要一个适当和复杂的管理系统。从企业资源的角度来说，人力资源柔性是组织通过调整、发展、整合组织内的现有人力资源以应对复杂的外部市场环境，提高组织对环境变化的适应力，最终形成组织独特的竞争优势的能力[243]；从系统管理的角度，人力资源柔性是组织以发展员工多样化技能为手段，提高人力资源水平，从而达到更高效、更快捷、更协调地人力资源管理目的[244]；从员工的角度，人力资源柔性是组织员工所拥有的技能和行为的程度，以及这些技能和行为技能可以为公司提供追求战略选择的选项[245]；从组织学习的角度，人力资源柔性是动态的、持久的、可持续的，并且能够对企业创新具有驱动作用的管理模式[240]。在人力资源柔性维度研究中，赖特和斯内尔（1998）从内容视角将人力资源柔性划分为三个维度：员工技能柔性、员工行为柔性和人力资源实践柔性[246]；而拉斯特拉等人（2014）从属性视角将人力资源柔性划分为数量柔性和组织柔性[247]。在中国独特的经济情境下，人力资源柔性将以人的心理需求作为出发点，以人性化的管理模式作为运行机制，以企业文化塑造、个性化管理、弹性制度建立和内部沟通等作为管理方法，最终达到激励员工的组织目标[248]。

2.5.4 组织沟通的研究综述

组织沟通作为管理的基础，一直以来都是管理学领域的研究热点问题。"如何通过组织沟通加强对员工的控制，同时提高员工积极性，实现组织目标和个人发展的统一"是管理学者们致力于解决的重点问题。关于组织沟通的研究，最早可以追溯到1975年，罗杰斯和阿加瓦拉·罗杰斯认为组织沟通是组织有意的和有目的性进行组织内外部信息交换的过程。从组织成员的角度来讲，组织沟通是组织内成员将信息传达给另一成员的全部过程，组织成员为了实现组织的集体目标而必须进行的信息交流、传递和接收。在实现组织目标的过程中，组织沟通作为正式的沟通方式，是出于工作需要而进行的组织内外部信息交换的行为过程[249~250]；非正式的沟通方式是实现非工作的情感交流和共同目标构建，并合作完成组织目标。在正式的工作流网络与非正式的咨询网络的重合过程中，组织成员的沟通效果也在不断提高[71]。随着组织沟通的不断增强，组织自上而下、自下而上及同级之间的信息交换将更有效率，信息、资源、情感和思想的分享促进组织形成共同的整体感知，最终实现组织成员间的信息整合[251]。阿梅蒂（2015）综合了以上的观点，从组织异质性的角度提出，组织中包含了一组具有不同背景和知识的人，并试图实现共同的组织目标。因此，组织沟通需要关注组织成员的个性，并努力根据每个成员个性的具体情况来确定沟通中的异同，最终为实现他们的目标和组织目标尽最大努力[252]。组织沟通在组织创新行为的研究中，也备受学者关注。唐贵瑶等学者（2016）提出组织沟通是组织成员整合知识、信息、经验的过程，在这一过程中，组织成员能够获得来自其他成员的反馈和建议，从而能够更有效率地完成组织目标，提高组织的创新绩效[253]。在对组织沟通进行有效性评价时，梅尔文等人（2017）认为组织成员在进行组织沟通时，需要考虑信息沟通的受众，针对不同的受众使用不同的沟通技巧，从而提高组织信息沟通有效性，最终达到组织目标[254]。

2.5.5 心理授权的研究综述

"心理授权"这一概念由"授权"概念演化而来，康吉和卡农戈从员工的角度出发，定义授权是员工提高自我效能感的过程；从领导者的角度出发，定义授权是领导者对员工产生重要影响力的形式。在"授权"概念明晰的基础上，托马斯和维尔图斯（1990）首次提出了心理授权的概念，定义心理授权是一种新兴的非传统管理范式，是组织成员从工作中所能获得的满足感和成就感最终形成内在激励的过程[255]。科桑和恩兹（1999）将心理授权融入现实的管理中，提出心理授权是在组织管理者创造良好的组织环境和氛围下，组织成员能够彼此鼓励和帮助，从而赋予组织成员权力或情感的一种过程[256]。阿赫恩（2005）和唐

（2012）认为，心理授权是组织管理者对下属员工的一种心理感知，这种心理感知能够提高下属员工的工作积极性、自我效能感等，消除员工的无权力感，是一种组织的激励行为[257~258]。从决策和权力的角度上讲，贝克塔斯等人（2013）认为，心理授权是指组织通过培训、分享和团队合作等方式，增加员工在组织中决策和提升员工决策权力。员工可以帮助确定自己的角色、完成有意义的工作，影响工作场所的决定[259]。贡萨尔维斯等人（2014）认为心理授权包括三个维度——自我效能感、社区意识和因果重要性，定义心理授权为群体成员通过获得来自上级管理者的权力而形成的自我感知[260]。从动机的角度讲，晁等人（2014）认为心理授权是员工对工作的主动性程度。被授权员工的内在动机是完成工作任务，这取决于他们对工作任务和工作环境的认知评估[261]。从角色的角度讲，黄（2017）认为心理授权代表了个体对其工作角色的积极取向，被授权的个体将自己的工作情境视为可以通过自己的行为塑造的某种东西，从而激发其创造性行为[262]。国内学者也进行了相关的研究，例如江新会等学者（2016）从中国的整体文化特征出发，研究了心理授权在中国情境下的特殊性，认为心理授权是管理者赋予员工关于组织战略、宏观制度、流程和绩效的话语权，从而使员工体验到的一种被激发的心理状态[263]。孙春玲等人（2018）以社会认知理论为基础定义了心理授权是一种组织内个体的内在心理行为，是个体对组织授权的心理体验或认知，从而形成自身的积极态度[264]。

2.5.6 组织开放度的研究综述

组织开放度主要集中于技术创新领域，特别是随着开放式创新范式的提出而兴起。劳森和索尔特（2006）认为组织开放度可以区分为开放广度和开放深度，开放广度指企业在合作创新过程中利用外部信息的技术等创新资源的范围，开放深度指企业在合作创新过程中依赖外部创新资源的程度[265]。皮萨诺和罗伯特（2008）从组织对合作伙伴选择的角度进行了研究，认为组织开放度是组织在合作中对自身行为与意愿的控制程度[266]。拉扎罗蒂等人（2009）在研究开放创新的过程中，认为组织开放度能够体现组织创新需求从产生到实施的全过程，是组织对外部资源来源的选择范围[267]。乐福等人（2014）在研究组织学习时，认为组织开放性是组织与合作企业进行互动和信息处理的过程[268]。国内学者也对组织开放度进行了研究。例如王丽平等人（2016）认为，组织开放度是组织与外部进行的资源、信息、知识、技术等要素的交互程度。具有更高组织开放度的企业，能够吸收到更广泛的创新资源从而进行高效的创造活动[269]。郑健壮等学者（2017）在研究创新绩效时，定义了组织开放度，即为组织的开放程度，包括与外部合作者关系的多样性和合作的密切程度[270]。

2.6　本　章　小　结

本章首先，对本书涉及的文献检索情况进行概述，确定本书研究的理论支撑与研究热点性。其次，对领导力理论进行了梳理，由于本书是对企业互联网转型背景下整合型领导力理论进行建构，领导力理论是对其基本的理论支撑。这一部分主要梳理了领导力理论学派、整合型领导力理论以及领导力的本质研究。再次，梳理了本书理论建构以及作用机理探究时用到的两个基本理论—组织变革理论与组织转型理论。接着，考虑到互联网带给企业的变化，梳理了贯穿于整个研究的一个理论——企业动态能力理论。最后，对本书涉及相关变量的内涵与研究现状进行了梳理。

第 3 章

研究框架与研究设计

3.1 对以往研究的分析与总结

3.1.1 以往研究取得的理论进展

通过对第 2 章中相关理论和文献的回顾，在领导力领域以及组织变革和转型领域都取得了显著的理论进展，这为本书的研究开展奠定良好的理论基础，具体的理论进展表现为以下三个方面：

第一，情境嵌入：从领导力的一般研究到情境聚焦下的整合研究。

先前的学者对领导力的研究已经较为系统，领导特质理论、领导行为理论以及领导权变理论能够为企业互联网转型背景下整合型领导力的建构和作用机理探究提供理论基础。从检索的期刊中梳理出了 85 种领导力类型，尽管领导力类型聚焦于不同的研究层面，但其中也出现了诸如合作网络情境下的整合型领导力以及平台领导力等网络情境下具有整合特性的领导力类型。这些领导力类型能够拓宽本书的研究思路，并且为企业互联网转型背景下整合型领导力的理论建构提供理论基础。特别的本书对以往整合型领导力的产生情境和基本内涵进行了梳理和探究，以往的整合型领导力是作用于整体网络中的一种领导力类型，其主要是引导参与整体网络的组织进行战略整合，在战略目标一致的前提下通过关系整合获得资源的整合，以此实现合作组织间的共同利益[271~272]。在合作网络中整合型领导力的研究核心要素包括了战略目标整合、关系整合和跨越边界等，由于企业互联网转型中重要一环就是将企业整合到合作网络中，因此这些核心要素在企业互联网转型背景下同样适用。此外，在已有的研究中学者们从不同的领导力视角出发研究了领导力与企业互联网转型的关系。研究结论一方面，能够帮助本书查找理论突破点；另一方面，还能够为企业互联网转型背景下整合型领导力的理论建构提供理论支撑。例如张大鹏和孙新波等（2017）研究了整合型领导力与不同的战略导向匹配对企业转型升级的影响[65]。

第二，理论演进：组织互联网转型与企业动态能力理论得到新的发展。

学者们已经意识到外部环境的不确定性增强，企业动态发展的情境发生了根本性的变化。学者们对相关的理论在新情境下进行了更新研究。萨尔瓦托和瓦索洛（2018）关注了动态能力理论的发展，以往的动态能力理论强调了企业积聚、组合、调配以及应用资源并且能够根据市场变化和机会不断对资源进行重新组合、再调配和应用，但是在互联网时代，企业外部市场环境更加动荡，仅从企业内部集聚和整合资源，难以满足与适应新情境下组织发展的要求。动态能力多层次理论的发展强调了企业不仅要关注宏观层面企业的动态发展，还要从整体的视角来审视企业内部个体的动态管理能力、中观层面的人际关系能力以及组织层面的动态组织能力，三个方面协调构建以此来指导组织整体的动态调整以适应外部环境的变化[218]。在组织互联网转型中，学者们已经突破了对原有组织转型的认识，在互联网时代下组织转型理论有了新的发展，主要总结为三个阶段：利用互联网改善企业内部的运作流程；进行组织结构上的创新；企业传统的运作流程、商业模式和战略目标与互联网全面融合。这些结合新情境下的理论更新研究，能够为本书的研究提供最新的理论基础，同时由于新理论的发展中蕴含着巨大的研究空间，也成为本书的研究契机。

第三，多层次分析：由单一层次到整体视角下的多层次分析。

无论是领导力的研究还是企业动态能力的研究都关注了多层次的研究。在领导力的研究中，本书对梳理的85种领导力类型进行细化研究，发现有微观层面的25种领导力类型、37种中观层面的领导力类型以及23种宏观层面的领导力类型。其中领导力的研究也包括了在同一变量的不同层次间的研究，例如王和豪厄尔（2012）通过跨层分析证实了团队聚焦的变革型领导可以通过团队认同影响个体层面的员工心理授权[273]。托、谢和阿什卡纳西（2015）建立了一个跨层分析模型来解释双层变革型领导在个体、对偶和团队水平对创新的影响过程[274]。这些关于领导力的多层次的研究能够克服传统单一层次研究的局限性，为本书对整合型领导力的多层次构建提供研究思路。另外，企业动态能力理论的发展也呈现了多层次的特点。萨尔瓦托和瓦索洛（2018）的研究中指出，仅从一个方面研究企业动态能力理论已经满足不了企业高动态的发展需求，需要关注企业中的个体、人际以及组织整体的动态能力的构建[218]。这能够为本书的研究提供领导力多层次研究的理论视角，关注组织中整体领导力的发展，从对领导力的本质探析中研究的自我建构、社会关系建构以及角色和结构建构实现对整合型领导力的多层次建构。

3.1.2 以往研究的局限性

在智能制造时代，企业的互联网转型是企业生存和获得可持续竞争优势的必由之路。但是加入特定平台与商业生态系统中的企业将面临管理模式、合作模式以及发展模式的变化。将这种情境变化主要总结为以下两个方面：一是智能制造企业在以"数据"为核心资源的本位认识下，逐渐向平台化转型，或是将自己的业务整合到平台的发展中去。在这一过程中，企业的组织向极度扁平化转型，以高效的信息流通能力和精准的业务对接能力等实现平台生态系统的正常运转。二是企业平台化发展跨越企业边界进行，逐渐形成以数据节点的结构单元直接参与到供应商、合作方以及顾客等外部利益相关者构成的生态系统中，近乎实时的满足市场多元需求。在此过程中，员工对领导者的认知、领导成员之间的人际关系以及组织的领导模式都发生了变化，如何能够深入分析实践中的这种变化，并构建出具有整合型的领导力类型，对指导互联网企业的转型发展具有重要的现实意义。

通过以上的文献和理论分析，结合互联网时代企业所处的情境变化，以往研究的不足和可能继续发展的空间包括以下几个方面：

（1）新情境下领导力研究的滞后性与理论内涵的研究缺失

在对领导力理论梳理过程中，发现现有的领导力理论主要作用于组织、群体以及个体三个层面。在个体层面特别关注了基于特质和个性等领导认知下的自我建构、在群体层主要关注了人际互动下的社会关系建构、在组织层面主要关注了新情境下领导角色和组织结构建构。已有领导力理论缺少从整合的视角审视企业互联网转型的实践发展，这是由于一方面，不同作用层面的领导力理论并没有实现整合，而且不同作用层面上的领导力类型强调的作用机理以及理论建构基础等都存在本质差异；另一方面，先前的领导力理论具有较强的边界性，对跨越边界明显的领导力作用情境关注不足，忽视了对作用于组织内部与组织外部领导力的研究。在已有的领导力研究上，学者们关注了平台领导力和合作网络层面整合型领导力的发展，但是这些领导力的研究情境并没有聚焦到企业互联网转型下，因此研究成果并不能彻底解决企业互联网转型的实践情境与领导力理论之间适切性问题，但是能够对新情境的分析以及新情境下整合型领导力的理论建构提供基础。

（2）聚焦多层次的整合型领导力研究还未得到充分探讨

领导力的作用体现在组织的各个方面，从领导对象上看不仅包括实施具体任务的员工和团队，也包括组织层面的战略、文化和结构等。组织作为一个开放的高阶系统，领导力的作用不仅体现在对组织内部各个层级的人员和相关活动的影响上，还体现在促进组织与外部环境的适应上。企业互联网转型使得企业处在更加动荡与开放的环境中，并且企业的各个层级都更进一步地融入到了企业互联网转型发展之中，如何调动各个层级的积极性对企业互联网转型发展中的领导者提出了更高的要求。单一层面的领导力显然已经不能够满足互联网转型企业的发展，因此需要以领导力理论以及动态能力理论为基础，运用扎根理论的研究方法依托于企业互联网转型的整体背景，从微观、中观以及宏观三个方面构建适用于该情境下的整合型领导力，进一步分析其在不同层次上的作用机理。

（3）整合型领导力的多水平效能机制仍有待进一步研究

企业互联网转型使得企业更进一步地跨越了组织边界，实现利益相关者的紧密联系。在满足消费者需要的过程中，企业面临复杂的动态市场环境，并且所处的内外部边界进一步被打破，企业内部组织直接参与到市场活动中。这就需要灵活的组织结构以及新型的领导成员关系等来应对动态复杂的市场环境，以此保障企业互联网转型的顺利实施。在合作网络层，由于组织内外部的秩序发生了变化，之前企业间的发展是依托于线性信息的流动，而在互联网时代信息实现了并行传递，领导者只有实现与合作伙伴建立良好的关系，保障信息资源的传递与整合效率才能够实现合作网络的顺利运行。在组织层，多元的市场需求以及高效的组织网络合作都对组织结构的灵活和领导成员关系的创新提出了更高的要求。领导者要保障组织内部结构的简洁柔性才能够实现组织内部动能的释放。最后在个体层，员工对于组织和领导的认知逐渐在转变，员工更加关注自身、企业以及合作网络的整体发展。员工的观念也在发生着巨大的变化，员工不仅是一名企业的雇佣者，而是企业的拥有者和日常活动的参与者。以上变化都需要重新认识和深入探究企业互联网转型背景下整合型领导力的多层次效能机制。这不仅为整合型领导力理论的发展提供重要依据，而且对企业互联网转型发展也能够提供实践指导。

3.2 拟解决的关键理论问题

3.2.1 整合型领导力在企业互联网转型下的概念内涵

互联网转型的企业组织所处的环境更加动态多变，这对处于该情境下的领导者提出了更高的要求。单一层面的领导力显然已经不能够满足企业的互联网转型发展。在企业互联网转型背景下，企业领导者应该采取什么样的领导力类型指导互联网转型这一探索性的实践活动呢？该种领导力类型具有什么样的概念内涵呢？在其概念内涵背后又有什么样的行为特征呢？对这些问题的解答，需要在结合组织转型理论、企业动态能力理论以及领导力理论，在洞悉实践特征的基础上开展整合型领导力的概念构思，并对其内涵维度进行归纳。本研究计划通过多资料来源的扎根理论定性研究方法，对企业互联网转型背景下的整合型领导力的概念、行为特征、动因、作用层级与主体对象进行归纳和系统的总结，从而建构针对企业互联网转型这一特定情境下的整合型领导力理论。

3.2.2 整合型领导力对企业互联网转型的作用机理

本书关注的焦点是企业互联网转型背景下整合型领导力的理论建构，通过理论与实践的分析，在获知该情境下整合型领导力的概念内涵与行为特征的基础上，其在组织中是如何发挥作用的呢？其对企业转型发展的作用机理是什么样呢？企业互联网转型使得企业突破了内外部边界，在企业内部打通了各部门之间的边界壁垒，在组织外部打破了企业边界壁垒实现了在互联网构建的平台上与利益相关者共同发展。互联网的到来不仅使得企业内部整体性得到的提升，企业之间的合作也进一步地实现了融合,更重要的是互联网的联通作用使企业内部与企业的合作网络成为一个整体。本研究计划采用案例研究的方法,依托组织变革理论、组织转型理论、企业动态能力理论以及领导力理论从合作网络层、组织层以及个体层对该问题展开研究。

3.2.3 整合型领导力在企业互联网转型中的多层次效能机制

企业互联网转型背景下整合型领导力的产生是企业互联网转型成功与创新发展的保证。企业互联网转型背景下整合型领导力是如何促进多层次创新绩效提升的呢?该部分需要解决的关键理论问题包括该情境下整合型领导力量表的开发以及对不同层次创新绩效影响模型的构建。以该背景下整合型领导力的概念内涵与作用机理为依托,在扎根理论分析、已有构念量表以及充分实践调研的基础上,本书依照量表开发的标准程序对整合型领导力的初始量表进行探索性因素分析和验证性因素分析,最终获得该情境下整合型领导力的测量量表。另外,本研究计划依托已有研究文献与整合型领导力的理论建构,采用大样本调查的方法,在回收有效问卷的基础上利用数据分析软件,对整合型领导力的效能进行研究。在上述分析中已经指出,企业互联网转型是一个涉及多层次、多主体的作用过程,因此本研究计划从整合型领导力对个体创新绩效、组织创新绩效以及企业间创新绩效的影响探究企业互联网转型背景下整合型领导力在该情境下的作用效能。

3.3 研究框架设计

在第2章梳理的理论基础与文献综述的基础上,本书对拟解决的三个科学问题展开研究。具体的研究思路是首先,聚焦于企业互联网转型中的理论和实践问题,采用科学的研究方法对企业互联网转型背景下整合型领导力的概念内涵和行为特征进行分析，在此基础上明晰其作用机理，最后，开发该情境下整合型领导力的测量工具并探究其多层次的作用效能。

3.3.1　探究企业互联网转型背景下整合型领导力的概念内涵

本研究主要采用扎根理论的分析方法对企业互联网转型背景下整合型领导力的概念内涵与行为特征进行研究。具体的研究思路包括选取酷特智能、沈阳机床以及青岛海尔等在互联网转型中或已经进行互联网转型的企业进行数据收集，为了数据收集的多样性，本书对目标企业的高层、中层、基层领导以及员工进行访谈，保证了数据收集的层次性，另外从新闻网页和学术期刊论文等补充相关的材料，保证了数据收集的多来源。在此基础上，成立数据分析小组，对收集的数据进行开放式编码、主轴编码以及选择性编码，最终获得整合型领导力的概念内涵。为了进一步深入的分析整合型领导力的概念内涵，将扎根理论得出相关构念与研究中已有的构念进行比较分析，保证研究的科学性。此外，本书为了对企业互联网转型背景下整合型领导力的概念内涵有更深的理解，还对其动因和作用层次等进行了分析，最后总结了其行为特征。

3.3.2　明晰企业互联网转型背景下整合型领导力的作用机理

探究企业互联网转型背景下整合型领导力的作用机理的思路主要来自两个方面：一方面，是现有研究结论和理论发展为本书研究提供了重要的理论基础和有益的研究启示；另一方面，是剖析在企业互联网转型背景下关于整合型领导力现有研究的盲点，以此成为本研究部分的出发点。本研究部分拟在企业互联网转型的情境下，将情境变化以及整合型领导力作用的不同层次整合起来，利用案例研究的方法探讨整合型领导力对企业互联网转型中不同作用层次主体影响的作用机理。

首先，在明晰企业互联网转型特征的基础上，总结企业在互联网转型发展过程中的整合型领导力的作用层次；其次，探究整合型领导力在不用层次上的作用体现。根据组织转型和动态能力多层次理论，在企业互联网转型过程中，企业需要从不同的层面获得企业发展的动态能力。根据以往的研究企业合作网络层是资源获取的主要形式，在企业互联网转型发展中对企业间合作的效率和效果提出了更高的要求，因此本研究将企业的合作网络视为整合型领导力作用层次的宏观层面，来探究整合型领导力对组织合作网络的作用机理。在企业互联网转型发展中，企业的边界逐渐被突破，组织的作用逐渐被放大，由于企业在互联网转型发展中需要根据情境的变化调整整个原有组织的结构以及领导成员关系。因此本研究将企业的组织视为整合型领导力作用层次的中观层面，探究企业是如何实现扁平化改造，提升组织运作效率的。在企业互联网转型发展中领导和员工对自己的角色认知和自我发展都有了新的认识，本书将个体认知视为整合型领导力作用层次的微观层面，探究企业对个体认知的影响。根据上述思路，形成如图 3.1 所示的企业互联网转型整合型领导力作用机理研究框架。

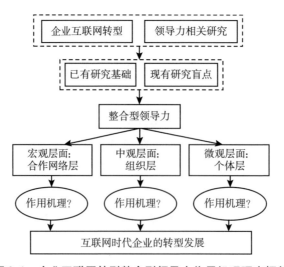

图 3.1 企业互联网转型整合型领导力作用机理研究框架

资料来源：由作者绘制而得。

3.3.3 开发企业互联网转型背景下整合型领导力的量表

在以上扎根理论以及案例研究的基础上，建构整合型领导力的基本内涵、行为特征以及作用机理。但是，采用案例研究和小样本扎根理论的分析方法对整合型领导力的大样本检验提出了挑战。在后续研究中难以对整合型领导力的效能展开大样本的定量研究，无法衡量整合型领导力的作用效能，这不利于揭示整合型领导力在该研究背景下的效能机制。因此，需要开发关于企业互联网转型背景下整合型领导力的量表。首先，本研究按照量表的开发流程，通过对与整合型领导力在概念内涵上有相似的变量量表进行总结，将扎根理论分析中整合型领导力概念内涵与行为特征对应着的范畴进行问题设计，形成初步的问题库。其次，邀请实践者与理论研究者组成的小组对问卷进行初步的分析与审核，得到初步的量表。再次，利用数据分析软件对企业互联网转型背景下整合型领导力的量表进行探索性因子分析和验证性因子分析等相关检验，最后，形成企业互联网转型背景下整合型领导力的测量量表。

3.3.4 企业互联网转型中整合型领导力的多层次效能机制研究

本研究利用实证研究的方法，对整合型领导力的三个作用层次的作用效能进行研究。在合作网络层，根据关系嵌入以及知识整合等相关理论，引入知识整合、网络关系嵌入以及组织开放度等变量，来探究整合型领导力对企业间协同创新绩效的影响。在组织层，本书在柔性人力资源理论的支撑下，在构建的模型中引入人力资源柔性以及组织沟通等概念，以此来探究整合型领导力对组织创新的影响。在对个体效能的研究上，本书主要利用跨层次的研究方法，在授权理论的支撑下，将员工心理授权引入到分析模型中，以及考虑人力资源柔性在其中的跨层次影响作用，最终构建了以员工心理授权以及人力资源柔性为中介变量的跨层次模型。

3.4 本 章 小 结

本章主要对以往的研究成果进行了分析，结合企业互联网转型的情境特点，查找出以往的研究局限。在此基础上从整合型领导力的概念模型与行为特征探究、整合型领导力作用机理探究以及整合型领导力作用效能探究三个方面构建本书拟解决的主要关键理论问题。为了能够科学严谨的解决本书提出的拟解决的科学研究问题，本章主要设计了包含整合型领导力概念内涵与行为特征研究、作用机理研究、研究量表开发以及效能研究的理论研究框架。

第4章

整合型领导力的概念内涵及
行为特征研究

在互联网情境下，企业不断与互联网技术深度融合，从企业内部组织结构到企业外部的合作网络都不断受到互联网的冲击，导致企业领导者的任务和展现的领导力发生了革命性的变化。企业的领导者不仅要调整自己的领导方式和行为来适应企业互联网转型情境下员工与组织的新型互动关系，而且要重新思考企业在合作网络中的合作形式。欲借助互联网转型的企业需要思考如何借助互联网技术搭建行业生态圈，实现跨企业、跨产业、跨地区乃至全球范围内各类优势资源的利用与整合。与以往情境不同的是：第一，互联网转型中组织结构受到多元化市场需求以及互联网技术的冲击，打破了原有稳定的组织结构状态，使组织结构朝向依托关系、链接以及规则等转变。第二，在互联网的作用下，企业的流程、经营理念、管理方式以及合作模式都发生了变化。互联网的开放性、去中心化等特点影响着企业与合作伙伴之间的关系。从之前的问题提出和文献综述可以看出，领导力在组织变革实践中具有非常重要的作用，学者在变革研究中也一直关注领导力的相关研究问题，而且研究焦点已经逐渐从一般的领导行为转向聚焦特定情境下的领导行为。但同时，组织变革在类型、内容和层次等方面都表现出很大的差异，实践中亦如此，很少有学者在特定的变革情境下（例如本书关注的企业互联网转型）探讨情境化的领导行为表现。因此，企业互联网转型为学者提供一个较好的情境来打开该情境化领导力的内涵"黑箱"。本研究接下来将通过对目标人群进行访谈利用扎根理论方法对企业互联网转型中整合型领导者的关键行为来识别和界定该概念的核心内涵与行为特征。

4.1　研究方法选择

4.1.1　访谈对象选择的原则

只有当严谨的研究方法与所需要解决的研究问题相匹配时，才能够得出令人信服的研究结论。根据克罗蒂（1998）的观点，一个完整的研究设计应该包括方法论的哲学基础、理论视角、方法论以及具体研究方法四个方面[275]。20世纪中期，实证主义得到了空前的发展，但是学者们也意识到实证主义中量化研究方法的缺陷：尽管量化研究方法通过数据分析将理论与研究假设联系起来，这一过程中能够丰富补充现有的理论，但是无法实现对新理论的建构。除此之外，量化研究难以对复杂多变以及需要对过程进行研究的社会科学进行有效度量，这样就无法研究不同变量之间的逻辑关系，更无法掌握社会科学中不同要素之间的发展规律。而根据社会建构理论，社会现实并不是客观存在的，而是通过人与人、人与社会相互协商共同建构的，这也与本书建构的企业互联网转型背景下整合型领导力的内涵有着相同的基础认识。为此，本书基于社会建构理论，采用扎根理论的研究方法，对企业互联网转型过程中的整体环境进行解释，并利用整合思维将不同的层面进行整合。

扎根理论是质性研究中的一种，从哲学基础上来说属于建构主义；从理论视角上来说属于解释主义；从研究方法上来说属于质性研究；从价值取向上来说属于实证研究。扎根理论作为一种方法论，其本质就是通过对经验数据的分析来建构理论[275]。自 1967 年格拉瑟等学者提出了扎根理论以来，该方法逐渐应用到医学、管理学以及教育学等相关研究领域中。经过长时间的发展，扎根理论逐渐形成了三大理论学派，其中一个学派是以格拉色为代表的经典扎根理论学派，该研究学派研究的主要原则是避免研究者带着自己的研究思考进入研究问题，而是要根据研究问题收集相关的研究资料，在研究问题所处的社会过程以及对其进行研究的过程中实现自然涌现，在此过程中按照既定原则不断地进行比较，严格遵循数据处理的方法与步骤，以此来构建理论[276]。第二个学派是以斯特劳斯等学者为代表的程序化扎根理论学派。该学派对扎根理论的认识观点最早传入我国，并且在大量的研究中得到应用。该学派的主要特点在于，尽管该学派也强调了在研究过程中要忠于研究数据，但是同样侧重于通过预设来研究数据背后的规律[277]。第三个学派是以查默兹为代表的建构型扎根理论。该理论学派在整合前两个学派的观点的基础上，提出了一种全新的认识，即认为数据中的规律是客观存在的，但是这些规律也是可以被建构的[278]。基于此，本书赞同并采用查默兹的观点，在已有研究猜想的基础上，构建企业互联网转型背景下整合型领导力理论。

4.1.2　访谈对象简介

根据组织变革理论、组织转型理论以及企业动态能力理论，本书拟从三个层面对整合型领导力理论进行建构。访谈对象主要包括企业中的员工、基层、中层和高层领导。本书对样本企业进行了严格的筛选，具体标准如下：首先，调研的企业正在进行互联网转型或者企业互联网转型已经取得了一定的成绩。其次，研究人员能够接触到企业各个层面的领导和员工，并且他们愿意在后续的补充调研上提供一定的便利。最后，调研企业分布于多个行业，避免因为行业区别小而造成研究结果的信效度低。根据上述的调研原则，本研究对 5 家互联网转型企业进行了历时 2 年的跟踪调研，调研总共包括 54 人次，涉及企业高层领导 5 人、中层领导 7 人、基层领导 8 人以及员工 12 人，共计 32 人。调研对象描述性统计及部分访谈样本的基本情况如表 4.1 和表 4.2 所示。

表 4.1　　　　　　　　　　调研对象的描述性统计信息表

统计变量	类别	频数	占比（%）
性别	男	21	65.63
	女	11	34.37
年龄	30 岁以下	9	28.13
	30～40 岁	11	34.37
	40～50 岁	7	21.87
	50 岁以上	5	15.63
学历	博士研究生	1	3.13
	硕士研究生	7	21.87
	本科	16	50.00
	本科以下	8	25.00
企业性质	国有企业	1	20.00
	民营企业	3	60.00
	合资企业	1	20.00

表 4.2　　　　　　　　　　访谈样本的基本情况举例

编号	性别	年龄	学历	职务	层级	企业性质	企业规模	成立年份	用途
1	男	35 岁	本科	组长	基层	民营企业	2 000 人以上	1984 年	建模
3	女	26 岁	本科	员工	基层员工	国有企业	2 000 人以上	1995 年	建模
4	男	37 岁	本科	部门经理	中层	民营企业	301～500 人	2009 年	检验
5	男	46 岁	博士	总经理	高层	合资企业	301～500 人	2009 年	建模
7	女	28 岁	本科	员工	基层员工	民营企业	2 000 人以上	1984 年	建模
9	男	35 岁	本科	班组长	基层	民营企业	301～500 人	2009 年	建模
12	男	36 岁	硕士	部门经理	中层	国有企业	2 000 人以上	1995 年	建模

编号	性别	年龄	学历	职务	层级	企业性质	企业规模	成立年份	用途
14	女	43 岁	硕士	副总经理	高层	国有企业	2 000 人以上	1995 年	建模
17	男	26 岁	本科以下	员工	基层员工	民营企业	2 000 人以上	2002 年	建模
19	男	32 岁	本科	部门经理	中层	民营企业	2 000 人以上	2002 年	建模
21	男	47 岁	本科以下	班组长	基层	民营企业	2 000 人以上	2002 年	建模
26	女	35 岁	本科	班组长	基层	国有企业	2 000 人以上	1995 年	建模
21	男	27 岁	本科	员工	基层员工	民营企业	2 000 人以上	2002 年	检验
22	男	31 岁	本科以下	小微主	中层	国有企业	2 000 人以上	1995 年	建模
25	女	29 岁	本科	员工	基层员工	民营企业	2 000 人以上	2002 年	检验
27	男	60 岁	本科以下	董事长	高层	民营企业	2 000 人以上	2002 年	建模

4.2　资料来源与收集过程

通过多渠道收集数据的方式，易于形成数据三角验证。据此，本书作者历时两年，对该研究主题涉及的研究对象进行了多种方式的数据收集。具体来说，研究资料的来源包括一手数据和二手数据，主要包括三种渠道：一是访谈，即通过直接进入企业或微信联系相关访谈对象的方式进行访谈以获取一手数据，之后整理成文字资料，共计约 11 万字；二是现场调研，即实地考察企业的运作情况，浏览企业的内部刊物、会议纪要和工作日志等一手数据，之后整理成文字资料，共计约 8 万字；三是网页搜索，即结合杂志报道、学术论文等二手数据，对已有的资料进行补充，之后整理成文字资料，共计形成12.3 万字。

其中，为了提高数据的信效度，本研究对访谈过程进行了严谨的设计，具体如下：

（1）访谈步骤

本研究在每次访谈的过程中设计了两个步骤。第一步，对企业关于在互联网转型过程中遇到的问题进行开放式的访谈，这种方式的访谈也符合扎根理论的基本逻辑精神。第二步，在开放式访谈的基础上对企业发展中组织结构、领导方式以及领导和员工对领导认知等相关主题进行有针对性的访谈，访谈对象包括高层领导者、中层领导者、基层领导者以及员工。

（2）访谈时点

针对不同企业的人员规模、组织结构等企业特征，需要设计不同的访谈时点。如在对酷特智能进行调研时，历时 12 天的访谈中，访谈内容分为三个时点进行：第一时点，关于企业互联网转型战略，包括企业的互联网转型发展战略和竞争战略的内容。通过对企业董事会成员的深入访谈，主要围绕企业的互联网发展战略和竞争战略，希望能够清晰了解其历史变迁过程及其互联网战略转型的变化过程。第二时点，关于企业互联网转型发展中的问题及解决方案、领导模式与企业文化的内容。通过对企业中层管理人员的深入访谈，主要围绕企业互联网转型发展过程中遇到的问题及其解决方案、领导力与企业文化方面的变化。第三时点，关于基层员工和基层领导对企业互联网转型升级的感受和建议的内容。通过对基层员工和基层领导的广泛访谈，主要围绕企业互联网转型升级在基层员工和领导日常工作中体现的变化以及他们对互联网转型升级的独特见解。

（3）预调研

为了确保访谈提纲易于理解以及能够全面涵盖本书的研究问题，本研究还进行了预调研。预调研主要是依托作者的社会关系对互联网转型企业中的高管、中层领导、班组长以及员工进行了访谈，每个部分的预调研对象选择 2 ~ 3 名，了解调研提纲设计中语言的可理解性、命题的明确性以及研究问题的合理性。在此之后，邀请一名管理学教授根据预调研反馈的意见对调研提纲进行修正。

4.3 数据分析过程

4.3.1 数据编码策略

本研究的主要数据编码策略如下：第一步，组建数据分析研究队伍。为了保证扎根理论分析结果的准确性，邀请管理学专业的青年教师和管理学专业的硕、博士研究生和本科生分别建立两个独立的研究小组（A小组和B小组），分别由1名教师、2名博士生、2名硕士生以及2~3名本科生组成。第二步，两个小组中，由1名硕士生和2名本科生初步整理调研的材料以及查找网页、新闻报道以及公开发表的期刊论文上的材料，小组的其他成员进行扎根理论分析。两个小组完成各自资料的分析后，彼此交换资料，另一小组重新进行扎根理论分析。交换资料分析完成后，两个小组在青年教师的指导下进行对比分析，确定最后的分析结果。第三步，进行企业回访。将分析结果回馈给被调研企业的不同层级的领导和员工，确保分析结果的准确性。若调研和分析的结果存在不足，调研小组会根据反馈意见再次进行调研访谈和数据分析，直至达到企业对基本材料的认同，确保研究依据的真实性。

4.3.2 开放式编码

开放式编码是对访谈资料逐字逐句的处理，通过编码与贴标签的方式，从原始材料中提炼出初始概念和概念范畴的过程[279]。根据开放式编码的要求，本研究对每次调研的内容进行了编码。首先，第一步在贴标签的过程中，尽量使用被访谈者的原话总结，避免加入自己的主观思考，确保编码得到的初始概念是准确和真实的，该步骤中的具体贴标签举例过程如表 4.3~表 4.6 所示。其次，对初始概念提炼总结获得概念范畴，该步骤中的具体概念范畴化的举例过程如表 4.7 所示。

表 4.3　　　　　　　开放式编码形成初始概念举例（企业高层领导）

编号	初始代码	原始材料（企业高层领导）
A1－1	过程认识论	任何的东西都不要听一个人有什么想法就实现了什么，任何的东西都是在不断进化过程中的。一个人、一个人的想法或者一个人的知识都是可以进化的，都是有进化基因的能力
A1－2	责任与情怀	我作为家里的老大，就觉得家很重要，就是家的情怀，就是家的责任，迫使我继续做服装。后来，我和弟弟意见出现了分歧，他开始做销售，我做生产。三年之后我发现他那边就做得很不好。我作为哥哥，又是一个家的情怀，花了非常大的代价把他负责的那块收过来
A1－3	脚踏实地	你要做一个有尊严的企业和有尊严的人，你就要用心做企业，在做企业的这条路上一步一个脚印地在做，做到今天呢正好 14 年
A1－4	乐于探索	可以说是没有路走，自己慢慢摸着石头过河，一步一步走过来。特点是越走越快乐、越走越幸福，但是开始特别困难的
A1－5	创新与变革	整个过程是悲催的一个过程，因为它是一个变革。整个过程充满了变和革，人呢！实际上最不愿意做的就是变和革。大家最愿意干的事就是顺。恰恰是这个企业一直在做的就是变，在创新
A1－6	平衡判断/阴阳平衡	在我们实践之中呢，我们发现没有绝对的对，也没有绝对的错。没有好与坏，没有对与错，但是平衡是对的。只要失衡就是错的，利和义要平衡，动态平衡就是对的，失衡就是错的
A1－7	利义兼顾	员工的目的和企业的目的不能够脱节。做企业不能光考虑到"利"，做企业和做企业的人也得考虑到"义"，就是尽到责任
A1－8	多赢共生	实际上人类的进化也是不断平衡的过程。你企业和员工一定要做多赢和共生的关系，而不能去做零和博弈
A1－9	自主创造	社会上的人，学习能力还是比较强的，就是"拿来主义"比较严重，人家的东西，我能很快的学来。这种人太多，真正创造的人太少。我们有一种观点，以前的市场和我们没有关系，创造的市场才是我们自己的
A1－10	类比思维	没有班组长了、没有科层了、没有审批了，但是得需要一个东西支撑他，就是家庭式的细胞单元。什么叫家庭式的细胞单元，一个家的运行都是复杂的，里外的各种事情，并不简单

续表

编号	初始代码	原始材料（企业高层领导）
A1－11	细胞管理模式	什么叫家庭式的细胞单元，一个家的运行都是复杂的，里外的各种事情，并不简单。组织中也应该按照这样的思路设定管理单元，在这里我们叫细胞单元
A1－12	有机整体思考	但是家没有投票没有选举，就有一个领导，但是它是一个有机的整体。不用单独的时间就把这个家庭治理的很顺。每个家庭都是最佳治理方案。每个家庭没有领导化，他就可以治理的这么好
A1－13	自进化与自净化	像一个细胞单元，有个问题，也就自进化、自净化就自己解决了。现实中，我们换成一个细胞单元来管理，有了问题就自进化、自净化了。这就是我们管理基础单元的源头
A1－14	人性体会	人类是能够自循环、自进化、自净化的。这也是人类需要的一种力量
A1－15	社会责任	只从生存上来讲，我没有必要做事了，但是这么多年的积淀我们觉得我们还是很有价值的，我们还能创造更大的进步
A1－16	大格局	我们可以促进社会进步和人类文明
A1－17	诚信品质	当一个人顺应自然规律的话，能激发出人的主观能动性和自主创造性。实际上我就是在做这件事。自然规律不是指的刮风下雨，反应每个人身上就是诚信和品质

资料来源：本研究整理。A 代表高层领导者，A1 代表第一个高层领导者，A1－1 代表第一个高层领导者的第一条编码，依此类推。

表 4.4　　开放式编码形成初始概念举例（企业中层领导）

编号	初始代码	原始材料（企业中层领导）
B3－1	去科层	去科层是将原来个体、部门、层级之间的界限全部打破，虽然员工被分为若干细胞核组织单元，但是完全是需求驱动，而且是动态的、整体的、协同的。通过去科层取消上下级关系
B3－2	去领导	通过去领导化释放员工自主权。去领导不是真正地将领导去掉，而是让员工选择自己的细胞核
B3－3	部门边界打破	通过去部门消除跨边界障碍。公司经过了部门制、大部门制的发展，最终依托互联网实现了部门边界的打破，最终实现了以数据"节点"的形式来代替部门

编号	初始代码	原始材料（企业中层领导）
B3－4	去岗位	通过去岗位真正实施责任到人。每个人没有固定的岗位，根据需求和自己的工作要求来进行工作的选择。现在没岗位了，你适合去做就去做啥，你不适合了，你就离开
B3－5	去审批	通过去审批提高员工工作效率。在以前审批一个文件需要至少一天的时间，一天也不一定能够完成，而现在通过互联网数据的实时链接，各个环节直接通过数据操作，几秒钟就能完成
B3－6	跨越边界	在企业价值生态中，我们和客户以及整个价值链之间必须是无边界的，无边界以后我们才能保证我们都是为客户提供服务
B3－7	快速整合	客户可以驱动的是整个价值链里的资源，这个资源可以来自全球各地，甚至和你没什么关系，但是在你需要的时候可以快速整合起来
B3－8	解放员工	将细胞核组织单元总结为四个字：体制、机制。体制为我让员工有条件和基础可以自己干，包含目标。机制为激励，因此去领导、去科层、去审批就是让员工不受束缚
B3－9	员工抵抗管理	发现班组管理特别难管，员工也不听，怎么解决，后来发现每个家庭不可能有很多服务人员，但是每个家庭的事都处理的特别好
B3－10	细胞核领导	这个细胞一定有个主心骨，比如谁最熟练，带领大家一起做，大家为了共同目标一起做，这个细胞核可以多得一点
B3－11	管理效率提升	去掉了管理人员，不需要管理人员。通过这个方式效率提高20%，返修率降低80%
B3－12	需求驱使管理	每个细胞核人数不会太多，不然管理部门，这些协调不过来，它完全是根据需求，这就是和过去本质性的区别
B3－13	辅助管理	你有问题的时候，会有专门解决问题的通道，我把问题提出来以后，细胞核能解决就会解决了，解决不了就会进入一个通道，进入通道以后，会有相关的人去解决，然后把它做成规则，以后大家就都解决了
B3－14	参与式目标制定	原来都是一些领导，都是比较有水平的，他们一起来决策，而不是由过去一个人来决策，过去都是一个人来决策，现在都是一群人来决策，和谁有关谁参与，和你无关，你啥事没有
B3－15	优胜劣汰	那个1＋6的细胞其中有一个人不行，很快就把他甩掉了，不要了。我这人很牛，我做得特别好，有几个人愿意跟着我，我自己分裂了，裂变了，我自己出去又变成另一个细胞了，所以他就是没有边界，没有约束

续表

编号	初始代码	原始材料（企业中层领导）
B3－16	节点对应	无论你是内部需求，还是外部需求，反正你有需求，就由节点来满足，可能研发节点、设计节点是内部的，外部的就是供应商、生产商、服务商，它都是在一个网格中，全是节点对节点，它是一个大的网格

资料来源：本研究整理。B 代表高层领导者，B3 代表第三个中层领导者，B3－1 代表第三个中层领导者的第一条编码，依此类推。

表 4.5　　　　开放式编码形成初始概念举例（企业基层领导）

编号	初始代码	原始材料（企业基层领导）
C3－1	行政管理弱	其实我也不算是一个领导，我们同伴的任务不需要我来分配，我也不用去考核和督促，更没有什么权利去要求他们做什么
C3－2	电子信息化	所有的这些任务的安排和考核都是通过电脑和后台程序来操作的，我们有这样的磁卡（拿出磁卡向我们展示），一刷就可以显示所有的数据
C3－3	关系协调	我的主要任务就是协调一下大家的关系
C3－4	技术能力	另外，就是如果有人请假的话，各个工序我还是比较了解的，能够帮助他们完成一下他们的任务，不要耽误下一个工序的完成
C3－5	自由搭配	我们细胞组织单元没有很明确的组织边界，如果你觉得和我一起干能够得到更多的利益，那你就会选择和我一起做，如果你觉得有人的细胞单元更好，也可以走，就是很灵活的随时抽身、随时安插
C3－6	观念认同	一般情况下我也不会特意去寻找自己的队员，可能找到我的也是比较认同我的想法和理念吧
C3－7	避免关系冲突	这样的方式确实避免了很多关系上的冲突，以前很多人都不服管，总是自己做自己的，实话也没有把握当成领导，就是一起干活的朋友吧
C3－8	隐性激励	激励的话也算是隐性的激励吧，因为真正的钱的激励就是在信息卡里，我觉得涉及的激励就是如果我们做不好，我们的细胞就会解散，我们就不能一起工作了
C3－9	领导认知变化	以前吧我觉得领导的任务就是做一下小组的计划，分配一下，然后能够保质保量地完成上级领导安排的任务，现在我觉得领导不用做这些，领导的任务就是能够把大家聚集起来就可以

编号	初始代码	原始材料（企业基层领导）
C3－10	能力整合	有能力的细胞核就会会吸引到能力比较强的成员，当然成员也可以自己成立一个细胞组织单元
C3－11	任务信息化	我没有自己的领导，我的领导就是我的任务完成情况，如果电脑信息显示我的任务没有完成，或者完成的效率比较低，那么我的细胞就会被解散了
C3－12	气氛轻松	在这样的环境中，我感觉比以前轻松多了，不用再花费很多的精力去和组织成员较劲，现在大家自己干自己的，谁都会比较舒服
C3－13	员工幸福感增强	我觉得成员的幸福感更强了，以前都是叫苦连天的，现在基本也不用加班，或者加班就是自己多得工资，也没人强迫他们

资料来源：本研究整理。C 代表高层领导者，C3 代表第三个基层领导者，C3－1 代表第三个基层领导者的第一条编码，依此类推。

表 4.6　　　　开放式编码形成初始概念举例（企业基层员工）

编号	初始代码	原始材料（企业基层员工）
D3－1	干劲十足	现在确实比较有干劲，没有人管着我们，只有我们有事了去找一下领导，他们也会比较热心的帮助我们，毕竟我们比较聊得来才在一起工作的
D3－2	领导协调	我觉得这样的领导就很好，其实我们也不是不认真干活，有时候就是觉得有个不认同的人非要管理自己，就会产生抵抗的情绪，干活效率自然就下来了。现在领导在大家有事的时候协调一下就可以了
D3－3	领导权力变小	以前领导总是和几个人关系挺好，把好的机器或者轻松的工作分配给他们，现在不一样了，现在大家和领导的关系都差不多，工作的工资分配也是后来程序控制的，领导说了也不算
D3－4	数据显示	现在互联网太厉害了，你做了什么，做多少，实时就能查看的，然后你挣了多少钱，也直接就显示出来了
D3－5	互联网信息透明	现在这种互联网技术确实很发达，如果没有互联网技术的话，这种管理模式也不会实现的，互联网确实让很多隐藏的信息透明化了
D3－6	领导追随	等我熟悉一下工序的流程，我也能成为一个领导，然后有几个追随我的人，成立一个组织单元，一起做工作

续表

编号	初始代码	原始材料（企业基层员工）
D3 - 7	技术发挥	在这样的管理模式中，我感觉很舒服啊。我可以根据自己的擅长干的选择领导小组，这样我的效率就会比较高，挣得也会比较多
D3 - 8	员工共赢思维	心理上也是非常高兴的，因为我知道我工作不仅仅是给我自己赚钱，也给企业赚钱，但是我们是一体的，配合好了才能赚得更多
D3 - 9	效率提升	现在我没有比较大的心理压力，身体也得到了解放，以前经常加班到8、9点，现在不用加班，任务也能完成的比以前又快又好
D3 - 10	工作轻松	就是觉得干的活都是给自己干的，心里也是比较轻松的，每天来上班也没有那么大的压力和痛苦了
D3 - 11	无领导权力	领导对我有比较大的影响力，感觉他能够解决一下棘手的问题，还是很佩服他的，没有领导权力也是想听他的
D3 - 12	价值观认同	从我自己角度来讲，就是觉得我和他的价值观还是比较一致的吧
D3 - 13	员工追随力	和他也挺聊得来，就是愿意追随着他，他也不会亏待我们的

资料来源：本研究整理。D 代表基层员工，D3 代表第三个基层员工，D3 - 1 代表第三个基层员工的第一条编码，依此类推。

在对原始数据贴标签后，两个小组分别获得了 312 与 324 条初始代码，为了便于分析，要求各个小组尽量将获得的初始代码统一到相同的数量级上，然后将两个小组的内容整合到一起，最终形成了 356 个初始代码，对初始代码进行进一步的整合处理，将相同含义的初始代码进行整合，最终整理归纳形成了 176 条代码。其中，两个小组编码一致的代码数为 145 条，按照根据靳代平等（2016）的方法[280]，一致性的检验结果为 145/176 = 82.39%，达到了休伯曼和迈尔斯（1994）划定的 80% 以上的标准[281]。在整合两个小组的编码后共获得 152 条编码，对 152 条代码进行进一步的提炼以及对前后矛盾的词条进行了整合与删除，最终获得了 96 条初始概念。

接下来，对 96 条初始概念进行范畴划分，最终获得了 30 个范畴，具体的范畴化结果如表 4.7 所示。

表 4.7　　　　　　　　　　　　开放式编码形成概念范畴

编号	范畴	初始概念
FC-1	合作范围广	D4-3 顾客范围扩大；C5-4 供应商数量增加；B5-6 服务商可供选择范围大
FC-2	创新思维	A1-5 创新与变革；D1-11 具有创造意识；C4-9 不墨守成规
FC-3	共生共享	A1-8 多赢共生；B2-9 利义兼顾平衡；C1-9 共创新可能
FC-4	合作程度深	A3-9 深层次合作模式；C4-7 整合互动；B5-11 建立共同目标；B4-5 股份制合作
FC-5	社会格局	A1-15 社会责任；A1-2 责任与情怀；B6-11 社会价值传递
FC-6	结构简化	B3-1 去科层；B3-4 去岗位；B2-7 去部门；D4-12 平面结构；D2-9 按需形成工作组
FC-7	员工参与决策	C5-7 自由民意调查；B5-12 鼓励多元化思考；C4-3 开通多样化沟通渠道；D2-7 减少建言紧张氛围
FC-8	关系识别	B3-12 需求驱使管理；B3-13 辅助管理；B4-1 共同决策
FC-9	员工幸福	D1-7 工作满意度；C3-13 员工幸福感增强
FC-10	一致性认知	C3-6 观念认同；A2-11 避免关系冲突；D3-12 价值观认同
FC-11	分配机制精准	D7-11 并行分配机制；B2-3 能多能少能上能下的考核机制；D6-3 分布式精准激励；C6-5 基于价值贡献；D4-7 评价分配制
FC-12	整体思维	A1-1 过程认识论；A1-12 有机整体思考；C2-4 人性体会
FC-13	探索精神	C5-2 求知欲强；D1-2 从错误中学习；B4-6 金字塔顶端吸取先进经验
FC-14	互联网透明化	D3-5 互联网信息透明；D1-9 工作量与所获实时体现；D4-5 信息监督
FC-15	保障机制整合	D3-10 工作轻松；A3-2 领导影响力；D3-13 员工追随力
FC-16	互联网公平化	B1-4 信息丰富化带来透明化；A1-13 自进化与自净化；B1-7 更多的机会和自由性
FC-17	边界灵活	B6-6 裂变式管理；A2-9 无组织边界；B3-6 跨越边界；B5-4 领导自由化
FC-18	关系建立	D7-13 领导成员关系改善；C3-1 行政管理弱；D6-11 弱关系

续表

编号	范畴	初始概念
FC – 19	参与目标整合	A3 – 14 企业目标融合；B3 – 14 参与式目标制定；B6 – 7 互相配合的战略体系
FC – 20	风险责任到人	C5 – 6 领导认同；D6 – 2 岗位责任制；C1 – 10 核心工作标签化
FC – 21	数据主导决策	B5 – 1 协调能力；A2 – 5 市场数据导向；C4 – 2 数据与经营战略决策
FC – 22	员工发展	C6 – 13 技术能力和管理能力双向培训；C3 – 8 员工共赢思维；D2 – 10 个性化培训
FC – 23	管理效率提升	B3 – 16 节点对应；C3 – 2 电子信息化；C6 – 4 员工参与感强
FC – 24	关系维持	C3 – 3 关系协调；B2 – 13 隐性领导；D5 – 4 领导成员关系差异小
FC – 25	决策路径多样	A3 – 5 双路径决策；C2 – 7 多样化触点；B5 – 7 信息渠道拓宽
FC – 26	资本积压减少	C6 – 1 库存减少；B2 – 5 原材料供应及时；B5 – 9 先付钱再生产
FC – 27	统一行动结构	B4 – 10 思想步骤一致；C4 – 11 各层嵌入式互动结构；D7 – 7 上传下达
FC – 28	合作效率提升	C6 – 8 合作频率增大；D7 – 1 各取所长；B6 – 10 合作模式多样化
FC – 29	协同创新	C1 – 7 共同突破创新壁垒；A3 – 11 大跨度整合创新模式；B4 – 3 知识创造主体和技术创新
FC – 30	业务流程优化	C1 – 3 反思业务流程；B6 – 2 重新设计业务流程；A2 – 14 逐步走向平台化

资料来源：本研究整理。FC 代表范畴，FC – 1 代表第一个范畴，依此类推。

4.3.3 主轴编码

主轴编码的主要目的是发现初始编码形成的范畴之间的潜在逻辑关系，然后总结提炼形成主范畴。本部分的研究主题是探讨企业互联网转型背景下整合型领导力的概念内涵与行为特征。因此，通过主轴编码对不同范畴进行分析形成企业互联网转型背景下整合型领导力概念及行为特征。另外，在主轴编码过程中也分析了企业互联网转型背景下整合型领导力的形成和作用结果。本书共获得十二类主范畴，如表4.8所示，包括互联网链接作用、互联网显性作用、战略目标整合、混合决策、关系网络发展、边界跨越、利益共同分配、突破探索精神、共同体思维、合作网络共同效益提升、组织效率提升、员工幸福与发展。

表4.8 主轴编码形成主范畴

编号	主范畴	对应范畴	关系内涵
Z-1	互联网链接作用	FC1-合作范围广 FC4-合作程度深	企业互联网转型的主要特点之一是互联网在整个经济发展参与单元的链接作用不断增强。不仅实现了在消费者、生产者、供应者以及服务者之间合作范围的扩大，而且合作程度也在不断的增强
Z-2	互联网显性作用	FC-14 互联网透明化 FC-16 互联网公平化	企业互联网转型的另一个主要的特点是互联网转型使得企业的资源和信息不断的透明化，员工和其他的利益相关者能够比较全面地掌握企业信息；另外互联网使得信息不对称现象逐渐降低，使员工和消费者对于利益的分配以及商品价值的获取都趋于公平化
Z-3	战略目标整合	FC-10 一致性认知 FC-19 参与目标整合 FC-27 统一行动结构	战略目标整合是企业互联网转型背景下整合型领导力的一个主要维度，整合型领导力要求参与者对合作目标有一致性的认知，在整合参与目标的基础上，制定统一的行动结构
Z-4	混合决策	FC-7 员工自主决策 FC-21 数据主导决策 FC-25 决策路径多样	混合决策是企业互联网转型背景下整合型领导力的另一个主要的维度，整合型领导力实现了决策方式的整合，根据反映的市场需求数据进行决策，并且给予员工更大的自主决策权，决策的路径也根据企业实践情况逐渐拓展
Z-5	关系网络发展	FC-8 关系识别 FC-18 关系建立 FC-24 关系维持	关系网络发展是企业互联网转型背景下整合型领导力的核心维度，不仅在组织内部形成灵活的组织结构时发展关系网络，而且在组织间合作中也注重关系网络的发展。关系网络的发展主要包括三个方面：关系识别、关系建立以及关系维持

续表

编号	主范畴	对应范畴	关系内涵
Z-6	边界跨越	FC-6 结构简化	边界跨越是企业互联网转型背景下整合型领导力的另一个关键维度，边界跨越主要包括了三个层面，一个是组织内部领导小组的边界灵活化，一个是组织结构的简化，一个是组织间边界的打破，利于协同创新发展
		FC-17 边界灵活	
		FC-29 协同创新	
Z-7	利益共同分配	FC-11 分配机制精准	利益共同分配是企业互联网转型背景下整合型领导力的另一个维度，也是整合型领导力的作用目的，就是通过精准的利益分配机制，涉及多主体的保障机制以及责任到人的风险承担机制保障利益的共同分配
		FC-15 保障机制整合	
		FC-20 风险责任到人	
Z-8	突破探索精神	FC-2 创新思维	突破探索精神是整合型领导力的一个内部形成因素，领导者要具有强烈的创新思维以及时代背景下的探索精神
		FC-13 探索精神	
Z-9	共同体思维	FC-3 共生共享	共同体思维是整合型领导力的另一个内部形成因素，领导者具有关注社会发展的大格局、对领导的认知体现在共生共享上，有机整体的思考企业的发展
		FC-5 社会格局	
		FC-12 整体思维	
Z-10	合作网络共同效益提升	FC-26 资本积压减少	在合作网络层面，整合型领导力的作用主要体现在能够减少资本包括库存的积压，合作单元之间的合作效率得到提升
		FC-28 合作效率提升	
Z-11	组织效率提升	FC-23 管理效率提升	在组织层面，整合型领导力的作用主要体现在管理效率的提升以及业务流程的优化
		FC-30 业务流程优化	
Z-12	员工幸福与发展	FC-9 员工幸福	在员工层面，整合型领导力的作用主要是关注了员工的幸福和发展，不仅关注了员工身体，而且更加关注员工心理变化
		FC-22 员工发展	

资料来源：本研究整理。Z 代表主范畴，Z-1 代表第一个主范畴，依此类推。

4.3.4 选择式编码

在经过选择性编码、主轴编码以及内部逻辑分析的基础上，本书将研究的核心问题范畴化为"企业互联网转型背景下整合型领导力的概念内涵"与"企业互联网转型背景下整合型领导力的行为特征"两大主范畴,围绕核心范畴的"故事线"可以概括为:战略目标整合、混合决策、关系网络发展、边界跨越、利益共同分配构成了企业互联网转型背景下整合型领导力的五个结构维度,其影响作用存在于宏观合作网络、中观组织与微观个体三个层面。同时,根据上文开放式编码过程中对不同代码间建立的逻辑关系,并结合这些代码所属的不同概念与范畴,本书建构了企业互联网转型背景下整合型领导力的概念模型,如图4.1所示。

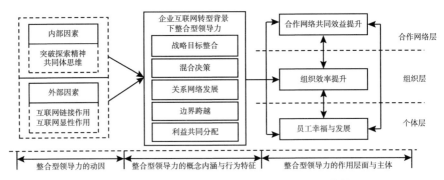

图4.1 企业互联网转型背景下整合型领导力的概念模型图

资料来源:由作者绘制而得。

4.4 理论饱和度验证

扎根理论的研究方法需要在编码过程中不断进行新数据的补充、验证和概念的迭代。当新数据的进入无法形成新的概念时,数据认为达到饱和。本研究在开放式编码中,将得到的37份材料随机打散后进行编码。编码过程中发现,到第29份材料时,新进入的材料无法形成新的概念。为了研究的科学性和严谨性,本研究又选择了3位访谈者的资料进行编码,同样没有出现新的概念和类别。因此,认为本研究具有较高的理论饱和度。

4.5 整合型领导力的理论构念研究

4.5.1 企业转型背景下整合型领导力的动因研究

根据扎根理论分析结果，企业互联网转型背景下促使整合型领导力形成的因素主要包括两个方面：一是外部因素，互联网在企业发展中展现出的强大链接作用以及对隐形信息的公开化；二是内部因素，一方面，是领导者在持续创新和变革的精神作用下，促使企业借助互联网以不断的整合企业内外部资源；另一方面，是领导者的共同体思维，领导者关注员工、组织以及合作网络的整体发展，以所有参与者获利为前提引导利益相关者参与合作。

（1）外部因素

从互联网的链接作用来看，数据传递不仅在组织合作层面实现了各个参与单元的紧密联系，而且在组织内部也实现了个体与组织之间的紧密连接[194]。首先，在互联网时代，企业发展的各种要素都可以被数据化地呈现出来[199]。在企业互联网转型的过程中，消费者的需求可以转换为流通数据，这些数据通过网络终端快速地传递给生产企业，并通过合作网络直接传递给供应商和服务商。其次，高度数据化的组织运作方式，促使员工有更多的机会参与到组织的战略决策和战略制定中来，从而加强了员工和组织间的双向承诺，进而有利于增加个体和组织间的链接性。

从互联网的显性作用来看，领导和下属的信任以及企业与员工的信任是组织维持稳定发展的关键因素[282]。在互联网时代，网络融入企业的生产和利益分配的各个环节，员工可以通过互联网获得更多的企业信息，这将有利于降低信息的不对称性，打破原有的操作黑箱，将员工在各环节的工作量与所得利益全部以数据的形式公布出来，让员工感知到企业运作的公平性，减少了企业内因信任产生的问题，从而为稳定的组织关系奠定了基础。

（2）内部因素

由于互联网链接作用的产生，使各方合作主体增多，合作范围扩大，如何能够在动荡和多变的互联网环境下保证组织内部和组织在合作网络中的顺利运行，这就需要一种整合内外部资源与关系的多层次领导力类型。整合型领导力作为一种强调资源整合的领导模式，在维护各方主体利益的过程中具有重要的作用，具体体现在如下两个方面：第一，整合型领导力需要具有探索精神。众所周知，领导者是一个企业的灵魂，企业如何发展、向什么方向发展，领导者在里面起到决定性的作用。领导者的思维和认知对领导力的产生也是至关重要的。在互联网时代，整合型领导者需要利用自身的突破探索精神创新性的将企业原有发展模式与互联网进行融合。第二，整合型领导力需要具有共同体思维。在互联网链接下的合作网络中，不同层次上的合作单元不仅是参与者还是整体组织的所有者，只有将每一个合作单元的需求纳入整体的战略目标中才能够保证合作网络的顺利运行。因此，在企业互联网转型背景下需要具有持续创新变革精神以及内心中充满大格局、整体意识以及社会责任的领导者，具有该共同体思维的领导力才能实现共赢的局面。

4.5.2 基于企业动态能力的整合型领导力作用层次及主体研究

企业动态能力的多层次理论指出，企业要想在动态的环境中获得持续的竞争优势，就必须关注组织中人、人际关系以及组织层面的要素[218]。企业互联网转型背景下整合型领导力的作用层次同样包括了三个方面：个体、组织与合作网络。在企业互联网转型背景下，组织极度扁平化，组织结构逐渐由数据节点代替，而数据节点避免了原有部门间相互沟通的障碍，也体现了人际关系的动态能力。从这一角度分析整合型领导力的作用层次与企业动态能力理论的分析层次是一致的。因此，总结而言整合型领导力在不同那个层次上的作用主体分别为员工、组织结构和合作网络。

在个体层，无论是传统的动态能力理论还是动态能力的多层次理论都指出启动和抓住机会来改变公司资源基础以应对环境活力的能力最终取决于个人[211][282~283]。整合型领导力利用社会影响理论将公司发展的整合思维、共同体意识以及创新探索思维等传递到企业的员工，使得企业的员工能够参与到组织变革和动态能力的获取中。这也与萨尔瓦托和瓦索洛（2018）指出的将个体在动态能力中的角色从"企业高管人员说服一部分员工采取新举措的能力"[218]扩大到鼓励所有员工参与组织活动的能力，接受或联合开发变革举措来实现资源更新，将动态能力带来的结果视为努力达成的社会成就[284]。

在组织层，企业互联网转型中将自身的组织结构向极度扁平化的方向发展，整合型领导力对组织结构的影响主要体现在以下两个方面，一是组织边界的突破，二是组织中人际关系的构建。整合型领导力对组织边界突破的作用主要是利用数据的流通与链接作用，将冗余的科层和部门去掉，以数据作为连接工具，实现组织间高效的数字化链接。对人际关系的构建方面主要是建立新型的领导成员关系，同时也使得领导小组的边界柔性化，员工在其中找到认同自己价值观的领导者。

在合作网络层，无论是对个体的整合，还是个体管理者的洞察能力[285]，都不足以建立一个动态能力，因为能力是社会互动的产物，代表了一种解决共同性问题的方式[286]。因此，还要关注整合型领导力在合作网络层的互动和整合作用。整合型领导力对合作网络中的作用首先体现在实现合作网络中各合作单元的战略目标整合。莫尔斯（2010）指出一个共同的目的与共同渴望的产出是不同协作方实现结盟的关键因素，组织间信息、资源的互补，能够为单个企业提供更多创新的资源与机会[60]。其次是企业互联网转型背景下的整合型领导力能够通过数据实现组织间边界的跨越，提高组织间的合作效率，同时实现价值创造与共同利益分享。

4.5.3　不同层次间整合型领导力的作用主体关系研究

整合型领导力主要作用于个体、组织与组织间合作网络三个层次，整合型领导力的五个结构维度对这三个层面跨层次的影响具体表现如下：第一，在战略目标整合上，整合型领导力不仅作用于组织间合作网络，而且还关注组织中个人目标的整合，将个体目标整合到组织的发展中。这一方面，使员工的主人翁精神增强，另一方面，也使组织目标与个体目标形成协同效应，共同获利[287]。第二，在混合决策上，主要指对个体决策的影响作用。由于整合型领导力强调了对员工的解放，员工在日常的工作中可以依据自己的认知来决定自己的工作内容。在领导小组中，尽管领导对员工没有直接的行政隶属权力，但是由于员工是领导的自发追随者，两者在遇到共同的问题时，不再是发号施令而是共同的商议决策[288]。在合作网络中，由于所有的参与单元都是利益的获得者，因此在进行决策时要整合所有主体的意见，才能最终采取行动。第三，在关系网络发展上，组织外部主要是合作组织的关系的识别、建立和维持，在此基础上实现资源的获取。而组织内部主要是体现在领导者与下属之间关系的识别、建立和维持上，当一个组织具有稳定的内部结构时，才能实现更高层次的发展。第四，在边界跨越上，同样作用于组织内外部两个层次，组织内部是通过数据节点的形式，实现各个部门的精简化，最终形成灵活的组织结构，从而有利于提升合作网络的工作效率[289]。而组织外部主要是企业在合作中打破自己的边界限制，更大限度地实现与其他组织的合作。第五，在共同利益分配上，主要指用共同体的思维和视角审视企业在合作网络中的利益，即利用互联网的程序公平实现个体、组织与合作网络对利益的分配。

4.6　研究发现与讨论

4.6.1　相关构念与已有文献的比较研究

整合型领导力共涉及五个结构维度，这些结构维度与已有的相关构念相似，却又存在本质差异。因此，本书结合已有的相关研究对整合型领导力的五个结构维度进行构念比较和分析，具体如下。第一，战略目标整合。学者们已经在跨部门合作情境下领导力的研究中指出，战略目标整合是合作完成的重要基础[60]。然而，整合型领导力中的战略目标整合是对员工战略作用的考量，即在战略目标的整合中加入了员工个体的目标，并着重考虑员工对于战略构成的重要作用。战略人力资源管理理论认为战略人力资本对企业的发展具有重要的影响[290~291]。在企业互联网转型背景下，每一个员工都将作为企业的战略性人力资源而参与企业的战略发展中来。因此，整合型领导力中的战略目标整合是作用范围更广的一个构念。第二，混合决策。混合决策与参与型领导力鼓励员工积极参与决策不同[292]。整合型领导力中的混合决策作用于多个层面，具体来说，在个体层面，让员工自主决策，如员工可以根据自己的实际情况自由决定工作范围和工作岗位职责；在领导小组和合作网络层面，领导行政隶属权力降低，企业主要通过协调力与影响力实现共同决策。因此，整合型领导力中的混合决策相较于以往领导力领域的研究，在作用的层次、情境以及内涵上都发生了本质的变化。第三，关系网络发展。在以往的研究中，关系网络发展主要指在合作网络中组织会通过关系整合的方式实现资源的整合，最终获得共同利益[280]。而整合型领导力中的关系网络发展包含了组织内部领导者与下属之间关系的识别、建立和维持。第四，边界跨越。在以往的研究中，边界跨越主要聚焦于组织与外部环境的交互作用[36]。而整合型领导力中的边界跨越同时聚焦于组织内部、组织外部两个层次。第五，共同利益的分配。在以往研究中，利益分配往往忽略个体，仅仅将合作网络中的组织看作是利益分配的单元[280]。而在整合型领导力中，个体不仅仅是企业的雇员，而且也成为企业的主人，因此也被纳入了共同利益分配机制中。

4.6.2　企业互联网转型背景下整合型领导力概念模型建构

通过扎根理论的研究结论可以发现，整合型领导力是同时作用于合作网络层、组织层和个体层三个层面的。这三个层面相辅相成，企业不能仅仅从单独某一个层面去分析和探讨整合型领导力的概念模型，具体如图4.2所示。

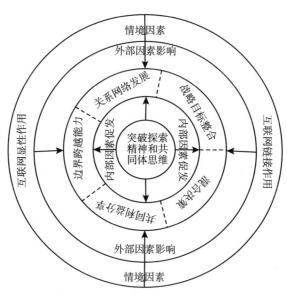

图4.2　整合型领导力概念模型

资料来源：由作者绘制而得。

本研究首先，基于组织变革理论，明确了在进行组织变革相关研究中，需要聚焦于不同的视角进行分析；其次，基于组织转型理论，明确了互联网转型的基本特征；最后，企业动态能力理论为整合型领导力的建构提供了理论基础，即互联网情境下互联网的链接作用与显性作用，使企业处在一个动态且不确定性极强的环境中，整合型领导力如何能够保障企业在动态的环境中生存并获得持续竞争优势，就需要使企业获得动态能力，动态能力的获得是需要人、人际以及组织能力。上述理论为整合型领导力的概念内涵提供了理论基础。

经过以上分析本书将整合型领导力的概念界定为：在企业互联网转型背景下，从领导者的突破探索精神和共同体思维出发，在互联网技术的支撑下，整合合作网络中所有参与主体的战略目标，引导各层级参与单元参与决策，通过关系整合以及边界突破能力实现共同利益分享。领导者的突破探索精神以及共同体思维促使领导者自我建构，为实现企业合作网络的整体发展目标进行了社会建构，最终完成了以协调者的角色和身份实现在整合过程中的角色和结构建构。

4.6.3　企业互联网转型背景下整合型领导力关键特征识别

经过扎根理论以及以上的相关的分析，逐渐确定整合型领导力的关键特征为：战略目标整合、混合决策、关系网络发展、边界跨越以及利益共享。

首先，整合型领导者需要对组织内外两个层面的多个参与主体的战略和目标进行整合，这也是整合型领导力实施的关键步骤。在组织外部，由于多个参与主体的战略目标能够在某一项活动中得以实施，参与者会积极参与目标活动。在目标整合的基础上，项目操作过程中的共同决策是项目顺利进行的保障。在组织内部，要实现对成员目标与战略目标的整合。由此，在整合型领导力中的战略目标整合成为整合型领导力的主要特点。

其次，混合决策是整合型领导力得以顺利实施的制度保障。混合决策一方面，体现在多主体的决策；另一方面，体现在多种决策路径的采用。在企业互联网转型的情境下，企业参与的合作网络中涉及不同层面的多个主体，主体间的共同决策是合作顺利实施的关键，也是整合型领导力的关键特征。另外借助互联网技术，与以往的决策不同的是所有的参与者在进行决策时，能够借助数据工具，结合自己的认知情况进行多路径信息来源的决策。

再次，关系网络发展主要是从两个层面出发。关系网络发展在以往的研究中，主要是指在合作网络中组织会通过关系整合的方式实现资源的整合，最终获得共同利益[37]。而在企业互联网转型背景下整合型领导力中的关系网络发展包含了在组织内部领导者与下属之间关系的识别、建立和维持，只有一个组织具有稳定的内部结构，才能实现企业更高层次发展的稳定。由此，在整合型领导力中的关系网络发展成为整合型领导力的主要特点。

再其次，边界跨越主要体现在两个方面，全球化和信息化使得问题涉及范围广、组织部门多、具体情境复杂等特点，在合作网络中一个组织很难单独对问题的解决，需要多个组织联合来解决所面临的问题。组织的协作必然会涉及组织边界的跨越。更进一步说，不仅仅是跨越地区边界或者是跨越文化边界，更甚者跨域心理认知边界达成要素整合，实现领导力的有效性。此外，从边界的广义含义来讲，整合型领导力中对领导力理论的整合、对不同参与主体的目标整合以及不同主体所在情境的整合等都属于边界的跨越。边界跨越的目的并不是短暂的沟通与交流，而是临时性的形成一种较为稳定的合作网络，在这个网络中个参与成员可以实现知识、资源以及信息等的交流。此外，边界跨越还包括了领导小组边界的跨越，领导和成员之间可以任意的跨越自己的边界，组成效率更高的领导小组。因此边界跨越成为整合型领导力的一大特点。

最后，共同利益的分配是用共同体的思维和视角审视企业在合作网络中利益的产生，利用互联网的程序公平实现个体、组织与合作网络对利益的分配。在以前的研究中忽略了对个体的关注，仅将合作网络中组织看作是利益分配的单元[279]，但是在企业互联网转型中，个体不仅是企业的雇员，而且也成为企业的所有者，因此在共同利益分配中也要考虑个体的利益分配。由此，在整合型领导力中的共同利益分配成为整合型领导力的主要特点。

4.7　本章小结

本章通过扎根理论的分析，主要建构了企业互联网转型背景下整合型领导力的概念内涵。整合型领导力是在互联网时代下作用于组织及组织所在情境的多个层面的领导力模式。该情境下的整合型领导力主要包含了战略目标整合、混合决策、关系网络发展、边界跨越、利益共同五个结构维度。接着对其产生的促发因素以及作用的层次进行了分析。最后，在与以往研究的对比上，对其内涵与行为特征进行了分析。

第5章

企业互联网转型背景下整合型领导力
对企业转型的作用机理研究

由于在企业互联网转型背景下整合型领导力的概念内涵得到了更新与补充，因此其对企业互联网转型的作用机理也发生了变化。由于领导力在组织变革发展中具有重要的作用，对该作用机理进行研究一方面，能够熟知整合型领导力在新情境下是如何发挥作用的；另一方面，还能有利于准确把握整合型领导力的理论内涵。因此，本章依托调研的两家企业——沈阳机床与酷特智能，采用案例研究方法对该作用机理进行研究。

5.1　案　例　选　择

5.1.1　案例对象选择的原则

案例研究适合解决"是什么""为什么"和"怎么样"的问题，而本书以企业互联网转型为情境，探究该情境下的整合型领导力的本质是什么以及存在怎么样的作用机制，属于探索性研究，因而适用案例研究的方法[293~294]。与单案例研究相比，多案例研究遵循复制逻辑的原则，因而研究结论更有说服力和普适性[15][295]。因此，本书采用多案例研究的方法，选取了互联网转型企业"沈阳机床股份有限公司（以下简称：沈阳机床）"和"青岛酷特智能股份有限公司（以下简称：酷特智能）"作为研究对象。案例对象的选择主要遵循以下原则：

第一，案例的典型性。沈阳机床与酷特智能都是走在互联网转型前列的优秀企业，酷特智能从 2003 年开始就着力于互联网的转型工作，转型期长达 16 年之久。并且酷特智能作为互联网转型的典型案例，曾被央视新闻冠名报道，并作为央视纪录片进行宣传。沈阳机床从 2005 年开始转型，产生了一些互联网转型的独特模式，例如机床的租赁模式以及组织结构中的小微企业等。经过 14 年的转型之路，沈阳机床取得了令人瞩目的成就。此外，酷特智能作为轻制造业中的代表性企业，其主要业务是服装的大规模个性化定制。而沈阳机床作为大型重工业中的代表性企业，其主要业务是机床生产、服务以及客户的个性化部件加工等。综上所述，作为互联网转型背景下的两大类企业，均具有较强的典型性。

第二，数据的可获得性。本研究涉及的相关研究人员与两家企业具有良好的合作关系，能够接触到企业各个层级的人员，从而能够较为容易地获取两家企业的一手数据。此外，两家企业均是国内知名企业，在网络、新闻报道等资料中均能够较为容易和客观地获得研究所需要的二手数据。综上所述，本研究能够有效地获得各类所需的研究数据，并开展长期、深度的调研，从而充分保证了数据的可获得性。

5.1.2　案例对象选择

本书主要选取了沈阳机床与酷特智能两家企业作为案例研究对象，具体发展过程介绍如下。

（1）沈阳机床

沈阳机床成立于 1995 年。2002 年，沈阳机床经济规模排名世界机床企业第 36 位，沈阳机床正式迈进世界级企业的门槛。在 2003 年公司确立了"打造世界知名品牌，创建世界知名公司"的长远战略目标。2004年起，沈阳机床通过并购和重组的方式，形成中国沈阳、昆明及德国阿瑟斯雷本三大产业集群，顺利实现高端技术转移和跨地区、跨国经营的全新布局。2005年8月，集机床销售、零配件供应、售后服务、信息反馈功能于一体的首家机床行业4S店诞生，企业全面实现下游经销商的有机整合。2010年沈阳机床对旗下CA/CW两款核心机床实行OEM，企业的经营方式逐渐由过去单纯产品制造经营向产品、品牌、技术、服务等经营一体化转变，产品结构由中低端向中高端升级。2011年10月，经过五年自主研发，沈阳机床攻克数控系统核心技术，领先世界首创基于互联网的运动控制系统。2012年诞生首款搭载i5（Industry，Information，Internet，Integrate，Inteligent）系列智能控制系统的智能化机床。2013年，优尼斯工业服务有限公司在上海成立，沈阳机床全面实行转型升级，标志着沈阳机床由传统机床制造商全面向工业服务商转型。2014年2月，沈阳机床集团成功在全球首发i5系列智能机床、首创平台化产品开发、首推智能控制技术，并呈现围绕产品全生命周期的全新工业服务模式。2015年9月，沈阳机床集团与神州数码、光大金控合作在上海成立智能云科信息科技有限公司（iSESOL）。该公司取义于智能工业工程与在线服务平台，致力于互联网与工业的深度融合，围绕生产力协同制造、个性化云制造、平台延伸业务三大领域开展核心业务，致力于打造社会化协同的"一站式"云制造服务平台。2017年11月，面向全球发布世界首个工业操作系统i5OS发布。i5OS通过授权向设备制造商提供产品及服务，替代传统解决方案，降低开发成本，提高开发速度。如今，沈阳机床正在利用自身商业模式的影响与各地区地方政府联合开创基于智能制造共享平台的"5D智造谷"，全面助推制造业企业转型升级。

（2）酷特智能

酷特智能成立于2007年，其前身是青岛红领有限公司（以下简称：红领），红领成立于1995年，是青岛当地一家生产服饰的传统企业。进入21世纪，改革开放的脚步不断加快，中国传统服装制造业逐渐由盛转衰，在电子商务兴起的冲击下，传统服装制造企业利润极低，举步维艰，倒下的企业也不计其数。直到 2003 年，红领董事长张代理先生率先带领红领踏上转型升级之路，用 3 000 人工厂当实验室探索服装的大规模定制之路。经过多年转型实践，在服装个性化智能定制领域，摸索出了一条自主创新的发展道路，形成了独特的核心价值，产生了良好的社会和经济效益。销售额实现了年几亿元到几十亿元的转变，生产订单遍布全球，出口占比从 10% 提升到 90%，效率从三月完成一单到七天完成一单，奠定了其作为世界智能制造领先企业的地位。

酷特智能在转型之前与其他传统的服装制造业企业情况相似，即低信息化、低自动化，在经过 11 年的转型之路中，投入约 3 亿元人民币对企业进行互联网转型及信息化建设。在完成转型后成为行业乃至全球范围的标杆。酷特转型成功的案例不仅吸引国内中小企业的关注，美国、德国等一些发达国家的企业也来参观学习。2018 年，酷特智能与施华洛世奇等国际知名品牌商建立和合作伙伴关系，实现跨领域的双向融合发展。据酷特内部资料统计，每年前赴其参观学习高达 5 000 人次，为企业盈利 2 500 多万元人民币。酷特智能经过 11 年的探索，在互联网转型方面取得了很大的成绩，依托互联网转型打造了居世界前列的智能制造工厂，成为服装制造行业的佼佼者。

5.2 资料来源与收集过程

5.2.1 沈阳机床数据收集

沈阳机床的数据收集过程如下：通过半结构化访谈、非正式访谈、现场调研和二手资料整理四种数据搜集的方法获取样本企业的关键数据。本研究的数据来源中大部分来自半结构化的追踪访谈，团队分别于

2016 年 8 月、2017 年 1 月、2017 年 4 月以及 2018 年 3 月对沈阳机床进行了四次访谈，访谈调研对象覆盖企业高层领导、各部门的中层领导。调研遵循"初步预设—调研—完善理论框架—调研……"的原则，直到达到理论饱和后终止调研[302]。在访谈方面，通过整理最终获得沈阳机床录音材料约 900 分钟，录音文字整理约 14 万字。在现场调研方面，团队对企业的厂房车间进行了参观，以及作为用户亲自体验并参与到企业的生产流程中去。在二手资料整理方面，对公司官网所提供的信息、公司内部的报纸、杂志报道、第三方网站的新闻报道和相关视频资料进行了翔实的整理，具体如表 5.1 所示。

表 5.1　　　　　　　　　　　　沈阳机床调研核心内容

数据来源				数据信息统计
受访者	时间（分钟）	次数（次）	字数（万字）	主要访谈内容
深度访谈 副总经理	150	2	2.0	企业互联网转型的理解，企业互联网转型带来的行业影响，企业互联网转型的关键性尝试，企业关键发展阶段及特征，企业在互联网转型过程中的最大阻碍是什么，又是如何应对的，企业互联网转型过程中领导模式发生了什么变化
行政总监	405	3	5.1	讲述了沈阳机床在进行互联网转型过程中，业务实现了拓展，组织结构实现了创新，供应网络结构更加稳固、效率更加高，着重介绍了沈阳机床在互联网转型中小微组织模式。另外还介绍了互联网转型下的数字化信任问题等
小微主	237	3	3.6	在企业互联网转型中自己成为小微主的动机，小微组织的优势，小微企业平时是如何运作的，与之前作为员工的差别体现
车间主任	60	2	0.8	互联网转型背景下智能制造的实现，员工与消费者的互动，互联网技术的作用及影响等
销售经理	60	2	0.9	企业利用互联网与消费者互动环节的介绍，企业为吸引消费者采取的策略，企业如何应对消费者个性化的要求、遇到的问题及改进措施等

续表

数据来源	数据信息统计
现场观察	(1) 沈阳机床股份有限公司生产车间2次；(2) 沈阳机床4S体验店2次；(3) 沈阳机床工业博物馆1次
二手资料	(1) 沈阳机床股份有限公司官方网站、智能云科iSESOL云平台官方网站、Unis官方网站、沈阳机床股份有限公司官方新浪微博、SYMG微信公众号等；(2) 沈阳机床UNIS i5营销App自助体验；(3) 短视频《沈阳机床生产车间变身"创客空间"》；(4) 公司内部杂志和报刊等；(5) 搜狐网、网易财经、中国科技网、中国机床网、腾讯新闻等网页新闻报道；(6) 沈阳机床股份有限公司年度财务报表等

资料来源：整理而得。

5.2.2 酷特智能数据收集

酷特智能的数据收集过程如下：数据收集主要在2017年6月～2017年10月以及2018年12月完成，数据收集分为四个时段。

第一时段在2017年6月下旬，研究团队10人用3周时间收集了关于酷特的新闻报道、官网网页、微博、服务APP等资料。后期又用1个月时间对收集的资料进行了整理和分析，完成了对企业概况的了解，梳理了相关度较高的理论点。

第二时段在2017年8月5日～8月20日，主要通过访谈和实地调研来获得一手资料。在访谈方面，由于酷特转型时间跨度较长（10余年），企业中除了部分中层及高层外，很少有人参与到整个互联网转型过程中。而目的性抽样能够为研究问题提供最大化样本数据[294～295]。基于此，团队主要面向其高管层间断地开展了13个小时的访谈，具体如表5.2所示。其中，公司董事长是企业互联网转型的主导者，公司副总裁是企业互联网转型的执行者，而接待办经理面向外来参观和学习的团队，对外输出酷特智能的转型实践，其对于酷特智能的互联网转型成果和过程有透彻的了解。上述访谈对象都对企业互联网转型的各个环节有着深刻的理解，为本章的研究提供了丰富的资料。最终，研究团队整理形成的资料如下：一是形成了 5 份文字材料共计 8 万余字；二是企业董事长和副总裁讲解的 PPT 共计 57 页；三是接待办经理宣讲的 PPT 共计 29 页。而在实地调研方面，研究团队主要对酷特智能的样品展厅、生产车间、智能工学院进行了参观，同时还体验了"量体裁衣"服务。

表 5. 2　　　　　　　　　　　　　酷特智能调研情况

对象	时间及时长	地点	形式	内容
董事长	2017.08.11 下午 3 小时	酷特总部	受访者讲解 深度访谈	1. 企业转型历程与感受 2. 未来展望
	2018.12.10 上午 2 小时	酷特总部	深度访谈	1. 企业转型的目的与源起 2. 企业与国外企业合作
副总裁	2017.08.08 上午 2 小时	酷特总部	受访者讲解 深度访谈	1. 企业介绍 2. 转型大致经历
	2017.08.11 上午 3 小时	酷特总部	受访者讲解 深度访谈	1. 企业组织结构的转型 2. 领导模式的创新
	2017.08.15 上午 3 小时	酷特总部	深度访谈	1. 互联网转型与供应链合作 2. 企业互联网平台化的发展
	2018.12.10 上午 2 小时	酷特总部	深度访谈	1. 互联网转型最新成果 2. 企业互联网平台建设进展
接待办经理	2017.08.08 下午 2 小时	酷特总部	受访者讲解 深度访谈	1. 企业智能车间介绍 2. 企业转型成果分享

第三时段是在数据整理过程中发现尚有部分必要的信息不明和欠缺，通过给公司副总和接待办经理发送电子邮件和打电话的方式，进行了有目的性的信息补充。后续，酷特副总裁在 2017 年 10 月下旬来访我校，又解答了很多疑惑。

第四阶段是 2018 年 12 月，研究团队又委派两名博士生到酷特智能调研访谈，主要目的是直观的体会酷特智能互联网转型的成果，并与企业董事长和副总裁进行了 2 小时的访谈，访谈结果进一步验证了本研究数据的可信度。

5.3 案例描述与分析

5.3.1 酷特智能的案例分析

酷特智能进行互联网转型的过程中存在三个主要变化。首先,酷特智能进行了自主生产流程的改变,企业改变了整体的组织结构。在未采用互联网技术之前,企业的董事长张代理先生就已经意识到数据的传递作用。最开始的做法是利用布条和纸条进行数据的收录和传递,以此产生增值效应。在这一过程中,董事长张代理意识到员工的积极性普遍不高,且领导和员工之间的关系过于复杂。访谈中显示:"一个班组长管了50个人,有10个人和他关系好,这10个人希望通过关系从他那里捞点好处,比如干点轻活、多挣点工资和工时,这造成的结果就是引起了其他40个人的强烈反对,就形成了这几十个人全部和他对着干,自然而然形成一个对立的关系。"在对这种关系了解之后,张代理将一个工作组隐喻为一个家庭单元。他表示:"为了应对这种局面,我们创新了一个管理模式——家庭式的细胞单元,何为家庭式的细胞单元,就是一个家的运行都是复杂的,里外的各种事情,并不简单。但是家庭没有投票也没有选举,就会有一个领导。不用再花费单独的时间就把这个家庭治理的很顺。每个家庭没有像企业中的这种领导化,他就可以治理的这么好。我们每个车间有340个人,六个班组长,每个班组长管50多个人,如何像管理10个家庭那样管理每个班组呢,这就是我们要解决的问题。另外,它一定要像一个细胞单元,有了问题之后可以自进化和自净化。"另外,企业通过打造数据节点的方式取代了企业的部门。同时,企业利用互联网技术实现了供应链向供应网络的转变。正如酷特智能的副总裁向我们介绍的："数据就想我们手臂的动脉，当心脏将血液挤压到手臂的动脉时，五个手指是同时获得血液的，数据也是一样，从消费者那端获得数据后直接通过平台传递到共赢的网络中，所有的参与者都会依据数据做出精准的决策，进行整合运营。"最后，企业中员工的发展和幸福感得到了显著的提升。由于采用了新型的领导模式，没有直接领导对员工进行管理，而且员工的工作都是由收集到的数据所驱动开展。沿用酷特智能员工的话来解释：我们其实就是在自己给自己打工，只不过企业给我们提供了一个工作的平台。总体而言，酷特智能的员工拥有了自我发展的机会并且幸福感都很高。

（1）供应链合作网络中整合型领导力的作用机理

以往的供应网络大多是指地理临近的产业聚群，有研究指出地理临近并不是企业获得竞争优势充要条件[296]。关系临近比地理临近在企业发展中的作用更为显著[296]。企业互联网转型在供应链合作中的应用就是利用互联网技术，将已有的供应伙伴以及潜在共赢伙伴整合到依托互联网构建的平台上。酷特智能供应链合作网络中整合型领导力的作用机理的构建如表 5.3 所示。

表 5.3　酷特智能供应链合作网络中整合型领导力的作用机理及典型引用语条目

形成基础	编码结果	条目数	典型引语举例	关键词
驱动力	需求驱动	4	"现在人们的消费水平提高了，在服装和使用产品上个性化要求越来越高，并且不断的多元化"	需求多元化
		2	"消费者对于产品的需求速度要求越来越高，这也要求企业在各个环节节省时间"	需求及时满足
		5	"如果去一家服装定制商店的话，定制一件个性化的服装会在花费上比非定制服装要贵得多"	成本控制
	领导者驱动	3	"如果之关系自己的发展，那么一个企业的对手就会很多，像是各种供应商以及消费者都成了自己利益的觊觎者，还不如将他们转化成自己的合作伙伴，成为整体"	整合思维

续表

形成基础	编码结果	条目数	典型引语举例	关键词
驱动力	技术驱动	5	"利用互联网技术可以轻松地跨越地理边界，实现各种伙伴关系之间的融合"	互联网技术融合
		3	"在互联网技术引入之前，所有的联系都是通过各自企业制定报表相互联系，而互联网引入之后，通过数据联系就可以轻松取得高效联系"	数据传递
整合型领导力	战略目标整合	3	"在进行合作时，所有的行动是否按照消费者需求转换成数据后进行的，这也有利于所有参与者战略目标的统一"	统一目标指引
	跨边界能力	6	"边界的产生会一层层的降低信息的传递效率，在合作中我们相互鼓励减少层级和部门的过多参与"	减少合作边界
	关系整合	3	"我们会在平台上寻找最能满足消费者需求的供应商，并建立数据连接"	关系识别
	共同利益分享	5	"我们的合作网络中直接通过相互联系的数据进行利益的分配，利润是共同分配的，也是透明的"	利润共同分配
网络关系嵌入	信任	4	"参与合作的伙伴是相互信任的，这一点可以保证，很多供应商直接将布料放置在我们的库存中"	资本信任
		3	"数据是不会骗人的，一切按照数据来做，我们的关系就会很稳定，因为很难有信息不对称的现象发生"	数据信任
	共同解决问题	4	有些消费者的需求也是企业未曾见过的，例如对样式、布料等的要求，就需要几个合作伙伴共同解决问题	需求问题解决
打破企业边界	合作网络平台化	5	"我们构建的合作网络是一个没有边界的组织，我们希望将其建成一个平台，有资源和想获取资源的人、组织都可以参与到里面来"	打破合作网络边界
	组织边界突破	3	"组织边界的突破是必然的，消费者直接打破了原有的企业边界，直接在网络 App 是上参与服装的设计"	打破消费者边界

续表

形成基础	编码结果	条目数	典型引语举例	关键词
资源整合	资源供应	4	"信息传递每时每刻都在发生，所有的原材料信息都可以在实时的网络界面找那个查询得到，方便供应商及时的补货"	资源信息及时呈现
	资源创造	4	"供应商会将最新的布匹、纽扣等信息以数据的形式在APP和供应平台上呈现，将最新的资源信息提供给网络平台"	供应资源引入
		3	"消费者的需求会通过转化成数字化的形成存储在计算机硬件中，消费者需求数据还会按照特定的算法发生碰撞和创新整合"	需求资源整合

资料来源：由作者整理而得。

本书将酷特智能供应链合作网络中整合型领导力的作用机理图构建如图5.1所示：

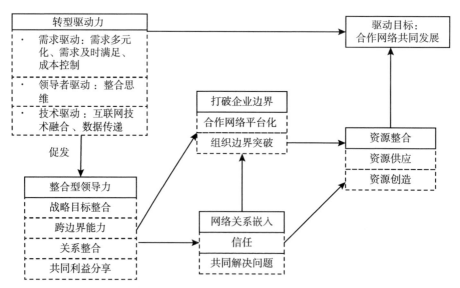

图5.1 酷特智能供应链合作网络中整合型领导力的作用机理图

资料来源：由作者绘制而得。

在酷特智能案例中，领导者意识到市场需求的变化，只有将参与合作的单元整合起来才能够实现企业的可持续发展，这是因为企业领导者往往需要格外关注市场环境的变化，动态地匹配市场环境中的潜在需求。然而单一企业却由于资源的单一性已经无法满足企业外部多样、复杂的市场需求[242,291]，所以企业领导者需要通过合作创新的方式联合网络中的关键资源来弥补资源劣势。互联网或数字化技术能够通过技术嵌入建立跨越边界的沟通渠道[206,254]，以此保障整个合作网络的共同发展和顺利运行。从以上的扎根编码中得到了企业在合作网络层进行转型的驱动力为需求驱动、领导者驱动以及技术驱动。在这三方面的驱动要素下，企业积极寻求积极参与整个供应链合作网络的机会，这也促使了整合型领导力的出现。领导者建立共同的目标导向或利益导向有助于促发合作行为的一致性与网络关系的稳定性[60,212]，促发供应网络主体行为和外部环境需求响应的高度匹配。与此同时，互联网技术驱动下，领导者构建依托数字化技术的供应链管理系统，数据的流动性特征使不同组织之间的沟通机制愈发透明化[17,201,271]。企业以标准化的需求数据为载体直接传递给供应网络中的节点，将网络节点与用户终端置于同一平台之上达到利益捆绑的目的，最终形成用户、企业和供应商为多元主体的闭环关系网络[262]。在整合型领导力的作用下，企业突破了固有边界，实现了组织的平台化运作。参与企业能够基于可视化数据所构建的关系网络建立信任机制，网络主体得以更多地了解彼此的增值贡献，并开始将来自其他领域的企业视为一种资源而非竞争对手[235]，进而激活主体共同解决问题的意愿，为资源整合提供了良好的关系基础，同时多元主体网络关系的嵌入也将有助于合作网络边界的拓展，巩固企业边界的突破，最终实现合作网络的共同发展。

（2）组织转型中整合型领导力的作用机理

组织转型是企业互联网转型的基础。只有一个适合企业互联网发展的组织结构，才能够保障企业互联网转型的成功。组织转型受到组织刚性的影响变得异常艰难，传统科层制下的"正三角"型组织结构已经不适用于企业的互联网转型发展。只有不断地创新组织结构，利用互联网等技术实现组织结构的扁平化发展，提高组织的开放性，改善领导与员工的紧张关系，才能够快速的满足消费者需求，为企业互联网转型提供基础。酷特智能组织转型中整合型领导力的作用机理的构建如表 5.4 所示。

表 5.4 酷特智能组织转型中整合型领导力的作用机理及典型引用语条目

形成基础	编码结果	条目数	典型引语举例	关键词
驱动力	管理效率低	4	"在未进行互联网转型之前，一个采购任务花费在审批的时间就至少两天，还要通过采购部门，财务部门，生产部门等多个部门的审批"	管理程序多
		3	"一个班组长管了 50 个人，有 10 个人和他关系好，这 10 个人希望通过关系从他那里捞点好处，比如干点轻省活、多挣点工资、工时，这造成的结果就是引起了其他 40 个人的强烈反对，就形成了这几十个人全部和他对着干，自然而然形成一个对立的关系"	管理对抗
		3	"以前的消费者需求进来收拾大批量的，需要多少材料，什么时间完成都是可以计算的，但是个性化定制后的需求不借助互联网就很难实现生产对接"	需求无法精准对接
	技术驱动	5	"数据可以实现在组织内部的各个节点共享，所有的节点成员根据权限可以获取自己需要的数据信息"	数据共享
		3	"在生产车间，每一个员工都自己的一个小卡片，做任务和完成任务只要刷一下卡片就可以录入数据，个人数据会进入个人的数据库，任务完成情况会在生产工序间传递"	数据信息传递
整合型领导力	混合决策	3	"在进行决策时，员工可以根据数据信息进行，结合数据信息作出自己判断"	数据决策
	跨边界能力	7	"领导者鼓励有能力的人分裂出去，自己成为一个家庭式细胞单元"	领导小组裂变
	关系整合	3	"在形成细胞单元的过程中，领导者会识别那些有技能的员工组建细胞单元"	关系识别

续表

形成基础	编码结果	条目数	典型引语举例	关键词
组织开放度	开放广度	4	"企业内部的节点直接通过 APP 可以获取消费的信息，可以直接根据消费者的信息作出相应的管理活动"	节点连接消费者
		4	"数据节点可以和供应商进行联系，通过电脑的操作就可以实现材料的补充"	节点连接供应商
	开放深度	3	"在未进行互联网转型时，企业的管理层级是比较严重的，节点整合了所有的管理层级，仅节点就够了"	节点降低企业管理层级
领导成员关系重构	管理协调	3	"我和我们细胞核的关系就是关系要好的朋友的关系，有什么做不了的任务会向他请教，他会协助我完成"	任务协助
	关系平等	3	"作为细胞核我没有控制其他人的权利，我们平时的关系也是像朋友的"	无控制权
组织柔性	结构柔性	4	"现在的公司内部没有特定的结构，都是由细胞单元和节点构成的，有多少个细胞单元我也不知道"	结构构成数量变化
		3	"节点的审批流程也是柔性化的，没有时间、地点的特殊限制，只有你有权限登入系统，就可以进行操作"	审批柔性
	流程柔性	4	"家庭式细胞单元会根据需要进行解体、裂变或者重建的，一切都是按照消费者需求来的"	领导柔性化

资料来源：由作者整理而得。

　　由于管理效率低以及技术的驱动作用，酷特智能进行了组织转型。纵向烦琐的组织层级、横向部门分立和内外需求匹配的错位造成了组织管理效率的低下，成为组织健康稳定发展的桎梏[81,98,186,189]。与网络层级的驱动原理相近，技术不仅能够嵌入外部网络同样能够与企业内部组织运作流程相互融合[198,320]，影响领导对于组织灵活性转型的反思，促发组织层级整合型领导力的构建。领导者利用信息技术解决组织困境，重塑领导与下属以及下属之间的扁平化关系，逐步促发组织转型。酷特组织转型主要体现在两个方面：一是开发了适用于互联网企业的一套领导模式——家庭式细胞单元；另一方面是利用互联网技术实现了组织内部结构的简化，建立组织内外部的数据流，以数据节点的形式代替了原来的部门，实现内外数据的实时性沟通，最大限度地降低管理消耗。家庭式细胞单元主要是打破了原有领导与员工的工作关系。传统领导力理论中 LMX 认为，由于领导者精力以及企业内资源的有限性，领导会与一部分员工建立良好的社会关系，而与其他的员工仅是建立工作上的交易关系[297~298]。在家庭式细胞单元中，领导者（在家庭式细胞单元中领导者被称为细胞核）和下属是自由选择的，细胞核与下属之间没有行政隶属关系，这也是由于互联网技术在管理中的应用，即员工的工作完成情况直接体现在互联网数据中，细胞核不参与员工的工资发放，全流程受到数据决策的支持。细胞核在其中仅是一个协调者的角色，通过影响力将一部分员工聚集在一起完成某项任务，如果员工出现特殊情况，细胞核帮助员工承担这部分任务。组织内部结构的变化主要体现在利用互联网技术打破了原有的组织边界，以数据节点的形式代替原来的部门，使得组织结构极度的扁平化，一般的管理活动都可以通过互联网来解决，例如利用互联网技术进行审批等，扁平化的组织结构以及数据节点的形成大大地提高了组织的运转效率。根据以上分析，本研究将酷特智能组织转型中整合型领导力的作用机理图构建如图 5.2 所示：

（3）员工个体发展中整合型领导力的作用机理

如陈春花教授的观点，过去员工是要了解组织的需求，而现在是组织需要了解员工的需求；在过去员工依赖组织才能创造价值，现在组织需要依靠员工来创造价值[299]。如何关注员工的发展成为组织价值创造的关键。酷特智能个体发展中整合型领导力的作用机理的构建如表 5.5 所示。

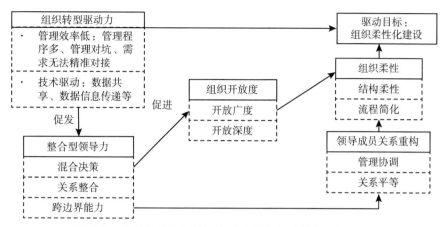

图 5.2　酷特智能组织转型中整合型领导力的作用机理图

资料来源：由作者绘制而得。

表 5.5　酷特智能个体发展中整合型领导力的作用机理及典型引用语条目

形成基础	编码结果	条目数	典型引语举例	关键词
驱动力	员工反响差	4	"员工每天都在加班，一天工作 12 个小时，从早到晚，幸福指数也是非常低"	幸福感低
		3	"在生产中，由于是人为的决策和安排，往往错误率会比较高"	错误率高
	领导者思想	5	"一个家的运行都是复杂的，里外的各种事情，并不简单。但是家没有投票也没有选举，就会有一个领导。不用再花费单独的时间就把这个家庭治理的很顺"	隐喻思维
		3	"在企业发展中，一定要关注利和义的平衡，不仅要关注企业赚了多少钱还要关注员工的个体发展"	利义平衡
整合型领导力	战略目标整合	4	"企业的发展不能把企业独立来看，在发展的过程中要注重将企业目标与员工个体发展的目标协同起来"	目标协同
	混合决策	3	"在进行决策时，员工可以根据数据信息进行，结合数据信息作出自己判断"	自我决策
	跨边界能力	7	"领导者鼓励有能力的人分裂出去，自己成立家庭式细胞单元"	鼓励裂变
	关系整合	3	"在形成细胞单元的过程中，领导者会识别那些有技能的员工组建细胞单元"	关系识别

续表

形成基础	编码结果	条目数	典型引语举例	关键词
信任	领导信任	4	"员工进行组建家庭式细胞单元时，都是自己自愿加入的，这个过程员工自然是信任选择的细胞核的"	自愿加入
		4	"企业在进行考核时，也是以整合细胞单元和个体的任务整体进行了，员工与领导没有利益冲突"	无利益冲突
	制度信任	3	"所有的工作信息都反应在数据中，一个任务用了多长时间，这个步骤会获得多少利润都会清晰的呈现"	分配公平
灵活的组织氛围	自由度高	3	"员工可以根据自己擅长的技能来选择自己的工作内容，当然如果想要挑战自己也可以选择自己次擅长的技能参与生产任务"	自我选择任务类型
	自主管理	3	"我们鼓励员工根据自己的数据卡内容查找自己的错误，并进行改正，查找期间不涉及其他个体的监控"	自我纠正错误
员工归属感	公平感	4	"当人为影响减少到最低时，员工心理上就会认为企业是公平的"	心理公平
	成就感	3	"员工在完成任务时，不再是机械地进行服装的加工制造，每一套服装都是不同的，他们会觉得是在创作"	工作创作

资料来源：由作者整理而得。

由于管理的反响没有达到领导者的预期，再加之领导者对于利与义的深刻思考，逐渐关注了员工的发展。酷特智能关注员工发展的主要特点包括两个方面：一是让员工从领导力的管制中解放出来。二是在互联网技术的支持下鼓励员工自我决策[198]。采用家庭式细胞单元的管理方式，加注重了领导成员关系的识别而不是依靠权力实现的领导成员关系的构建[35,113]。在此过程中，员工和领导者是相互选择的，领导在平时的工作中仅是一个任务协调者的角色，对员工没有实际的控制权和支配权[147,225]，员工可以自己选择加入哪一个家庭式细胞单元，在整合组织中建立起了灵活的组织氛围。并且员工的工资是由数据直接分配的，其中没有领导的干涉，也增加了对领导和制度的信任。基于以上两点，员工的公平感和成就感不断提升。另外，员工可以依靠数据信息进行自我决策，在酷特智能实现转型之前，员工几乎没有自己的决策权力，基本都是由领导者的管理构成日常的工作安排。但是在数据信息的指引下，员工可以自由的计划每天的工作量是多少，完成自我决策[198]。另外，在家庭式细胞单元中，员工可以选择自己擅长的任务加入不同的家庭式细胞单元，这也增加了自我决策的机会。根据以上分析，本研究将酷特智能个体发展中整合型领导力的作用机理图构建如图 5.3 所示：

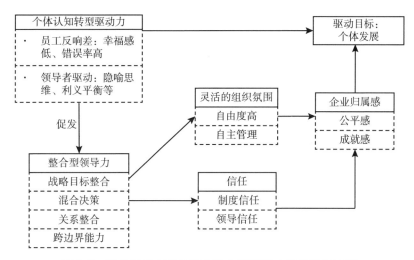

图 5.3　酷特智能组织转型中整合型领导力的作用机理图

资料来源：由作者绘制而得。

5.3.2　沈阳机床的案例分析

对沈阳机床的案例调研中发现，沈阳机床在进行互联网转型中的重大转变可以总结为以下三个方面：一是利用互联网技术实现了消费者、供应商以及服务社区的多元对接。如沈阳机床行政总监介绍："消费者可以通过互联网平台直接向沈阳机床发布任务需求，这种需求可能已经有解决方案可能还没有，不过我们有专门编码和设计的服务社区，如果消费者的需求产品无法在沈阳机床内完成加工，则会由社区内的人员通过类似于众包的形式，编码获得加工程序，再反馈给机床完成加工任务"。二是互联网转型产生了新型的组织结构关系。沈阳机床内产生了一种新型的组织结构——小微，小微是由沈阳机床内部优秀的员工成立的合法性公司，该公司主要是通过租赁沈阳机床的机床设备，接受由公司分派的内外部订单获得利益。在此过程中，机床的租赁费用、场地费等都按照一定的程序进行计算，并实时地通过互联网技术呈现。正如某小微主所说的"在这种结构中，我们不仅能够完成机床原来的订单，我们还可以以自己公司的名义出去揽活，然后机床（沈阳机床）会帮助我们管理，特别是财务上面的辅导帮助。"三是互联网转型对个体的发展和认知产生了积极的影响。互联网转型使得员工能够更深入地融入企业的发展之中，在对小微主的访谈中可以明确地体会到这种变化。"以前吧都是领导让干啥就干啥，现在不是了，现在是给自己干的经常加班，并且也愿意加班，这也算是自己的一份事业吧。另一个很重要的变化就是以前领导有一定的话语权，就是能够决定谁干的多一点，谁干一点轻松的工作，现在不是啊！所有的任务干了多少，谁干的都在电子屏幕上能体现出来，谁也变不了。"因此，从调研的主要内容总结为三个层面，即合作网络层、组织层以及个体员工层。在这三个层次的发展中整合型领导力是如何发挥作用的？接下来本研究将从这三个层面着手，利用扎根编码技术探究案例背后整合型领导力在不同作用层次上的机理问题。

（1）新型合作网络中整合型领导力的作用机理

2010 年，世界上先进的机床生产商——德玛迪为了遏制中国机床技术和市场的发展，采取恶意竞争的办法，将原来市场价每台 25 万元的机床降低为每台 15 万元，对原本利润空间不大的机床行业造成巨大冲击，用沈阳机床副总经理的话来说："每卖一台机床不是在赚钱而是在赔钱"。由于巨大的技术差距使得企业的领导者们只能采取换道超车或者通过商业模式创新实现利润获取，后者是实现换代产品的突破，沈阳机床的行政总监说道："如果我们能够开发出新一代的产品，例如汽车到电动汽车的发展，这样就有新的产业链了，我们就能够摆脱以前的技术差距实现反超"。在商业模式创新方面，企业主要实现了从制造向服务的转变，将沈阳机床从一个机床的供应商转变成为机床服务商，用销售经理的话来说就是我们现在不仅提供产品，更深层次的是产品所衍生的服务供给。沈阳机床的行政总监似乎有更加深入的认识，他认为制造业行业整体由制造向服务的转变本质上是由于互联网技术进入了制造环节，在该环节中大数据进入了生产、销售以及原材料供应的各个环节，实现了供应商、需求方以及生产方的三者联动。沈阳机床组织合作中整合型领导力的作用机理的构建如表 5.6 所示。

表 5.6　沈阳机床组织合作中整合型领导力的作用机理及典型引用语条目

形成基础	编码结果	条目数	典型引语举例	关键词
驱动力	环境驱动	6	"辽宁省政府以及沈阳市政府出台了一系列的制造业与互联网深度融合的文件"	政策推动
		6	"一些小的商家对机床有需求，但是他们又买不起一台机床，所以他们有租赁机床的需求"	需求涌现
	领导者驱动	5	"我们公司的发展一定要将战略决策目光放置到共赢网络中，现阶段如果还从自身做战略决策，就很难适应经济的发展"	战略决策
		3	"以前商品靠价差，平台经济数据分享上下游生态的彻底重构，相互博弈到资源整合后的协同共赢、共生共享"	整合思维
	技术驱动	5	"这个转型实际上不是简单地说原来提供产品现在提供解决方案，不仅仅这样。他还有根本原因，根本原因是信息技术进入了制造环节"	互联网技术融合
		3	"在高端产品上，像是五轴联动，我们照着德国的那个产品自己判断过，距人家有 20 年的差距是追不上的"	整体技术差距

续表

形成基础	编码结果	条目数	典型引语举例	关键词
整合型领导力	战略目标整合	3	"只有将不同的参与单元的目标统一起来，劲儿往一处使，才能够最终出现我们希望的局面"	目标整合
	跨边界能力	7	"互联网时代就是要我们打破边界，充分利用互联网的数字化特性打通合作模式，用公平透明的利益分配抓牢他们"	数字化突破
	共同利益分享	5	"我们的合作组织不是一个人在获利，我们要有共同体的思维，要注重利益的分配问题，每个人都要按照贡献分配利润"	利润共同分配
共赢思维传递	价值观认同	6	"大家处在一个平台上，可以通过很多方式共同获利，每一个人都要相互理解才能更好的合作"	相互理解
		5	"当大家都想着共赢的时候，特别是一个认同的领导那么说，我就会不自觉的那么去做"	受到感染
稳定的合作生态	持续性获利	5	"当一个合作达成时，如果还有相似的任务时，那么我们的合作自然会达成"	任务传递
	信任	3	"在合作网络中，通过数字化可以明确知道利益的分配情况，我们之间就不会再在猜测获利不均上浪费精力"	使用价值
打破企业边界	供需模式突破	3	"等把你扶持起来后，你可以对社会上的订单进行加工。你可以直接对接消费者的多元化需求"	直接对接消费者
	服务边界拓展	3	"如果有些不见你是无法完成了，你可以通过众包模式发布到平台上，平台上有人就会为你解答"	众包解惑
资源整合	信息共享	4	"我们的 i5 智能制造新工业体系生态，在上边的生产信息、销售信息以及运输配送信息都可以通过互联网传递"	信息传递
	知识传递	3	"主要是利用 ISESOL 在线技术解决方案上，实现解决问题所需知识的传递"	解决方案传递
		4	"机床与机床之间也会交流，也会实现基本信息和数字化知识的交流"	机器参与知识交互

资料来源：由作者整理而得。

沈阳机床的编码结果显示，环境、领导者和技术驱动整合型领导力的构建，市场环境中以机床租赁为主的多样化需求的迸发使得领导者将战略焦点投射到共赢网络的构建当中，这是由于机床产品本身的重资产特征灵活性较低，企业需要要想满足更多中小企业使用机床的需求，企业必须通过引入金融、政府、上下游供应链条形成互补资源优势的共赢网络。同时，技术环境驱动一方面，表现为互联网技术呈现出的广泛连接性与融合性带来的机遇；另一方面，则表现为一种技术差距所造成的抑制性，在一定程度上诱发了企业领导者整合技术环境中的机会与威胁的认知反馈[210,219]。受到驱动因素的影响，企业形成了以战略目标整合、跨边界能力和利益共享的整合型领导力。具体而言，互联网时代下，共赢网络构建的前提在于领导者是否能够疏通内外部边界，满足多元化网络主体的价值诉求，通过引导主体形成"一体化"的战略目标激发主体自发性共创行为[60,212,283]。领导者需要协调不同利益相关者的价值取向，以互惠承诺传达主体共赢的操作逻辑与方式，并根据不同主体之间的价值贡献程度平衡主体之间的利益分配来实现跨越边界的网络协同。网络边界的突破与共赢思维的传递为网络主体间的知识流通创造基础条件，用户能够实时观测产品制造全流程的数据信息[198]，企业则持续且实时地整合不同用户在产品使用过程数据来对接用户潜在需求，以提供个性化解决方案的形式实现知识资源的交换、共享和传递[206,303]。总体而言，转型驱动力促发了整合型领导力的形成，企业领导者通过影响企业边界的突破与共赢逻辑思维营造利润共享与彼此信任的网络氛围，维持网络合作的稳定性，进而实现网络间信息、知识资源的整合，达成合作网络共同发展的目标。

根据以上分析，本研究将沈阳机床合作网络中整合型领导力的作用机理图构建如图 5.4 所示：

（2）新型组织结构中整合型领导力的作用机理

为了能更好地适应转型之路，沈阳机床开创性地提出了符合企业发展的组织创新之路——在沈阳机床内部成立了小微组织，为了小微组织

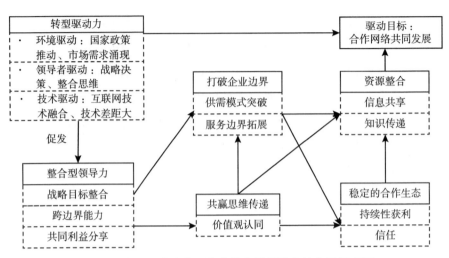

图5.4　沈阳机床合作网络中整合型领导力的作用机理图

资料来源：由作者绘制而得。

的顺利运行还为其配套构建了相应的服务平台。沈阳机床作为一个典型重工业国有企业的代表，其资本的所有权、国有企业性质以及产品的重工业属性对企业转型造成了极大的阻碍[300]。由于依赖于国家出资，员工在进行工具的使用、机床的维修保养上，材料浪费的现象比比皆是。调研中沈阳机床车间主任向我们介绍到："以前的磨刀片加工一定数量的产品就报废了，直接被工人们舍弃，但是现在小微组织成立后，工人们会特别小心地使用刀片，打个比方以前一个刀片可以加工30个零件，现在工人们可以加工35～40个，有些精确度要求不高的零件加工甚至可以再次使用。"在转型之路中，企业的领导者也在不断地思考和探索企业发展以及组织内部如何保障转型的顺利实施等问题。这引出了制造业企业常遇到的一个关键问题，即企业按照什么标准进行工资的发放。沈阳机床行政总监指出："工资的分配主要有两种，一个是计时，一个是计件，这两个也是一个过渡的过程。计时是由工序定时员确定下来，工人的工资就是根据工时来计算得来的。当换了更好的设备刀片时，工作时间会大大缩短，工人们会出现磨洋工的现象，不利于激发他们的个人能力。计件的话无论员工花费多少时间，都按照件数进行工资的计算。员工就会想方设法地缩短加工时间，只要能保证加工部件在质量范围内就可以领到工资，这就能够激活他们的工作潜力了。但是也造成一个问题就是库存会越来越多，工作部件的质量会越来越低。"因此，企业如何做到既能激活个体的潜能，又能实现产品质量的提升，还不会产生库存积压成为沈阳机床互联网转型过程中所面临的重大难题。国有企业的组织惯性比较大[302]，但是领导者们意识到要想解决这个问题必须要从组织结构上做文章。"在互联网转型的背景下，企业在各个层面都引入了互联网，不仅在生产环节，在管理制度的构建上也要使用互联网才能跟上时代的步伐。"沈阳机床的副总经理如实说到。沈阳机床组织结构创新中整合型领导力的作用机理的构建如表 5.7 所示。

表 5.7　　沈阳机床组织结构创新中整合型领导力的作用机理及典型引用语条目

形成基础	编码结果	条目数	典型引语举例	关键词
驱动力	制度缺陷	5	"当换了更好的设备刀片时，工作时间会大大缩短，工人们会出现磨洋工的现象，不利于激发他们的个人能力"	磨洋工
		3	"员工就会想方设法的缩短加工时间，只要能保证加工部件在质量范围内就可以领到工资，这就能够激活他们的工作潜力了。但是也造成一个问题就是库存会越来越多，工作部件的质量会越来越低"	库存积压
		4	"很多质检员因为和员工的关系好，或者拿了员工的回扣，本来不合格的产品在质检时填上合格，在大量的成品件中这种现象是很难以规范"	管理混乱
	技术驱动	5	"互联网进入公司的管理领域一方面能够协助小微业主们的完成基本的管理活动，另一方面在工资的计算、工作责任的承担上都会通过互联网的数据一目了然"	互联网辅助管理

续表

形成基础	编码结果	条目数	典型引语举例	关键词
整合型领导力	战略目标整合	3	"小微组织的成立，我们不是让他们没有限度地自由发展的，我们讲好的前提是小微组织战略发展需要与沈阳机床的整体发展协同起来"	目标整合
	关系整合	7	"在成立小微的时候，我们就会找平时工作比较认真，相互之间比较聊得来的人一起合作，这样合作起来也会比较舒服"	关系建立
	混合决策	5	"在进行生产决策的时候，我们会首先看一下计算机现实的生产任务完成情况，还有多大的工作能力，这些计算机就会帮助我们进行初步的决策"	数字化决策
		3	"在生产环节，我们可以自由的决定生产哪类产品，出了与公司（沈阳机床）有太大冲突的订单，我们一般还是会按照获利大小来进行生产的"	个体决策权限大
	跨边界能力	4	"在小微和企业的合作中，小微可以通过互联网机建立的平台对于沈阳机床的多个部门自由联系"	部门联系
内部平台对接	平台职能责任	6	"大家处在一个平台上，可以通过很多方式共同获利，每一个人都要相互理解才能更好的合作"	相互理解
		5	"当大家都想着共赢的时候，特别是一个认同的领导那么说，我就会不自觉的那么去做"	受到感染
	平台工作责任	4	"由于组织结构的转型，在以前很多岗位的员工就需要转岗，像是很多质检员就做市场去了，然后得到任务后就会发布到企业内部的平台上，小微主就可以抢单了"	任务发布
领导成员关系改善	建立合作关系	5	"在我们的小微形成的相互供应网络中，都是相互配合完成的，因为耽误自己的时间就会影响到别人的进度，自己心里也过意不去"	相互配合
		3	"合作伙伴都是我们自由寻找的，没有人会干涉我们这个的，我们比较自由的寻找"	自由寻求伙伴
	领导角色模糊	4	"没有具体的领导，都是工作完成的数据和总任务需求来指引着我们一块工作的，没有谁做领导，当然我们私底下会有那种喜欢跟随的人"	数据领导

形成基础	编码结果	条目数	典型引语举例	关键词
组织边界明晰	独立盈利	3	"每一个小微组织的财务都是独立的，都有自己的账号，沈阳机床是不参与他们的财务管理的"	财务独立
	企业性质	3	"每一个小微企业都是成立了自己公司的，他们都是具有独立企业性质的组织"	成立公司
组织结构柔性	边界柔性	4	"在整合沈阳机床，你可以去寻找适合自己的合作伙伴，只要你们两个人达成了共识，你们就可以一起做事了"	人员灵活调动
	结构简化	3	"由于成立小微组织，大家都可以自己负责自己的产品质量和数量，质检员数量就会很少"	职能人员减少
		4	"互联网技术引入后，以前排班做生产计划的岗位基本就不需要了，小微主自己就可以完成"	岗位减少

资料来源：由作者整理而得。

组织层面的编码显示，组织整合型领导力的构建受到组织制度缺失与互联网技术的双重驱动[193,289]。由于传统计时与计件工资制度的缺陷，造成企业内部管理成本的居高不下。造成这种现象的本质在于员工与企业的利益绑定。对于领导者而言，领导者需要帮助员工建立与企业共同发展的主观意愿和目标导向，塑造双方共同发展的组织氛围，这是整合型领导力促进小微组织转型的根本性前提。为此，领导者一方面，要赋予组织员工更大的决策权，使得员工为自己打工；另一方面，领导者要整合个体之间的合作关系，通过跨边界能力为员工疏通不同职能部门之间的限制，使员工能够根据需求跨越部门自由组合，以此充分激活组织内部员工的交互创造性[308,35,113]。在这一过程中，一方面，领导成员关系产生了巨大冲击，企业内部平台实现了无领导化，依托于数据的领导模式将员工与领导的关系由追随式转向合作式，其主要原因是基于数据可视化的混合决策方式加强了企业内部管控的力度，关系整合与跨边界能力形成的扁平化效应使得领导角色模糊[17,198]；另一方面，企业形成了平台化的组织架构，平台内部的对接方式发生了改变，平台员工彼此相互理解、相互传播和相互影响，他们更倾向于不受限制地自发性搜寻与任务相关的关键资源进行组合。组织边界的模糊与领导成员关系的突破成为组织结构柔性化的基础[308]，小微组织的诞生缩减了大量部门领导，使得层级结构趋向于扁平化。此外，组织的形成与瓦解完全依据共同的目标导向自由组合，组织边界柔性化得到提升。总体而言，企业受到组织转型的驱动，从制度与技术着手，通过构建整合型领导力，实现了内部平台对接方式与领导成员关系的优化，划清了组织边界，赋予组织结构柔性，实现了组织柔性化的建设。

根据以上的分析，本研究将沈阳机床组织转型中整合型领导力的作用机理图构建如图 5.5 所示：

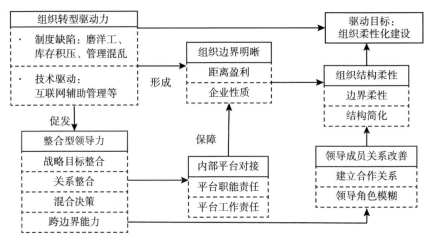

图 5.5　沈阳机床组织转型中整合型领导力的作用机理图

资料来源：由作者绘制而得。

（3）个体行为认知转变中整合型领导力的作用机理

对于沈阳机床这一类的大型制造业企业而言，员工普遍缺乏自我发展的思考，大部分员工认为自己拥有一个"铁饭碗"而消极怠工。正如沈阳机床行政总监介绍："大部分的基层员工学历也不高，每个月完成自己的基本任务，领着工资就完事了，他们有的十几年都是这样的模式过来的，一时间也很难改变他们的思考方式。"个体认知模式的转变是企业转型的关键，尽管互联网技术已经进入了企业的各个运行环节，但是员工对于企业发展的积极作用还是应该得到领导者的重视。在沈阳机床内关于个体认知主要有三方面的特点：首先，个体行为的转型是由个体自我认知水平决定的。自我认知水平一般是指个体对其自身的观察和理解。由于国有企业是建立在强政治基础上的行政管理体制，承担着比较重要的社会责任，企业发展虽然稳定但却存在较大的刚性。体制环境限制了员工认知的发展与创新。在国有企业中，特别是大型设备企业的个体创新水平是比较低的，一般员工的工作都是被分割后的具体操作任务，持续性地重复既定的工作使得员工对自身的创新能力产生怀疑。其次，员工固有思想认为国有企业环境稳定，"旱涝保收"，在这样的环境中员工的工作主动性受到严重的抑制。这在一定程度上影响了企业整体发展的进程。最后，员工对于企业归属感的自我认知较低。国有企业中很大一部分员工认为资产是国家的和集体的，与个人没有关系，自身行为并不会影响到自己的工资水平，个体与企业之间不存在相互绑定的利益关系，因此在企业的发展中员工无法获得成就感，员工的企业归属感也相对较低。沈阳机床员工个体行为认知转变中整合型领导力的作用机理的构建如表5.8所示。

表5.8 　　个体行为认知转变中整合型领导力的作用机理及典型引用语条目

形成基础	编码结果	条目数	典型引语举例	关键词
驱动力	思维固化	5	"在大型设备企业干久了，哪还有创新啊，就是把自己干的那部分干完就好了，企业也不需要创新，我们也不会多想"	缺乏创新意识
		4	"很大一部分员工就是按时上下班，草草地完成了自己的工作就下班回家，也不会在自己加工产品的质量上做过多的思考"	消极怠工
	企业社会责任	5	"作为国有企业你有社会责任你不能随便减人。总理提出了转岗不下岗，我们得想法转岗不下岗"	转岗压力

续表

形成基础	编码结果	条目数	典型引语举例	关键词
整合型领导力	战略目标整合	3	"每个小微企业的业绩都和沈阳机床挂钩，每个小微业主的目标要和企业的整体目标一致才能共同发展"	个体与企业目标整合
	混合决策	7	"在进行决策是不是小微业主说了算，也不是企业说了算，而是依托数据分析的多主体决策"	数字化多主体决策
	共同利益分享	5	"在整合企业，我们也会定期地进行思想工作的宣传，我们是一个整体，我们的利益是共同分配的，不是个人所拥有的，但是我们依托互联网技术会保持公平"	利润共同分配
自主权增加	工作任务自由	6	"租着企业的机床，我们可以随时地进行工作的，理论上一天 24 个小时就可以工作，没有上下班的约束"	时间自由
		5	"任务在平台上发布，也可以自由地出去谈业务，所有的业务都是自己说了算的"	任务自己决定
企业归属感	安全感	5	"在这样的一个大企业的帮助下，只要我能好好干，企业就不会倒，我也能接着干"	企业帮助
	工作使命感	3	"企业在进行转型过程中，肯定会遇到很多困难，就是我们能够做的不仅仅是为了自己，也是为了企业，毕竟也是工作了这么长时间的，还是有感情的"	关心企业存亡
信任	制度信任	3	"数据是不会骗人的，并且现在管理很透明，直接将数据实时地体现出来，干了多少，费用多少"	数据管理
	人员信任	3	"现在合作的人员，都是自己挑选的合作伙伴，都认识很长时间了，大家也不会为了一点点利益相互欺骗的"	情感基础
自我效能感	技能提升	4	"就是自己干了之后，要在最快的时间内做出最好的工件，这样才能赚到更多的钱"	关注时间和质量
	自信	4	"我觉得我能够胜任这份工作，并且我能够自由的掌握我需要的东西，这就让我非常有自信"	胜任力

资料来源：由作者整理而得。

　　因此根据以上分析，本书将沈阳机床员工个体行为认知转变中整合型领导力的作用机理图构建如图5.6所示：

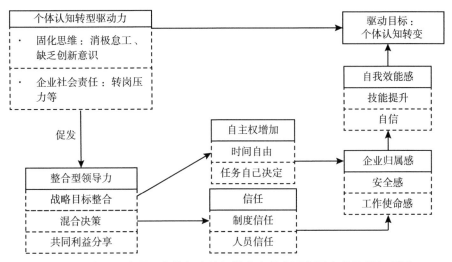

图5.6 沈阳机床员工个体行为认知转变中整合型领导力的作用机理图

资料来源：由作者绘制而得。

　　由于员工的固化思维比较严重以及企业需要承担较大的社会责任，就逼着企业不得不转变员工的已有认知。在这样的情境驱动力之下，促使着整合型领导力发挥作用。整合型领导力通过战略目标整合将个体的目标与企业的战略目标整合到一起，增加了员工个体对企业的信任，同时在整体战略目标下员工可以自由的工作，员工自主权得到增加；从混合决策的角度来讲，企业给了员工更多的决策权，员工可以根据自己的实际情况安排工作，自主权也得到了提升，同时由于决策权力的下放，在公司的发展中有自己决策的参与，势必会增加度企业的信任；从共同利益分享的角度来讲，由于员工的利益与企业的利益挂钩，员工和企业是利益共同体，两者之间的信任程度会不断的增强。由于两者的从属关系发生了变化，有以前的隶属关系变成了现在和合作关系，员工的自主性也得到了有力提升；自主权的增加以及企业信任的增加都提升了员工的企业归属感，同时自我效能感不断得到增强，促使着员工个体认知的转型。

5.3.3 酷特智能—沈阳机床的跨案例分析

沈阳机床与酷特智能在企业互联网转型中整合型领导力的作用机理比较结果如表5.9所示。

表5.9 沈阳机床与酷特智能在企业互联网转型中整合型领导力的作用机理比较

层次	沈阳机床			酷特智能		
	合作网络	组织转型	个体认知	合作网络	组织转型	个体发展
驱动力	环境驱动	制度缺陷	思维固化	需求驱动	管理效率低	员工反响差
	领导者驱动	技术驱动	社会责任	领导者驱动	技术驱动	领导者思想
	技术驱动	—	—	技术驱动	—	—
整合型领导力						
战略目标整合	√	√	√	√		√
混合决策		√	√		√	√
关系整合		√		√	√	√
跨边界能力	√			√	√	
共同利益分享	√		√	√		
作用机理	共赢思维传递	内部平台对接	自主权增加	网络关系嵌入	组织开放度	信任
	稳定的合作生态	领导成员关系改善	企业归属感	打破企业边界	领导成员关系重构	灵活的组织氛围
	打破企业边界	组织边界明晰	信任	资源整合	组织柔性	员工公平感
	资源整合	组织结构柔性	自我效能感	—	—	员工成就感
作用结果	网络共同发展	组织柔性化建设	个体认知转变	网络共同发展	组织柔性化建设	员工个体发展

注：由作者整理而得。

在进行单个案例分析的基础上，研究进一步展开跨案例分析。由于沈阳机床和酷特智能在企业性质、公司产品的性质等方面都存在者较大的差异，因此，研究通过对比分析探索样本企业在转型过程中整合型领导作用的共性与差异性，总结出整合型领导力的一般作用机理，查找差异化作用机理背后的逻辑，不仅能够为整合型领导力的理论发展提供新的视角，对企业的互联网转型也能提供更丰富的实践指导。

为了直观比较沈阳机床与酷特智能在企业互联网转型中整合型领导力的作用机理，本章在理论分析框架的基础上分别构建了两个企业中整合型领导力的作用机理图示，如图5.7和图5.8所示。

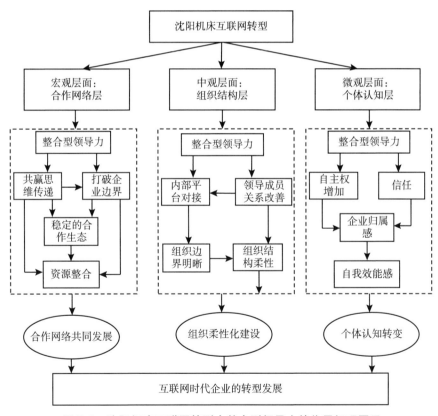

图5.7 沈阳机床互联网转型中整合型领导力的作用机理图示

资料来源：由作者绘制而得。

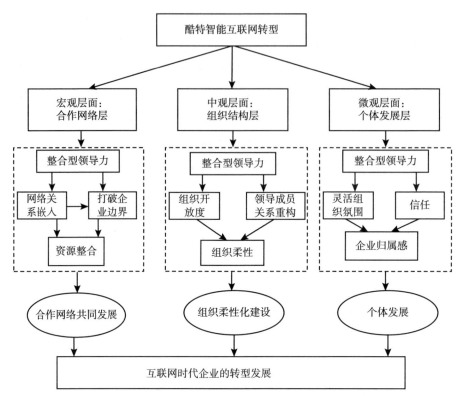

图5.8 酷特智能互联网转型中整合型领导力的作用机理图示
资料来源：由作者绘制而得。

在跨案例分析的基础上，本书构建了具有共性的整合型领导力的作用机理图示，如图5.9所示。

在对两个案例跨层次分析上，整合型领导力在两个企业的互联网转型的作用层次，基本的作用机理上都存在着比较大的相似点。主要体现在：首先，在合作网络的作用层次上整合型领导力实现了对企业边界的打破，实现合作网络成员间稳定的合作关系，最后实现资源的整合。其次，在组织转型层，整合型领导力将主要的注意力放到了组织结构与领导成员关系的重构上，实现组织的柔性化。最后，在个体认知与发展层面，整合型领导力增加了员工的自由活动空间，提高了员工的信任感，以此增加员工的企业归属感，最终实现员工的认知转变与个体发展。但是两个企业中整合型领导力的作用机理也存在着不同之处，主要体现在组织柔性化建设中内部结构的改变上，沈阳机床是一家重工业企业，并且具有国有企业性质，其内部的组织结构刚性较大，并且机床类重工业产品结构灵活性较低，因此，企业领导者采用先通过建立一个边界明晰的组织结构，改善内部的管理问题，在新建立的灵活组织结构基础上实现整体组织的柔性化，这种组织变革思路与 Jing 和 Van 提出的组织势理论也正好契合[301]。

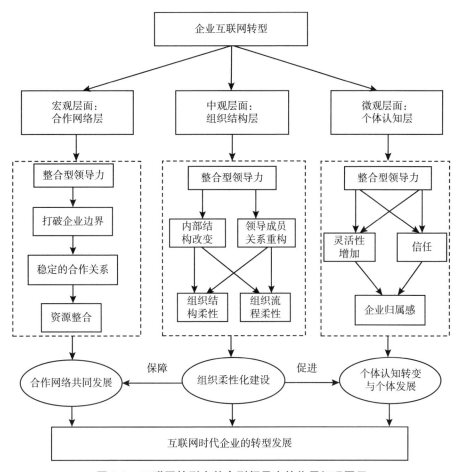

图 5.9　互联网转型中整合型领导力的作用机理图示

资料来源：由作者绘制而得。

5.4　研究发现与讨论

5.4.1　合作网络中整合型领导力促进资源获取

合作网络中整合型领导力主要是通过战略目标的整合，打破企业边界，创造良好稳定的合作网络环境，实现资源的交互。企业在互联网时代的发展经历了更加动荡的生存环境，领导者们也意识到只有不同创新主体间建立合作网络才能实现企业的创新发展，组织合作网络也成为企业发展的重要组织形式[302]。先前的研究中，学者们也发现通过经验式的合作形成的跨组织惯例可以提升合作网络的绩效，同时也会对组织合作网络的治理产生积极地影响[204]。依托互联网的合作模式相较于传统合作模式具有更强的信息透明性与规则明确性，因此组织间的跨组织惯例更容易被识别，资源的交互也就更容易发生。利贝斯金德等学者（2012）研究认为合作网络成员间通过合作与相互之间学习建立的网络是一种复杂的社会网络，这种社会网络治理的本质是合作网络的关系治理[303]。在互联网的环境下，企业首先建立合作平台，在平台内由于参与合作的企业众多，企业自身精力不足，企业与合作网络中的成员所建立的是一种弱关系，只有在需求任务驱使下才与合作网络中的成员建立合作关系[36][304]。这与产业集群以及供应链中依托地理位置临近等原因建立的长期合作关系存在着比较大的差异[305]。因此，在互联网平台中的合作网络建立一个良好的合作氛围是关键的。整合型领导力在组织合作网络中，依托互联网的数据传递，能够将不同合作组织间的目标整合起来，一致的战略目标来自市场的需求。战略目标的整合是实现网络合作的关键一步，只有在共同的目标指引下，才能够保证合作的稳定[46]。整合型领导力中的边界跨越能力能够使企业跨越组织边界，进而实现信息资源的流通与整合，在一定程度上促进了组织间的开放式创新[306~307]。此外，整合型领导力会在合作网络中形成共同管理与决策的合作行为，这也会增加合作成员间的信任，提升资源获取的机会[308]。因此，整合型领导力可以通过在组织合作网络中组织战略目标的整合、跨越企业边界以及在合作网络中建立良好的合作氛围促进资源的获取。一方面，整合型领导力能够为企业资源获取提供路径上的帮助；另一方面，也能够为企业资源的获取提供整体环境的帮助。

5.4.2　组织层面中整合型领导力利于组织结构的柔性建设

以往的研究中，有学者提出了有机组织结构的概念，该种组织结构具有灵活、宽松的氛围以及分权等特点。在这种组织结构中，企业不设置永久的固定职位和职能界限严格确定的部门，只要便于成员达成工作目标，可以不受正式规章制度的约束，成员之间不仅有自上而下的沟通，而且还能使用水平沟通以及自下而上的沟通，员工高度参与决策过程[302][309]。与其相对的一种组织结构是机械式的组织结构，在机械式的组织结构中，员工受到严格的控制，基本上没有自主决策权。过往的研究中，尽管存在着研究情境的差异，但整体而言有机组织的组织结构给组织带来正面的作用是更明显的[310~311]。有机的组织结构与企业互联网转型下柔性的组织结构本质上是相似的。根据有机组织结构的特点，整合型领导力通过跨边界能力以互联网技术为依托实现企业内部部门的边界跨越，因此其就能够在企业内部将一些具有特定职能的部门边界打破，在企业内部形成柔性化的结构。酷特智能形成了家庭式细胞单元的组织形式，为组织柔性化创造条件，企业利用互联网数据打通了企业内部各个部门的边界，以数据节点和家庭式细胞单元来进行决策活动与管理。在沈阳机床企业内部领导者开创性地提出了构建小微组织结构，小微组织结构是以企业的性质存在的，其资源依附于沈阳机床进行发展，但是也可以自由的在社会上接订单进行加工生产。

在企业互联网转型的组织柔性化中的重要支撑是领导模式的创新，直接体现就是领导与员工关系的改变。在机械式的组织结构中，领导与员工的关系是紧张的，适用于 LMX 的理论建构情境。但是在整合型领导力的作用下，企业实现了领导与员工关系的重构，整合型领导力中的混合决策以及关系整合，能够使得领导与员工建立一种平等的领导与成员关系，这也是对传统领导成员关系的挑战。在新型的领导成员关系中，领导和员工可以自由的组合与搭配，并且没有直接的行政隶属关系，领导者仅作为协调者与追随者畅通的交流，员工和领导也可以根据自己的实际情况以及互联网数据反映出来的情况，进行自身的决策。因此整合型领导力可以通过组织结构以及领导关系的重构，实现组织的柔性化建设。

5.4.3　个体层面整合型领导力增加员工的自我效能感

员工的自我效能感是指员工在特定情境下是否有能力实施行为的预期[312]，学者研究认为自我效能感在认知与行为之间起到中介作用，并且是行为的决定因素[313]。整合型领导力对个体认知行为的影响主要表现在三个方面：一是充分的授权。根据领导授权理论，领导通过授权行为，会增加下属对工作意义的获得和参与感的提升，满足下属的自我决定需要，促使下属更加投入工作[288][314]。尽管整合型领导力与领导授权理论中的授权还存在着区别，但是这也足以证明授权对于员工潜力的激发作用。整合型领导力依托于互联网技术，将工作的数据直接呈现给员工，企业领导者并不对员工采取直接的控制，而是鼓励员工依托数据进行自我决策。二是灵活的组织结构，整合型领导力的跨边界能力突破了原有的领导与下属的边界，将领导和下属的职位、角色进行了重构，以灵活的形式、动态的结构实现员工对领导和组织的自我认同。三是关于下属的信任。整合型领导力倡导的是共同利益的分配，并且依托于数据进行呈现，所有的员工能够直接获取自己的工作内容、工作职责以及工作收益。在其工作的考核以及利益的分配方面都不涉及领导和其他部门人员的干涉，能够客观反映在数据上，这势必会增加员工对于组织和领导的信任。信任包括两种类型，一是认知信任，基于对他人能力、品性等个人特征而产生，是理性判断的结果；二是情感信任，反映双方之间的情感状况[315]。整合型领导力指导下的领导小组构建也是基于认知信任和情感信任的，出于对领导和组织的信任，员工会更有信心的完成组织任务。在授权的环境氛围、灵活的组织结构以及对于对组织和领导的信任的三重作用下，员工的参与感以及自我效能感不断增加，最终实现自我发展。

5.4.4　跨层次的整合型领导力作用机理构建

从动态能力的视角来看，企业互联网转型是一个创新来获取动态能力的过程。弗兰克研究了个体层级、企业层级与网络层级创新驱动要素，研究结论发现这三个方面具有不同的创新来源和合作驱动力，并且每个层面上的影响是存在差异的[316]。古尔尼塔（2013）在研究不同层级的作用时，发现不同的层级在面临合作网络的选择时是存在差异与相互影响的，这种差异与相互之间的影响能够对合作网络的治理起到提升作用[317]。整合型领导力跨层次作用机理主要包括三个方面：一是柔性组织结构能够保障合作网络的顺利运行，为企业发展提供稳定的资源获取路径。柔性组织结构建设能够保障企业间合作时顺利的跨越组织边界，形成稳定的平台型商业生态系统，通过涌现型的价值主张，将价值共创网络转化为包含多主体的复杂网络系统，企业在该复杂网络系统中实现资源的扩散、整合、激活以及协同[318]。二是柔性的组织结构能够促进员工效能感提升。首先，从组织结构的角度来说，沈阳机床中的小微依托于沈阳机床，尽管小微组织没有自己的管理辅助部门，但是依托于沈阳机床这一大型企业能够给小微组织中的员工更大的信心，员工也会出于对企业的信任，提升自我的效能感。酷特智能的节点能够将员工从繁杂的工作中解放，依托互联网的数据分析，员工对完成任务的信心更足，效能感更高。其次，柔性组织机构中出现的领导与成员关系能够提升员工的企业归属感。领导成员之间灵活的关系，使员工的自我认知发生变化，员工由以前的被动工作意识转变为自我实现的主动追求，从企业的雇佣者成为合作共同体的一员，企业的归属感逐渐得到提升[319]。三是整合型领导力共同利益思想的传递能够同时作用于三个层面。整合型领导力无论在组织的合作网络层、组织层还是个体层对于共同体的观念传递均有助于不同主体积极地参与合作。

5.5 本 章 小 结

本章以沈阳机床以及酷特智能为案例研究对象，对整合型领导力在企业互联网转型中合作网络中不同层次的作用机理进行了研究。在合作网络中整合型领导力主要是通过战略目标的整合，打破企业边界，创造良好稳定的合作网络环境，实现资源的交互；在组织层，整合型领导力可以通过组织结构以及领导关系的重构，实现组织的柔性化建设；在个体层，整合型领导里的作用机理主要体现在授权的环境氛围、灵活的组织结构以及对组织和领导的信任，员工的参与感以及自我效能感的不断增加，最终实现自我发展。另外，本章指出组织内部柔性结构的构建能够保障稳定的资源获取路径，柔性组织结构有助于实现员工效能感提升，整合型领导力共同利益思想的传递能够促进主体的合作共赢，揭示了整合型领导力的跨层次作用机理。

第6章

企业互联网转型背景下整合型
领导力的量表开发

在上一章节中利用案例研究的方法研究了整合型领导力在企业互联网转型中的作用机理。由于案例研究中包含的案例企业数量有限，难以实现利用大样本对整合型领导力在企业互联网转型的作用进行实证检验。只有开发出企业互联网转型背景下整合型领导力的测量量表才能进一步的实现对整合型领导力作用效能的实证检验。因此，本章主要研究目的就是要对整合型领导力的测量量表进行开发。

6.1　初始量表构建

6.1.1　调研目标选择

整合型领导力是企业互联网转型中新兴的一种领导力类型。由于互联网的联通作用，使得整合型领导力的作用范围涉及企业发展的各个层级与各个业务单元。互联网将整个企业的内部打通并实现了与合作网络的结合，这其中与整合型领导力的实施是密不可分的。本章以企业互联

171

网转型背景下整合型领导力的量为主题的调研主要遵循以下原则：首先，选择的企业是互联网转型或正在转型中已经取得了一定成就的企业。进行这部分企业的调研，一方面，能够检验整合型领导力是否真正的出现在企业互联网的转型情境中；另一方面，也能够检验整合型领导力在企业转型中的影响。其次，在调研的人员选择上，尽量覆盖到公司的每一个层级的人员，包括了企业的高层领导、中层领导、基层领导以及员工。这是由于整合型领导力是一个具有整合特性的领导力类型，其作用于互联网影响下公司的每一个层面。企业互联网转型的一个特点就是将员工、企业与合作网络整合到一起，如果仅从领导者的角度设计调研问题，那么问题的设计以及数据收集都会存在一定的片面性。

本章主要是依托在进行互联网转型背景下整合型领导力概念内涵与行为特征研究中收集的数据，另外为了进一步确定理论饱和性，本书又依托研究团队的社会关系对北京、苏州 2 家互联网转型企业进行了开放式、半结构化以及结构化的访谈调研，调研的分析结果能够容纳到之前的编码内容中去，这也说明企业互联网转型背景下整合型领导力概念内涵的建构达到了理论饱和点。这也为企业互联网转型背景下整合型领导力的测量提供了很好的基础。

6.1.2　整理与归纳量表题库

尽管整合型领导力是一个新兴的领导力类型，但是在对其概念研究时发现内涵中的一些关键的构念与已有研究中的非常类似，因此本章在进行样本库的构建时，需要将这部分已有构念的测量工具考虑进来，这些已有的量表题项成为企业互联网转型背景下整合型领导力量表初始题库中的一部分。另外，本章根据在第 4 章进行的扎根编码分析，对整合型领导力概念背后的范畴进行再处理，形成一部分初始的调研题项，作为量表题库的一部分。

（1）已有相似构念的量表题项总结

本章根据整合型领导力的特征、相似的领导力类型以及扎根编码中的构念为依据，对相似的构念进行查找。经过对比查找，查找到与企业互联网转型背景下整合型领导力相似的构念包括合作网络中的整合型领导力、信息化领导力、共享型领导力、授权型领导力、目标一致性和行为整合等。

合作网络中的整合型领导力主要是由张大鹏和孙新波（2017）[37]在西尔维亚和麦奎尔（2010）[72]、克罗斯比和布赖森（2010）[36]以及奥佐伦等学者（2013）[88]的基础上通过扎根理论的方法，得到合作网络中整合型领导力的概念为一种以参与合作单元的领导要素整合与战略决策整合为依托，以关系整合为核心，通过制定达成共识的运行机制与保障机制，实现多方共同利益的网络式动态化的合作驱动力与保障力。在此基础上，两位学者还对整合型领导力的量表进行了设计，量表题项如表6.1所示。

表6.1　　　　　　　　　合作网络中整合型领导力的测量量表

序号	题项	1	2	3	4	5
1	在项目合作中，领导班子成员具有与项目相关的专业技术与技能					
2	在项目合作中，领导者具有能够协调组织间关系的能力					
3	在项目合作中，领导者能够引导下属参与任务完成					
4	在项目合作中，领导者为组织间任务完成设定愿景与使命					
5	在项目合作中，领导者能够对各组织的目的进行整合归一					
6	在项目合作中，确保合作成员能够共同参与战略的制定					
7	在项目合作中，确保合作成员能够共同参与项目决策					
8	在项目合作中，确保各合作成员及外界对合作的认可					
9	在项目合作中，确保合作成员间能够平等高效的沟通					
10	在项目合作中，确保合作成员间能够实现知识资源信息的共享					
11	在项目合作中，确保各个合作成员之间能够相互信任					

序号	题项	1	2	3	4	5
12	在项目合作中，能够根据具体的情境选择领导方式					
13	在项目合作中，为合作成员设定了绩效评估办法					
14	在项目合作中，能够制定一定的规则和约束条款					
15	在项目合作中，能够在项目实施钱前制定应急预案					
16	在项目合作中，在项目开始时构建核心的引导团队					
17	在项目合作中，能够把利益相关团体引入到合作中来					
18	在项目合作中，能够与利益相关者建立伙伴关系					
19	在项目合作中，能够与利益相关者维持好伙伴关系					

注："1"代表"非常不符合"；"2"代表"不符合"；"3"代表"一般"；"4"代表"符合"；"5"代表"非常符合"。

信息化领导力是领导者领导企业正确地部署、配置和融合现代信息技术，引领企业更好地应对信息化挑战的能力，具体表现在企业的领导者们通过面对、认知、学习和采纳信息技术，决策、组织、协调、推进和保障企业的信息化活动，从而使企业中的个体、群体、甚至是组织本身在思维方式、工作行为、工作绩效等方面产生积极的变化，其最终目标是帮助企业获取竞争优势[320]。在对信息化领导力分析的基础上，王磊（2015）对信息化领导力的测量工具进行了开发[321]，主要包括以下的题项内容，如表6.2所示。

表6.2　　　　　　　　信息化领导力的测量量表

序号	题项	1	2	3	4	5
1	领导者能够认识到信息技术在整个企业运营、发展中的重要作用					
2	领导者能够意识到推进企业信息化的重要性					
3	领导者能够主动接受新兴信息技术，拥有不断学习、不断进步的意识					
4	领导者将企业信息化发展当作日常工作的一部分					

续表

序号	题项	1	2	3	4	5
5	领导者能够从总体上思考与把握企业信息化的方向					
6	领导者能够提出企业信息化发展的总体战略及思路					
7	领导者主动支持与企业总体发展战略相契合的企业信息化战略					
8	领导者能够根据信息化工作的内容，组织人员开展信息化工作					
9	领导者能够激励下属、协调下属开展信息化工作					
10	领导者能够有效地处理信息化过程中的冲突事件					
11	领导者能够企业中营造出良好的信息化文化氛围					
12	领导者能够制定或监督制定信息化相关的制度					
13	领导者能够从宏观上推动信息化工作					
14	领导者能够掌控企业信息化工作的最新进展					
15	领导者能够控制企业信息化发展的大方向					
16	领导者能够在资金上保障信息化工作的顺利开展					
17	领导者能够在技术上保障信息化工作的顺利开展					
18	领导者能够在设备上保障信息化工作的顺利开展					

注："1"代表"非常不符合"；"2"代表"不符合"；"3"代表"一般"；"4"代表"符合"；"5"代表"非常符合"。

共享型领导力是指领导角色动态转化的一个过程，随着任务以及情境的变化，领导职能会在不同成员之间转移[322]。或者是根据情境的不同，领导角色在组织内不同成员间的转移。某个人在一种情境下是领导者，在另一种情境下就会切换成被领导者，以便更好发挥每个人的优势[323~324]。由于共享型领导力与企业互联网转型中整合型领导力的作用机理以及在关系的整合等特征上的相似性，因此本章也将共享型领导力的量表进行分析，提炼出适用于本研究的元素，加入本研究情境下整合型领导力量表开发的初始题库中。共享型领导力的测量量表内容如表6.3所示。

表6.3 共享型领导力的测量量表

序号	题项	1	2	3	4	5
1	所有成员自发地改进团队的工作流程					
2	所有成员会主动地创立新工作方法以提高团队绩效					
3	所有成员主动提出建设性意见以改进团队运作					
4	所有成员自发地提高团队有效性					
5	所有团队成员向其他成员寻求建议					
6	所有成员从其他团队成员那里寻求可能会影响自身工作的外界因素信息					
7	所有团队成员从其他成员的工作成就里寻找可能会影响他们自身工作的信息					

注："1"代表"非常不符合";"2"代表"不符合";"3"代表"一般";"4"代表"符合";"5"代表"非常符合"。

根据授权理论,学者们对授权型领导力有两种不同的看法,一种是将授权型领导的重点界定为领导者的授权行为,包括领导者将职权下放做出的各种措施[5];另一种则将授权型领导的核心解读为下属对于领导者授权的心理体验和感知,包括下属对于权力下放行为的接受程度和效果,在于是否起到振奋员工工作情绪和提高工作积极性的作用[325]。企业互联网转型中的整合型领导力不仅增加了员工自我决策权力,同时也提升了员工的心理授权。因此,也将授权型领导的一些概念特质对应的测量题项引入本研究情境下整合型领导力量表开发的初始题库中。授权型领导力的测量量表内容如表6.4所示。

表6.4 授权型领导力的测量量表

序号	题项	1	2	3	4	5
1	我的领导鼓励我无需他的直接干预而自行寻找问题的解决办法					
2	我的领导教促我自行担负责任					

续表

序号	题项	1	2	3	4	5
3	我的领导建议我在面对突发问题时不要总是去寻求他的许可，而要自己处理					
4	我的领导鼓励我不要依赖他的指导而去自行寻找解决办法					
5	我的领导鼓励我将问题视为机遇而不是挫折					
6	我的领导建议我在问题背后寻找机遇					
7	我的领导鼓励我将失败的个人表现当作学习的机会					
8	我的领导敦促我和组织里的其他员工像团队一样合作					
9	我的领导鼓励我和组织里的其他员工在一起工作					
10	我的领导建议我和组织里的其他员工共同努力					
11	我的领导让我觉得是和他"一起"工作而不是"为他"工作					
12	我的领导努力寻找方法帮助他人追求卓越					
13	我的领导鼓励员工参与工作以外的社会服务和志愿者活动					
14	我的领导强调回馈社会的重要性					

注："1"代表"非常不符合"；"2"代表"不符合"；"3"代表"一般"；"4"代表"符合"；"5"代表"非常符合"。

过去的研究已经表明目标一致性对于企业或组织目标的实现具有重要的意义[326]。Bouillon 等学者（2006）依托代理理论以及管家理论研究认为目标一致性主要包括了两个方面：管理者自愿接受组织战略的程度和管理者们对其组织战略达成共识的程度[327]。该量表能够为企业互联网转型背景下整合型领导力中的战略目标整合提供参考，因此将目标一致性的一些概念特质对应的测量题项引入本研究情境下整合型领导力量表开发的初始题库中。目标一致性的测量量表内容如表 6.5 所示。

表 6.5　　　　　目标一致性的测量量表

序号	题项	1	2	3	4	5
1	企业内部员工的个人目标能够与组织目标保持一致					
2	企业内部员工的个人目标能够与上下级人员的目标保持一致					

序号	题项	1	2	3	4	5
3	企业员工的个人目标能够与同部门、同层级的其他员工保持一致					
4	企业内不同部门或组织的目标能够保持一致					

注："1"代表"非常不符合";"2"代表"不符合";"3"代表"一般";"4"代表"符合";"5"代表"非常符合"。

行为整合提出是为了描述团队相互协作的程度[328]。姚振华和孙海法(2009)认为行为整合主要是指团队在决策现场的参与行为,因此将团队行为整合定义为"团队成员主动积极地分享信息、资源和决策的行为过程"[329]。能够对企业互联网转型背景下整合型领导力中战略目标整合、混合决策以及关系整合等提供更深的理论认识。因此将行为整合的一些概念特质对应的测量题项引入本研究情境下整合型领导力量表开发的初始题库中。行为整合的测量量表内容如表 6.6 所示。

表 6.6 行为整合的测量量表

序号	题项	1	2	3	4	5
1	团队内鼓励大家提出各自不同意见					
2	团队成员的不同意见都能得到认真对待					
3	团队成员有不同意见时能够进行争论					
4	讨论过程中,成员间偶尔会发生比较激烈的争辩行为					
5	团队成员决策时能充分地分享相关信息					
6	团队成员经常进行非正式交流					
7	团队成员经常讨论相互的期望和要求					
8	某位成员忙时,其他成员都会帮助他分担工作任务					
9	团队成员经常互相支持工作					
10	当成员负责的工作领域间的配合出现问题时,常会互相告知					

注："1"代表"非常不符合";"2"代表"不符合";"3"代表"一般";"4"代表"符合";"5"代表"非常符合"。

（2）根据扎根编码得到的问项设计

根据第 4 章的数据编码结果，设计了 15 个具体问项，如表 6.7 所示。

表 6.7 扎根编码得到的测量问项

序号	题项	1	2	3	4	5
1	在合作之前，领导者会与参与者商讨合作目标，最终达成一致性的认知					
2	领导者会考虑所有参与者的目标，并将参与者目标整合到共同目标中去					
3	领导者会与参与者共同制定行动规则，所有人将按此规则执行					
4	参与者能够提出自己的想法，并根据自己的情况作出决策					
5	组织做出决策的依据很大一部分是来自原互联网的数据					
6	组织内的信息交流通畅，可以多主体间商讨着作出决策					
7	在合作建立之前，参与者会根据自身需求有一个关系识别的过程					
8	领导和成员的关系比较灵活，领导没有绝对的领导权但关系还是稳定的					
9	领导者作为协调者和目标指引着的角色出现在合作网络中					
10	领导者构建的组织内外部的结构比较简洁，容易实现合作					
11	参与者可以自由的选择想要加入的团队和合作网络					
12	信息、资源与知识等交流阻碍小，成员可以实现整合创新					
13	无论组织内部还是组织间，构建的利益分配机制是合理和公平的					
14	在合作之前，所有的参与单元都会达成保障任务完成的共识					
15	无论在组织内部还是在组织合作网络中，利用互联网技术能够找到问题的根源					

注："1"代表"非常不符合"；"2"代表"不符合"；"3"代表"一般"；"4"代表"符合"；"5"代表"非常符合"。

（3）企业互联网转型背景下整合型领导力的量表题库

根据以上两方面的资料的整理，本章邀请了两名从事管理学研究的博士研究生对以上材料进行分析，经过每个题项的严格比对和分析，最终获得了企业互联网转型背景下整合型领导力的测量问项题库。具体的题项内容如表6.8所示。

表6.8 企业互联网转型背景下整合型领导力的测量问项初始题库

序号	题项	来源
1	在合作之前，领导者会与参与者商讨合作目标，最终达成一致性的认知	扎根编码
2	领导者会考虑所有参与者的目标，并将参与者目标整合到共同目标中去	扎根编码
3	领导者会与参与者共同制定行动规则，所有人将按此规则执行	扎根编码
4	参与者能够提出自己的想法，并根据自己的情况作出决策	扎根编码
5	组织做出决策的依据很大一部分是来自原互联网的数据	扎根编码
6	组织内的信息交流通畅，可以多主体间商讨着作出决策	扎根编码
7	在合作建立之前，参与者会根据自身需求有一个关系识别的过程	扎根编码
8	领导和成员的关系比较灵活，领导没有绝对的领导权但关系还是稳定的	扎根编码
9	领导者作为协调者和目标指引着的角色出现在合作网络中	扎根编码
10	领导者构建的组织内外部的结构比较简洁，容易实现合作	扎根编码
11	参与者可以自由的选择想要加入的团队和合作网络	扎根编码
12	信息、资源与知识等交流阻碍小，成员可以实现整合创新	扎根编码
13	无论组织内部还是组织间，构建的利益分配机制是合理和公平的	扎根编码
14	在合作之前，所有的参与单元都会达成保障任务完成的共识	扎根编码
15	无论在组织内部还是在组织合作网络中，利用互联网技术能够找到问题的根源	扎根编码
16	领导敦促组织里的员工像团队一样合作	授权型领导力
17	在项目合作中，确保各合作成员对合作的认可	整合型领导力
18	团队成员决策时能充分地分享相关信息	行为整合
19	当成员负责的工作领域间的配合出现问题时，常会互相告知	行为整合
20	某位成员忙时，其他成员都会帮助他分担工作任务	行为整合
21	企业员工的个人目标能够与同部门、同层级的其他员工保持一致	目标一致性
22	企业内部员工的个人目标能够与组织目标保持一致	目标一致性
23	领导让员工觉得是和他"一起"工作而不是"为他"工作	授权型领导力

序号	题项	来源
24	领导努力寻找方法帮助他人追求卓越	授权型领导力
25	所有成员自发地提高团队有效性	共享型领导力
26	所有成员主动提出建设性意见以改进团队运作	共享型领导力
27	在项目合作中，确保合作成员间能够平等高效的沟通	整合型领导力
28	领导者能够认识到信息技术在整个企业运营、发展中的重要作用	信息化领导力
29	领导者能够制定或监督制定信息化相关的制度	信息化领导力
30	团队成员的不同意见都能得到认真对待	行为整合

根据企业互联网转型背景下整合型领导力所处的情境，在不改变原意的基础上对相关问项的表达进行了修改，也增加问卷题项的情境适应性。

6.2　预调研与项目纯化

构建的 30 个题项形成的企业互联网转型背景下整合型领导力的初始题库，为的是每个题项都能够清晰和准确地表达出整合型领导力的含义，本章对每一个题项又进行了语言的精简和反复锤炼。接下来，本章邀请了部分实践者和理论研究者对初始的题库进行了内容效度的评价。主要的目的是检查题项能否表达整合型领导力的概念内涵，另外是否各题项之间存在着语义的重合，争取做到构建的研究量表精简而全面。

本书邀请了 4 位在企业互联网转型中的实践者组成了实践组对形成的初始题库进行检验。这 4 位实践者分别来自服装、信息、机械以及家居四个行业，并且都具有 3 年以上的工作经验，能够对整合型领导力的内涵和作用机理有着比较准确的理解和评价。实践小组内的专家指出题项 6 和题项 27 表达的意思之间存在着交叉与重复，这两个题项最好能够整合到一起。题项 1、题项 3 以及题项 17 之间存着在交叉，主要是题项 17 是题项 1 和题项 3 形成的基础，因此需要将三个题项进行重新的提炼与整合。题项 2 与题项 21、题项 22 意思重合，需要将重复的题项删除。题项 25、题项 26 与题项 14 表达的意思重合度较高，需要将三者整合后删除多余的题项。由于通过扎根理论获得的题项来自实践数据的分析，对整合型领导力评价更具有针对性，因此，在进行问卷修改时，侧重保留了以扎根理论为基础设计的题项。最终，根据实践专家的建议，本书删除了题项 17、题项 21、题项 22、题项 25、题项 26 和题项 27。另外，在研究团队邀请了两名博士研究生和两位管理学教师组成的学术组对初始题库进行评价。经过讨论，学术组的专家认为信息化领导力是企业互联网转型的基础，但是不应该将其纳入整合型领导力的内涵中来，因此建议删除题项 28 和题项 29。由于题项 3 已经体现了共同决策的意思，建议将题项 18 删除。另外，根据整合型领导力的内涵，题项 16 和题项 23 含义重合，应该将题项 23 修改为"领导让员工觉得是'为自己'工作而不是'为他'工作"。最终，根据学术组的意见，本书删除了题项 16、题项 18、题项 28 和题项 29，并对题项 23 进行了修改。根据以上的分析，本书获得了企业互联网转型背景下整合型领导力的初始量表。

随后将修正后的 20 个题项组成的初始量表做成调查问卷，调查问卷采用了李克特 5 点量表的形式（设置的五个级别分别是非常不符合、不符合、一般、符合和非常符合），向互联网转型企业中的领导和员工发放问卷，进行量表的预测试与项目纯化。本书向互联网转型的目标企业，发放问卷 150 份，回收 123 份，其中纸质问卷 100 份，回收 73 份，有效问卷 62 份。利用互联网工具发放问卷 50 份，回收有效问卷 50 份，因此共获得有效问卷 112 份，有效回收率 74.67%。

对预调研的数据进行项目分析，据丘吉尔指出 Item - to - Total 相关系数需要大于 0.4 并且确保题项删除后 α 系数不明显降低。未删除题项之前，企业互联网转型背景下整合型领导力的初始测量量表的 α 系数为 0.943。然后对进行 Item - to - Total 相关系数检验，具体的项目分析结果如表6.9所示。

表6.9　　　　　　　　　　　初始量表的项目分析

序号	题项	CITC	项已删除的α系数	α	备注
1	在合作之前，领导者会与参与者商讨合作目标，最终达成一致性的认知	0.532	0.945		保留
2	领导者会考虑所有参与者的目标，并将参与者目标整合到共同目标中去	0.551	0.941		保留
3	领导者会与参与者共同制定行动规则，所有人将按此规则执行	0.673	0.939		保留
4	参与者能够提出自己的想法，并根据自己的情况作出决策	0.617	0.945		保留
5	组织做出决策的依据很大一部分是来自原互联网的数据	0.727	0.941		保留
6	组织内的信息交流通畅，可以多主体间商讨着作出决策	0.723	0.941		保留
7	在合作建立之前，参与者会根据自身需求有一个关系识别的过程	0.567	0.942		保留
8	领导和成员的关系比较灵活，领导没有绝对的领导权但关系还是稳定的	0.743	0.941	0.943	保留
9	领导者作为协调者和目标指引着的角色出现在合作网络中	0.616	0.942		保留
10	领导者构建的组织内外部的结构比较简洁，容易实现合作	0.762	0.941		保留
11	参与者可以自由的选择想要加入的团队和合作网络	0.708	0.941		保留
12	信息、资源与知识等交流阻碍小，成员可以实现整合创新	0.639	0.942		保留
13	无论组织内部还是组织间，构建的利益分配机制是合理和公平的	0.582	0.941		保留
14	在合作之前，所有的参与单元都会达成保障任务完成的共识	0.622	0.942		保留

序号	题项	CITC	项已删除的 α 系数	α	备注
15	无论在组织内部还是在组织合作网络中，利用互联网技术能够找到问题的根源	0.633	0.943		保留
16	当成员负责的工作领域间的配合出现问题时，常会互相告知	0.378	0.942		删除
17	某位成员忙时，其他成员都会帮助他分担工作任务	0.719	0.942		保留
18	领导让员工觉得是和他"一起"工作而不是"为他"工作	0.642	0.941		保留
19	领导努力寻找方法帮助他人追求卓越	0.234	0.943		删除
20	团队成员的不同意见都能得到认真对待	0.719	0.943		保留

资料来源：由作者绘制而得。

从以上的结果分析来看，本测量量表除题项 16、题项 19 相关系数小于 0.4 上除外，其他题项基本都符合要求，不需要对其他题项进行删除。因此，本测量问卷保留原有的 18 个题项。经过项目纯化，企业互联网转型背景下整合型领导力纯化后的量表包含了 18 个题项，接下来对这 18 个题项进行进一步的数据分析。

6.3　数据收集与初步分析

6.3.1　数据收集

将修订后的量表依托社会关系，向互联网转型的企业发放。选择企业的原则是转型期已经初见成效或者在业内已经成为转型标杆的企业。发放的对象主要是企业内的各层级领导者以及核心员工。本章调查的主

要对象包括了 IT 企业、制造企业等处于转型期的企业。本问卷收集的区
域主要包括东北地区、华北地区、华东地区以及华南地区。共发放了
280 份调查问卷，通过邮件、微信以及问卷星软件等方式进行问卷的发
放回收与利用。问卷共回收了 218 份，将无效问卷剔除后获得有效问卷
共 184 份，则问卷回收率为 77.86%，有效回收率为 65.71%。问卷调
查对象的人口特征统计如表 6.10 所示。

表 6.10　　　　　　　人口特征统计（N = 184）

统计变量	类别	人数（个）	百分比（%）
性别	男	107	58.15
	女	77	41.85
年龄	20~29 岁	26	14.13
	30~39 岁	73	39.67
	40~49 岁	62	33.70
	50 岁以上	23	12.50
职位	一般职员	56	30.43
	基层领导	87	47.28
	中层领导	28	15.22
	高层领导	13	7.07
受教育程度	高中及以下	2	1.09
	大专	74	40.21
	本科	89	48.37
	硕士及以上	19	10.33
公司性质	国有企业	76	41.30
	私营企业	83	45.11
	集体制企业	25	13.59

6.3.2　数据初步分析

区分度主要是检验量表中的每一个题项与量表整体的关联性。本研

究借鉴吴明隆和涂金堂（2012）推荐的项目分析方法[330]，主要步骤如下：第一步，将所有的反向题项得分反向（本书设计的量表没有反向题项，故此步骤可以省略）。第二步，单个样本测量的数据相加，求出整合量表的总分。第三步，将总分进行排序，得分高的前27%为高分组，得分低的后27%为低分组。第四步，利用独立样本T检验的方法，对两组中每一个题目上的得分是否有显著的差异。第五步，删除不显著的题项。本书检验的主要结果如表6.11所示。

表6.11　　　　　以高低分组的区分区检验结果（N=184）

序号	题项	T值	结果
1	领导者构建的组织内外部的结构比较简洁，容易实现合作	11.3 **	保留
2	参与者可以自由的选择想要加入的团队和合作网络	12.5 **	保留
3	信息、资源与知识等交流阻碍小，成员可以实现整合创新	9.3 **	保留
4	参与者能够提出自己的想法，并根据自己的情况作出决策	8.9 **	保留
5	组织做出决策的依据很大一部分是来自原互联网的数据	10.3 **	保留
6	团队成员的不同意见都能得到认真对待	11.6 **	保留
7	组织内的信息交流通畅，可以多主体间商讨着作出决策	13.2 **	保留
8	无论组织内部还是组织间，构建的利益分配机制是合理和公平的	10.2 **	保留
9	在合作之前，所有的参与单元都会达成保障任务完成的共识	9.7 **	保留
10	领导让员工觉得是"为自己"工作而不是"为他"工作	9.9 **	保留
11	无论在组织内部还是在组织合作网络中，利用互联网技术能够找到问题的根源	11.2 **	保留
12	在合作之前，领导者会与参与者商讨合作目标，最终达成一致性的认知	12.6 **	保留
13	领导者会考虑所有参与者的目标，并将参与者目标整合到共同目标中去	10.9 **	保留
14	领导者会与参与者共同制定行动规则，所有人将按此规则执行	9.8 **	保留
15	在合作建立之前，参与者会根据自身需求有一个关系识别的过程	11.3 **	保留
16	领导和成员的关系比较灵活，领导没有绝对的领导权但关系还是稳定的	13.4 **	保留
17	领导者作为协调者和目标指引着的角色出现在合作网络中	8.5 **	保留
18	某位成员忙时，其他成员都会帮助他分担工作任务	10.9 **	保留

　　　注：*** 表示 p<0.001，** 表示 p<0.01，* 表示 p<0.05。

根据数据分析的结果发现，每一个题项都与总分呈现正相关关系，因此在该项目检验中不需要删除任何的题项。

6.4　量表的结构分析

6.4.1　探索性因子分析

对新收集的数据再次进行探索性因子分析。主要考虑到在项目纯化过程中删除了几个因子载荷小于 0.4 的题项，为了保证研究的严谨性，在正式量表中再次进行探索性因子分析。首先，对新收集的数据进行了 KMO 检验，检验的结果为 0.886，超过了建议的临界值 0.7。并且 Barlett 球性检验显著，结果为 p < 0.001。因此接下来可以进行探索性因子分析。探索性因子分析的主要结果如表 6.12 所示。从探索性因子的分析结果来看，企业互联网转型背景下整合型领导力的量表通过了探索性因子的检验。

表 6.12　　整合型领导力量表的探索性因子分析（N = 184）

序号	题项	F1	F2	F3	F4	F5
1	在合作之前，领导者会与参与者商讨合作目标，最终达成一致性的认知	0.671	0.102	0.234	0.076	0.207
2	领导者会考虑所有参与者的目标，并将参与者目标整合到共同目标中去	0.552	0.314	0.113	0.119	0.081
3	领导者会与参与者共同制定行动规则，所有人将按此规则执行	0.513	0.272	0.283	0.278	0.069
4	参与者能够提出自己的想法，并根据自己的情况作出决策	0.081	0.486	0.175	0.099	0.207

序号	题项	F1	F2	F3	F4	F5
5	组织做出决策的依据很大一部分是来自原互联网的数据	0.117	0.597	0.283	0.176	0.027
6	团队成员的不同意见都能得到认真对待	0.072	0.631	0.012	0.311	0.214
7	组织内的信息交流通畅，可以多主体间商讨着作出决策	0.103	0.609	0.301	0.207	0.093
8	无论组织内部还是组织间，构建的利益分配机制是合理和公平的	0.112	0.204	0.582	0.182	0.173
9	在合作之前，所有的参与单元都会达成保障任务完成的共识	0.152	0.215	0.669	0.049	0.215
10	领导让员工觉得是"为自己"工作而不是"为他"工作	0.162	0.353	0.712	0.158	0.093
11	无论在组织内部还是在组织合作网络中，利用互联网技术能够找到问题的根源	0.224	0.203	0.593	0.087	0.203
12	领导者构建的组织内外部的结构比较简洁，容易实现合作	0.237	0.247	0.105	0.511	0.127
13	参与者可以自由的选择想要加入的团队和合作网络	0.064	0.112	0.093	0.624	0.162
14	信息、资源与知识等交流阻碍小，成员可以实现整合创新	0.087	0.215	0.243	0.493	0.313
15	在合作建立之前，参与者会根据自身需求有一个关系识别的过程	0.191	0.133	0.077	0.124	0.662
16	领导和成员的关系比较灵活，领导没有绝对的领导权但关系还是稳定的	0.149	0.103	0.103	0.196	0.703
17	领导者作为协调者和目标指引着的角色出现在合作网络中	0.082	0.224	0.224	0.196	0.517
18	某位成员忙时，其他成员都会帮助他分担工作任务	0.127	0.203	0.203	0.196	0.533

6.4.2 验证性因子分析

本章主要利用 AMOS20.0 采用因子模型的分析方法对企业互联网转型背景下整合型领导力的量表进行验证性因子分析。主要的步骤如下：第一步，将所有的因子放到一个模型中去，将该模型记为模型 1；第二步，在五个因子中任意选出一个因子作为一部分，另外的四个因子作为一部分，进行二因子模型检验，共得到 5 组拟合指数，将拟合指数最好的那组对应的模型记为模型 2；第三步，在五个因子中任意选出两个因子分别作为两部分，另外的三个因子作为一部分，进行三因子模型检验，共得到 10 组拟合指数，将拟合指数最好的那组对应的模型记为模型 3；第四步，在五个因子中任意选出两个因子分别作为一部分，另外的三个因子分别作为一部分，进行四因子模型检验，共得到 10 组拟合指数，将拟合指数最好的那组对应的模型记为模型 4；第五步，探索性分析中的五个因子分别作为一部分，进行五因子模型检验，得到 1 组拟合指数，记为模型 5。具体的分析结果如表 6.13 所示。

表 6.13　　　　　　　因子模型拟合指数对比　（N = 184）

指标	χ^2/df	GFI	NFI	IFI	CFI	RMSEA
模型 1	22.670	0.890	0.880	0.790	0.890	0.131
模型 2	17.590	0.900	0.890	0.870	0.900	0.107
模型 3	13.650	0.900	0.900	0.880	0.900	0.082
模型 4	6.540	0.910	0.910	0.890	0.910	0.064
模型 5	2.760	0.910	0.900	0.910	0.920	0.043

从数据分析的结果来看，从模型 1 ~ 模型 5，模型的拟合指数不断的趋优，因此，可以得出结论模型 5 为最优模型（如图 6.1 所示），对

应着分析出的五个因子。通过验证性因子分析，计算各维度的 AVE 值，得到五个维度的 AVE 值分别为：0.538、0.612、0.630、0.595 和 0.580。从图 6.1 中可知两个维度之间相关系数最大值为 0.35。可知 0.35 * 0.35 = 0.1225 < 0.538，各维度的因子载荷系数都大于 0.707，因此判断该变量各维度间区别性明显。

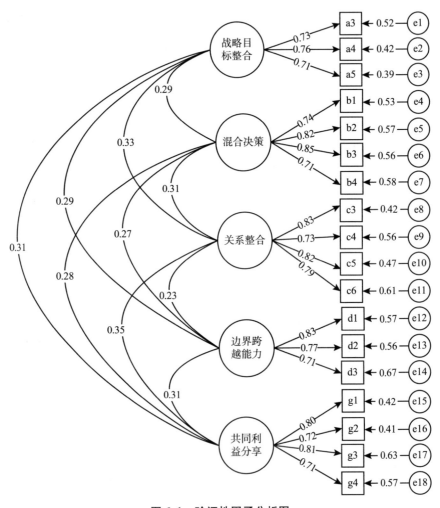

图 6.1　验证性因子分析图

6.5　构成式量表的校验

构成式量表是指不可观测的潜变量是由可观测指标引起的，测量指标共同决定着潜变量的定义和内涵，潜变量不能脱离测量指标而单独存在。反应式量表是指可观测指标是由不可观测的潜变量引起的，并且潜变量是可观测指标的主因子，潜变量是独立于测量指标存在的。由于整合型领导力的初始量表构成是根据扎根编码得到 15 个对应范畴以及与已有相似变量内涵对应的题项构成。从指标的可互换性上讲，由于是来自于扎根理论的分析，各个范畴的本质内涵不存在交叉冗余，因此各个范畴对应的维度都是企业互联网转型背景下整合型领导力的有机组成部分，如果增加或删减任何一个因子都会影响整合型领导力的概念内涵。因此从可互换性上讲，本章构建的整合型领导力量表是构成式量表。从指标的共变性上讲，整合型领导力的各个维度内涵之间的相关性比较低，各维度之间不存在共变性的问题，而反应式量表需要维度之间具有较高的相关性，这也能说明本章开发的整合型领导力量表是构成式量表。因此本章按照构成式量表的检验方法来进行接下来的工作。

6.5.1　因子有效性与共线性检验

由于构成式量表维度之间不存在明显的相关性，因此无法通过计算克朗巴哈 α 系数和组合信度等反映指标间一致性的参数来判断。在进行构成式量表的检验时需要计算构念的因子有效性以及是否存在多重共线性。因此，根据迟嘉昱等学者（2013）的观点，本章检验了整合型领导力构成因子与整合型领导力相关构念的相关性及其显著性[92]。在进行这一部分检验时，最大的难点是查找到能够可识别的整合型领导力。通过阅读文献，本书按照整合型领导力的概念内涵查找到与之相关的变量是张大鹏和孙新波（2017）发表在《管理学报》上的一篇文章，开发了合作网络中的整合型领导力量表（如表 6.1 所示）。该量表是合作网络中整合型领导力的反应式量表，共包含了 5 个维度 19 个题项[37]。为了检验企业互联网转型背景下整合型领导力的有效性，本书设计如图 6.2 的检验模型。图 6.2 左侧为企业互联网转型背景下整合型领导力的五个维度，构成了整合型领导力的构念。图 6.2 右侧为合作网络中整合型领导力的五个维度，反映了整合型领导力的内涵。从检验的结果来看，企业互联网转型背景下整合型领导力的五个维度与整合型领导力的因子权重分别为 0.291、0.119、0.307、0.191 以及 0.157，并且因子权重至少在 0.01 水平上是显著的，说明构成整合型领导力的五个因子都是有效的（如图 6.2 所示）。另外，由于关系整合与边界跨越能力之间容易造成交叉，因此本章着重检验了两个维度的相关性，从相关系数上看可认定两者之间的相关性较小，可忽略。

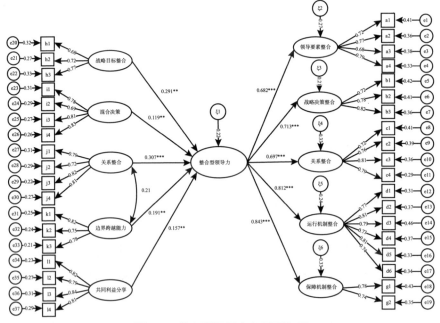

图 6.2 整合型领导力各因子权重

注：*** 表示 p < 0.001，** 表示 p < 0.01，* 表示 p < 0.05。

另外，本章中整合型领导力构念中各一阶因子的膨胀方差因子（VIF）的值分别为 1.832、2.107、1.857、2.273 和 1.671，均小于 Diamantopoulos 和 Siguaw（2006）建议的 3.3 的临界值。因此，多重共线性对构成式整合型领导力模型的有效性不造成影响。

6.5.2　量表的效度检验

尽管收敛效度与判别效度对企业互联网转型背景下整合型领导力的效度检验意义不大，这也是由于构成式量表的属性决定的。因此，本章着重检验了企业互联网转型背景下整合型领导力的内容效度和理论构建效度。

（1）内容效度检验

本书设计的问卷题项来源于两方面，一是来自扎根理论提炼出的范畴，二是借用国内外学者的相关量表。在此基础上得到问卷初稿，经过实践组和学术组的讨论，根据相关建议进行调整后定稿，因此，本书的问卷具有一定的内容效度。

（2）理论构建效度

由于构成式的量表各维度之间不具有明显的相关性，采用聚合效度和判别效度来检验构成式量表模型的效度是意义不大的[92]。因此需要将整合型领导力引入以往的研究模型中，观察是否具有一致性的研究结论来判断整合型领导力是否具有理论构建效度（如图 6.3 所示）。

在以往的研究中张大鹏和孙新波（2017）研究了合作网络中整合型领导力对组织创新绩效的影响[37]。因此本研究也采纳此模型，将新情境下整合型领导力对组织创新绩效的影响进行检验，由于新情境下的整合型领导力与合作网络中的整合型领导力在内涵与作用机理上都存在一定的重合，因此，以此模型探究就有较强的信服度。本章也选用了张大鹏和孙新波（2017）研究中组织创新绩效相同的测量量表，由于研究情境的变化，本章将原有题项中的"合作以来"改为了"企业互联网转型以

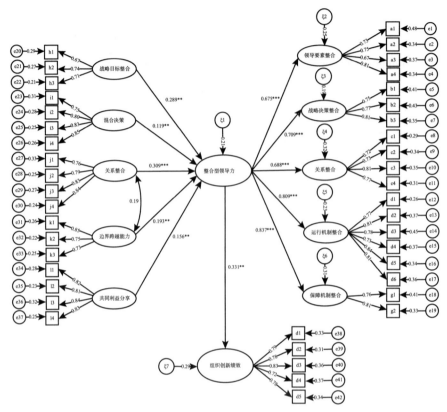

图 6.3 整合型领导力与组织创新绩效的相关关系

注：*** 表示 p＜0.001，** 表示 p＜0.01，* 表示 p＜0.05。

来"具体的题项包括"企业互联网转型以来，创新研发支出降低；企业互联网转型以来，新专利数量增加；企业互联网转型以来，新产品数量增加；企业互联网转型以来，专利与技术交叉引用率增加；企业互联网转型以来，公司有效地进行了生产技术改进"。利用学校 MBA 关系，通过微信等信息沟通软件发放问卷 200 份，回收 157 份，由于采用问卷星设计的问卷，在提交过程中已经排除了无效问卷的可能，因此本次问卷回收的有效率为 78.5％。从结果来看，整合型领导力与组织创新绩效之间存在明显的相关关系（β＝0.331，p＜0.01）。此外，从图 6.2 与图 6.3 的企业互联网转型背景下整合型领导力五个维度的因子权重系数来看，相差不大，说明该系数具有良好的稳定性。因此，可以认为整合型领导力的测量量表具有一定的理论构建效度。

6.6　本 章 小 结

本章主要对企业互联网转型背景下整合型领导力的量表进行了开发。通过扎根理论的分析结果问题化以及与探究变量相关的已有研究量表构建了初始题库。通过实践者与理论研究者的分析，借助数据分析软件对初始的题库进行了纯化，最后构建了包含 18 个题项的企业互联网转型背景下的整合型领导力量表。在正式量表形成后，在回收到 184 份有效问卷的基础上，针对构成型量表的特殊检验方法，检验了整合型领导力量表的因子有效性、共线性以及效度检验，检验结果良好。

第7章

整合型领导力对企业间
协同创新绩效的影响

在上一章节中本书已经开发了整合型领导力的测量量表，接下来在相关理论的支撑下，以企业间协同创新绩效为结果变量，指代合作网络层整合型领导力的效能指标，同时引入知识整合、网络关系嵌入等变量，以此探究其在合作网络中的效能机制。

7.1 研究假设

7.1.1 整合型领导力对企业间协同创新绩效的影响

布莱森和克罗斯比等学者（2006、2010）在跨部门合作网络的基础上首次构造了整合型领导力的研究框架[36][63]，随后张大鹏和孙新波等学者在对相关文献分析以及扎根理论分析的基础上提出了基于多组织合作的整合型领导力的概念，认为整合型领导力是一种以参与企业的领导要素整合与战略决策整合为基础，以关系整合为核心，通过制定达成共识的运行机制与保障机制，实现多方共同利益的网络式动态化的合作驱动力与保障力,并通过实证研究方法检验了其在中国情境下的适用性[8][72][88]。本书研究的整合型领导力是在企业互联网转型情境下产生的,企业互联网转型的一个重要特点就是企业突破边界,与合作者形成紧密的合作网络,因此合作网络中整合型领导力对企业间协同创新的影响也能够从侧面佐证企业互联网转型背景下整合型领导力对企业间协同创新绩效的影响。从本书构造的企业互联网转型背景下整合型领导力的概念内涵分析来看。首先,整合型领导力的跨边界能力能够促进合作网络中的企业相互打破边界,实现核心知识的融合,增加企业间相互学习的机会[331]。知识的融合会为合作网络提供创新的资源,最终实现合作网络企业间协同创新绩效的提升[318]。其次,从战略目标整合的角度出发,已有学者从关系的视角论述了合作战略能够为企业和其合作伙伴带来竞争优势[332]。整合型领导力中的战略目标整合,能够保障合作网络中的企业拥有共同的战略目标,实现协同创新发展[333]。最后,从关系网络发展的视角出发,合作网络中企业间协同创新绩效的提升离不开创新资源的支持。整合型领导力能够引导鼓励利益相关企业参与到合作网络中来,通过关系的整合实现资源的引进,为合作网络中企业协同创新绩效的提升提供物质技术上的保障[334]。

基于此,本书就整合型领导力与企业间协同创新绩效之间的关系作出如下假设:

H1:整合型领导力正向影响企业间协同创新绩效。

7.1.2 整合型领导力对知识整合的影响

根据整合型领导力的概念特征,其是一种具有边界跨越和关系网络发展等特征的领导力类型。本书就其对知识整合作用的理论推导主要基于以下两个方面:一是整合型领导力具有跨越组织边界的属性。整体合作网络有助于知识的沟通与交流,整体合作网络中所涉及的整合型领导力可以实现多相关团体或组织的有机组合,实现边界跨越,能够为组织间提供相互学习的机会，同时能够促进组织间思路、想法以及观点等的传播与扩散，从而解决组织遇到的问题，实现成员间的共同利益和整体网络的高效运作[335]。当传播的知识与某个组织内部创新活动所需的知识吻合时，知识整合就会发生。二是整合型领导力具有关系整合的特性。关系整合对于知识整合的影响主要体现在两方面：其一，外部关系的搜寻、建立与维持，这成为资源获取的有效途径。有学者指出，一个企业建立的外部关系越多，知识整合就越容易发生[332]。这是由于当企业建立多个外部关系时，这些外部网络拥有多样化的异质性资源，其能够接触、获取到更多的外部资源与信息，并促进知识在组织间的沟通与交流，从而有利于企业全方位的知识整合[336]。其二，关系的维持能够为合作网络提供稳定的合作环境。当企业处在一个稳定的合作网络中时，可以避免许多不必要的摩擦与冲突，和谐的工作氛围更有利于组织成员顺利开展工作，提升员工工作幸福感，从而加强组织成员的知识分享，促进知识整合的发生[337、338]。

基于此，本书就整合型领导力与知识整合之间的关系有如下假设：

H2：整合型领导力正向影响知识整合。

7.1.3 整合型领导力对网络关系嵌入度的影响

整合型领导力对合作网络中企业网络关系嵌入的影响机制主要包括以下几个方面。首先，在战略目标整合方面，整合型领导力能够将合作组织的目标整合一致，福雷斯特和马丁（1992）研究表明，战略目标的一致性是影响合作关系成功的重要因素。通过整合合作网络中企业的战略目标，当发生的问题涉及各个参与企业的切身利益时，其共同参与解决问题的意愿就会更高[339]。其次，从共同利益分享方面，整合型领导力倡导参与合作网络共同创造价值和共同分享价值。罗等人（2013）指出相互依赖与互相的收益保证合作关系稳定的关键因素[340]。艾比拉特和凯利（2002）探索性研究了影响制造商与供应商合作关系成功的因素，包括信任、承诺、沟通、合作及共享风险与收益等[341]。莱姆克等学者（2003）在其研究中将影响合伙关系成功的因素归结为信任、承诺以及风险与收益共享等[342]。由于共担风险与共创共享利益的属性，使得在合作网络建立了基本的信任机制、制定公平的绩效评估办法以及制定保障合作的基本规章制度，能够增强合作企业之间的信任水平。最后，整合型领导力通过其跨边界能力突破了企业的边界壁垒，使得沟通更加通畅，提高企业间信息的共享水平。

基于此，本书就整合型领导力与网络关系嵌入度之间的关系有如下假设：

H3：整合型领导力正向影响网络关系嵌入度。

7.1.4　知识整合对企业间协同创新绩效的影响

知识整合是指知识获取、解构、融合以及重构的动态过程[226]。知识被认为是创新的源泉，企业都试图通过更新其现有的知识库实现产品的创新[343]。这要求企业必须跨域组织边界，在其内部知识创造的过程中发现并使用外部知识，实现知识整合[344]。在合作网络中，企业试图通过外部创新获得竞争优势，在这一过程中就少不了知识的获取、解构、融合以及重构[345~346]。另外，有研究表明供应商和顾客都是合作网络中很重要的知识源[347]，他们之间知识的交换能够促进新产品的开发[348]。知识本位观认为知识具有价值性、稀缺性和难以模仿性等特征，知识是实现创新的基础，企业是隐性知识的存储载体，通过不断丰富和充实自己的知识库来提升自身的竞争力。随着科技的快速发展，企业有机整合多种知识的能力越来越成为企业获取竞争优势的重要来源。知识整合是企业将组织内部资源与外部资源进行合理重组以获得自身所需资源的重要途径，合作网络中的成员拥有异质性的知识，通过合作网络可以促进彼此的知识沟通与交流，从而获取自身创新发展所需要的多样性知识，促进企业发展并超越竞争对手，因而知识整合必然会对企业协同创新绩效产生积极的影响。

基于此，本书就知识整合与企业间协同创新绩效之间的关系有如下假设：

H4：知识整合正向影响企业间协同创新绩效。

7.1.5　网络关系嵌入度对企业间协同创新绩效的影响

网络关系嵌入度的概念来源于格兰诺维特对嵌入度的研究，其认为网络关系嵌入度是指网络间主体的信任和密切联系程度等[231]。乌西在此研究的基础上，将关系嵌入度划分为信任、信息共享以及共同解决问题三个维度[232]。本书将从三个方面论述网络关系嵌入与企业间协同创新绩效之间的关系。首先，从信任角度出发主要有两点考虑。一是信任有利于企业间承诺关系的建立[349]。信任是企业间合作的基础，如果没有信任那么合作联盟既不可能实现也不可能持续存在[350]。当企业间信任水平越高时，与合作伙伴间关系就越稳定、越长期[351]。稳定的合作网络环境有助于企业间协同创新绩效的提升[347~348]。二是组织间的信任能够促进知识和资源等的顺利流动与转移，有利于企业间知识、资源和创意等的整合[352]，势必会对企业间协同创新绩效有正向的影响。其次，从信息共享角度也有两点考虑。一是信息的共享能够促进合作网络中企业关系的整合，实现资源和经验信息等的流动，其对企业间协同创新的作用不再赘述[353~354]。二是信息共享能够实现各企业目标、战略、产品流、资金流以及协同信息流的分享，避免信息失真给企业带来危害，利于组织间持续的协同创新发展[355][37]。最后，从共同解决问题的角度出发，一是共同解决问题能够提高合作网络中各企业的参与度，当企业亲自参与合作网络中问题的解决时，其会更加珍惜自己建立的稳定环境。二是共同解决问题能够实现企业间的深度学习，企业间能够相互学习问题处理的思路与办法，也是获取资源的一种途径[351]。

基于此，本书就网络关系嵌入度与企业间协同创新绩效之间的关系有如下假设：

H5：网络关系嵌入度正向影响企业间协同创新绩效。

7.1.6 知识整合的中介作用

在合作网络中，知识整合在整合型领导力与协同创新绩效间的中介作用主要体现在整合型领导力在合作网络中的作用就是为了获取企业发展的知识、信息与资源，这部分资源能够促进企业的创新发展[356]。其中整合型领导力对知识整合的作用在上述的研究假设中已经进行了论述。此外，整合型领导力通过战略目标的整合，使得所有参与合作的单元拥有共同的发展目标，组织间的信任感得到增强，减少对机会主义行为监管的成本，将更多的精力投入到知识整合中来，以此获得创新绩效的提升[37]。

基于此，结合假设 H2、假设 H4 本书就知识整合在整合型领导力与协同创新绩效间的关系有如下假设：

H6：知识整合在整合型领导力与协同创新绩效之间起到中介作用。

7.1.7 网络关系嵌入的中介作用

在合作网络中，网络关系嵌入在整合型领导力与协同创新绩效间的中介作用主要体现在整合型领导力中的关系整合特性，能够使得合作企业间保持良好的合作关系，自然能够保障或提升参与企业在合作网络中的网络关系嵌入度。此外，共同决策、共同目标的整合以及共同利益的分配，使所有参与者形成利益和命运共同体，所有的企业参与感与主人翁精神得到提升，增加了参与企业的网络关系嵌入，进而提升企业之间的创新合作水平。

基于此，结合假设 H3、假设 H5 本章就网络关系嵌入度在整合型领导力与协同创新绩效间的关系有如下假设：

H7：网络关系嵌入度在整合型领导力与协同创新绩效之间起到中介作用。

7.1.8　网络关系嵌入度对知识整合的影响

在合作网络中，网络关系嵌入对知识整合的作用主要体现在以下几个方面。首先，信任是企业间知识整合的基础。善意的信任与企业间的互惠期望能够减低合作的不信任感，为企业间参与知识获取与整合提供环境上的保障[41]。此外，组织间的信任能够减少对机会主义行为监管的成本，将更多的精力投入到知识整合中来[66]。其次，信息共享能够促进企业间知识、资源等的交流分享。企业间较高程度的信息分享能够增加对其他企业资源的了解程度，当自身企业需要相应的创新资源时，能够及时有效的实现知识整合。最后，从实践学习的角度共同解决问题能够促进企业间的深度学习，同时识别、获取、解构、融合以及重构合作网络上其他企业的资源与知识，实现知识整合。

基于此，结合假设 H6 和假设 H7，本章就网络关系嵌入度与知识整合的关系有如下假设：

H8：网络关系嵌入度正向影响组织整合。

H9：网络关系嵌入和知识整合在整合型领导力与企业间协同创新绩效之间起到连续中介作用。

7.1.9　组织开放度的调节效应

组织开放度是企业对外开放的程度，企业在创新过程中必须提高组织的开放度，打破组织自身的边界。外部资源的获取与利用成为组织发展的关键因素，由于组织资源的专业化，组织需要采取开放式创新的方式实现组织创新，积极向外界谋求互补性资源，并充分利用整合成自身所需资源，促进企业变革。巴尼（1991）认为组织所处的环境是一个开放的系统，当组织无法依靠内部资源实现创新时，就需要打破组织边界，与组织所处的网络进行互动，实现与外部资源的整合吸收，由此提供企业的创新绩效[357]。罗斯比和布莱森（2010）认为整合型领导者将不得不跨越组织边界培养相应的关系，通过需要的资源流来实现理想的产出[36]。勒贝克等学者（2016）从资源基础观出发，认为企业的知识是获取可持续竞争优势的关键因素，但是资源利用战略强调了企业间的协作以及知识共享需要跨越组织边界[358]。整合型领导力具有跨越组织边界的特性，组织开放度高，组织边界跨越的难度越低，更能促进异质性资源的流入，实现组织之间的合作与交流，而这些资源是实现企业创新的源泉，在组织高开放度情况下最终实现组织之间知识整合能力的提高。如果组织开放度低，组织之间存在边界壁垒，组织会处在一个相对密闭的状态，知识将难以传播出去，组织成员的沟通与交流程度必然会大大降低，进而影响知识的整合与吸收。

基于此，就组织开放度的调节作用本书提出如下研究假设：

H10：组织开放度在整合型领导力与知识整合之间起到正向的调节作用。即组织开放度高，会提高整合型领导力对知识整合的促进作用。组织开放度低，会降低整合型领导力对知识整合的促进作用。

7.2 模型构建

7.2.1 主体模型构建

本章在构建的整合型领导力概念内涵以及组织创新理论支撑下，通过上述分析提出了相应的假设，旨在分析互联网转型背景下整合型领导力在企业合作网络中的效能。创新是一个企业赖以生存的关键，因此本章以企业间协同创新绩效作为结果变量来研究此问题。构建的具体主体模型图如图 7.1 所示。

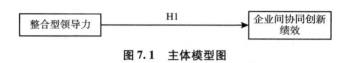

图 7.1 主体模型图

7.2.2 整体模型构建

根据本章研究假设的内容，整合型领导力通过知识整合与网络关系嵌入度等变量影响着企业间协同创新绩效。其中组织开放度在整合型领导力与知识整合之间起到调节作用。在组织创新与关系嵌入等理论的支撑下，本书构建了企业互联网转型背景下整合型领导力对企业间协同创新绩效提升的作用机理模型，具体图示如图 7.2 所示。

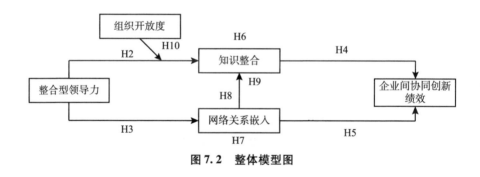

图 7.2 整体模型图

通过以上分析，本章的模型图基本构建完成，主要思想是根据组织创新绩效的影响因素以及整合型领导力的概念属性，从知识整合、关系嵌入以及边界属性研究整合型领导力如何作用于企业间协同创新绩效的提升。

7.3　问卷设计与预测试

7.3.1　问卷设计

（1）知识整合

本章对于知识整合的测量，主要借鉴了科古特等学者（1992）[359]、波尔（1999）[360] 以及诺纳卡（2000）[361] 的观点，学者们认为知识整合主要包括 3 个维度：系统化能力、社会化能力和协作化能力。量表题项包括"我们企业尝试产生一套共同分享的制度与理念，使员工获得认同"和"我们企业产品的完成必须通过各相关人员通力合作"等。根据学者对于知识整合的描述与研究，修正形成本章的量表。

（2）网络关系嵌入

本书对于网络关系嵌入的测量，主要借鉴了格兰诺维特（1985）[231]、乌西（1997）[232] 的观点，格兰诺维特将其划分为情感强度、亲密程度、互惠服务和持续时间四个维度，乌西将其划分为信任、信息共享与问题解决三个维度，本书采用乌西所划分的维度，结合格兰诺维特的划分维度以及麦克维利和马库斯（2005）[362]，对量表进行改进。量表题项包括了"合作伙伴在合作中按照约定行事"和"合作伙伴能够与我们一起完成工作"等。

（3）组织开放度

在组织开放度的测量上，本研究主要借鉴劳森和索尔特（2004）[363]、陈钰芬和陈劲（2008）[364] 以及李玲（2011）[54] 对开放度的研究，其主要开放度分为了深度和广度两个方面。量表题项包括了"我们与合作伙伴的交流较为频繁"和"我们会采取多种方式与合作伙伴进行交流"等。

（4）企业间协同创新绩效

依据希门尼斯·希门尼斯和桑兹·瓦勒（2011）[365]的协同创新绩效量表，并在科学性、导向性、可比性、可获取性和可操作性原则的指导下，结合我国知识联盟的现状，针对相关指标本书设计了9个测项，内容包括产品创新、管理创新和流程创新三方面。主要的题项包括了"与本行业其他公司相比，引进的新产品/服务数量较高"和"与本行业其他公司相比，更快地对顾客需求做出反应"。本章根据实际的研究情境，对企业间协同创新绩效的问卷进行了情境化的修改，以适应本章的研究需要。

此外，整合型领导力的研究量表采用了第六章中开发的研究量表，由于研究的情境主要是合作网络，因此进行问卷设计时，对问卷进行了研究情境下的适当修改。

7.3.2 预测试

（1）预测试数据收集

预测试的人口统计学信息如表7.1所示。

表 7.1　　　　　　　　　　预测试人口统计信息

统计变量	类别	人数（人）	百分比（%）
性别	男	52	53.61
	女	45	46.39
年龄	20~29 岁	21	21.65
	30~39 岁	33	34.02
	40~49 岁	24	24.74
	50 岁以上	19	19.59

续表

统计变量	类别	人数（人）	百分比（%）
职位	基层领导	21	21.65
	中层领导	60	61.86
	高层领导	16	16.49
受教育程度	高中及以下	3	3.09
	大专	17	17.53
	本科	62	63.92
	硕士及以上	15	15.46
公司性质	国有企业	37	38.14
	私营企业	42	43.30
	集体制企业	18	18.56

根据本研究的根本属性，问卷收集是一个条件较多的过程。因此，经过与多名企业管理相关的专家研讨后，主要遵循以下步骤完成问卷的收集。首先，确定问卷收集的人群，本问卷收集的对象主要是参加过互联网转型下企业间合作的企业领导阶层。因此本书把企业基层领导、中层领导以及高层领导作为主要的调查对象。其次，确定主要的调查形式。由于调查对象属性的原因，本章主要通过问卷星形成最终问卷，然后通过微信、邮件以及 QQ 等方式发送问卷链接进行问卷的发放。采用这样的方式主要出于领导人比较忙碌，通过手机来填写问卷具有较强的便捷性。最后，为了避免收集数据的同源偏差，本章进行了分时点的数据收集。

由此，本章分三个时点先后向辽宁、北京、山东等地的 6 家目标企业发放了 150 份调查问卷，回收了 112 份，回收率 74.67%。剔除无效问卷，发现有效问卷为 97 份，则有效回收率为 64.67%。

（2）预测试信效度检验

针对以上收集的数据进行了量表的信效度校验。具体的效度检验结果如表 7.2 所示。

表 7.2　　　　　　　　　　预测试量表信度检验（N = 97）

维度	各变量信度	整体信度	备注
知识整合	0.927		良好
网络关系嵌入	0.889	0.903	良好
组织开放度	0.921		良好
企业间协同创新绩效	0.898		良好

从以上的预测试分析可以发现，无论是单个变量的测量量表还是整体的测量量表都具有较好的信度（α 系数均大于 0.7）。

利用因子分析法，对预测量的量表进行效度检验。将五因子模型设定为本章的基础模型。整合型领导力与企业间协同创新绩效整合后作为一个因子，其他变量分别作为一个因子，构建四因子模型 1；将知识整合与网络关系嵌入度整合后作为一个因子，其他变量分别作为一个因子，构建四因子模型 2；将知识整合与网络关系嵌入度整合后作为一个因子，将整合型领导力与组织开放度整合后作为一个因子，其他变量分别作为一个因子，构建三因子模型 3；将整合型领导力作为一个因子，将其余变量整合后作为一个因子，构建二因子模型 4；最后将所有变量整合后，构建单因子模型 5。具体的拟合指数如表 7.3 所示。

表 7.3　　　　　　　　　　预测试量表效度检验（N = 97）

Model	χ^2	df	χ^2/df	RMSEA	NNFI	CFI	GFI	SRMR
Baseline Model	106.42	37	2.88	0.05	0.93	0.95	0.92	0.06
Model 1	357.43	54	6.62	0.08	0.91	0.92	0.91	0.09
Model 2	503.17	58	8.68	0.09	0.89	0.90	0.90	0.15
Model 3	795.59	64	12.43	0.16	0.88	0.90	0.89	0.17
Model 4	1 893.71	88	21.52	0.25	0.86	0.89	0.87	0.19
Model 5	2 671.78	98	27.26	0.38	0.85	0.87	0.85	0.24

从以上分析结果来看，基础因子模型的拟合指数是最优的，并且都在经验值范围以内，故本章设计的研究量表效度较高，可进行接下来的正式检验。

7.4　问卷收集与数据评估

7.4.1　问卷收集

调查样本的样本统计信息如表7.4所示。

表7.4　　　　　调查样本的描述性统计信息（N = 234）

变量	类别	频数	占比（%）
企业人员规模	100人以下	107	45.73
	101~499人	83	35.47
	500人以上	44	18.80
所属行业	机械制造业	44	18.80
	电子制造业	61	26.07
	服装业	83	35.47
	互联网企业	46	19.66
所在地区	华北	63	26.92
	华南	68	29.06
	东北	41	17.52
	华东	62	26.50
企业性质	国有企业	32	13.68
	民营企业	162	69.23
	外资企业	17	7.27
	其他	23	9.83

本章发放问卷的对象为互联网转型企业的领导者。主要采用了两种途径进行了问卷的发放与回收，一是利用学校 MBA 以及 EMBA 等社会关系资源，二是利用政府部门以及课题组的其他社会关系。调研时间为 2018 年 4 月至 2018 年 8 月。通过第一种途径发放 210 份调查问卷涉及 35 个合作网络，最终回收了 27 个合作网络的 153 份，经过样本检查发现其中有效问卷 118 份，涉及 19 个合作网络，有效回收率 56. 19%。通过第二种途径在 32 个互联网合作网络中发放问卷 180 份，最终回收了 18 个合作网络的 116 份有效问卷，有效回收率 64. 44%。两次问卷的回收率皆符合克里什曼等（Krishman et al. ，2006）提出的社会网络问卷调查的回收率[366]。因此，本章共对 37 个合作网络中的 234 家企业进行了问卷调查，平均每个合作网络中调研 6. 32 个企业，这也远远达到了研究的基本要求。

7.4.2 数据信度检验

针对以上收集的数据进行了量表的信效度校验。具体的信度检验结果如表 7.5 所示。

表 7.5 　　　　　　　正式量表信度检验（N = 234）

维度	各变量信度	整体信度	备注
知识整合	0. 913		良好
网络关系嵌入	0. 901	0. 917	良好
组织开放度	0. 891		良好
企业间协同创新绩效	0. 946		良好

从以上的信度检验可以发现，无论是单个变量的测量量表还是整体的测量量表 α 系数均大于经验值 0.7，故表明所有量表都具有较好的信度。

7.4.3 数据效度检验

各模型的拟合指数如表7.6所示。

表 7.6 量表效度检验（N = 234）

Model	χ^2	df	χ^2/df	RMSEA	NNFI	CFI	GFI	SRMR
Baseline Model	98.37	42	2.34	0.04	0.94	0.93	0.93	0.05
Model 1	287.51	54	5.32	0.07	0.92	0.90	0.91	0.08
Model 2	493.37	58	8.51	0.12	0.89	0.90	0.91	0.13
Model 3	659.12	64	10.30	0.19	0.87	0.89	0.90	0.19
Model 4	1 493.65	88	16.97	0.28	0.86	0.88	0.87	0.21
Model 5	2 071.19	98	21.13	0.38	0.85	0.84	0.85	0.27

利用因子分析法，对预测量的量表进行效度检验。将五因子模型设定为本章的基础模型。与预测试进行效度检验的方法一致，将整合型领导力与企业间协同创新绩效整合后作为一个因子，其他变量分别作为一个因子，构建四因子模型1；将知识整合与网络关系嵌入度整合后作为一个因子，其他变量分别作为一个因子，构建四因子模型2；将知识整合与网络关系嵌入度整合后作为一个因子，将整合型领导力与组织开放度整合后作为一个因子，其他变量分别作为一个因子，构建三因子模型3；将整合型领导力作为一个因子，将其余变量整合后作为一个因子，构建二因子模型4；最后将所有变量整合后，构建单因子模型5。从以上分析结果来看，五因子模型的拟合指数是最优的，并且都在经验值范围以内，故本章设计的研究量表效度较高。

7.4.4　数据同源方差检验

由于本章量表中包含的自变量与因变量都是由调查者领导者一人独立完成，尽管已经采用了多时点收集的方法，但是还是容易造成同源方差。由此本章主要采用 Harman 单因子检测方法对所收集的数据进行同源方差检验。主要的步骤是对量表中所有的题项进行未旋转的因子分析，得到第一主成分的方差解释量为 17.307%，总共方差解释率为70.625%，第一主成分为占到总方差解释解释率的50%。由此判断本研究的同源方差问题并不严重。

7.5　假设检验与结果讨论

7.5.1　相关性分析

本章利用 SPSS20.0 就研究假设中包含的变量进行相关性分析，具体的分析结果如表 7.7 所示。从表中的数据可知，各核心变量之间存在明显的相关关系，本章的研究假设也得到了初步的验证。此外从各变量的相关系数来看，都在 0.7 以下，说明各变量之间不存在明显的共线性问题。综上，本章适合进行接下来的进一步数据分析。

表 7.7　　　　　　　　　相关性分析表（N = 234）

变量	均值	标准差	1	2	3	4	5	6	7	8	9
人员规模	1.73	0.65	1								
所属行业	2.56	0.42	0.108	1							

续表

变量	均值	标准差	1	2	3	4	5	6	7	8	9
所在地区	2.44	0.37	0.112 **	0.309	1						
企业性质	2.13	0.71	0.214	0.359 *	0.305	1					
整合型领导力	3.65	0.63	0.076 *	0.118	0.102 **	0.201	1				
知识整合	3.47	0.72	0.012	0.067 *	0.204	0.237 *	0.047 **	1			
网络关系嵌入	3.82	0.65	0.132 *	0.105	0.169 *	0.148	0.204 **	0.321 *	1		
组织开放度	3.61	0.74	0.109	0.142	0.207	0.205	0.089 **	0.109 **	0.167 **	1	
协同创新绩效	3.75	0.67	0.223	0.115 *	0.208	0.301 ***	0.192 *	0.273 **	0.117 **	0.078	1

注：*** 表示 $p < 0.001$ ，** 表示 $p < 0.01$ ，* 表示 $p < 0.05$ 。

7.5.2 主体模型检验

本章利用 MPLUS9.0 进行主效应的检验，主要的操作步骤为：首先，将整合型领导力和协同创新绩效两个变量不同维度下的题项加权平均去中心化；其次，以每个维度下形成的一组数据为该维度的度量，因此在图 7.3 中，不同的维度以显变量的形式出现；再次，由于整合型领

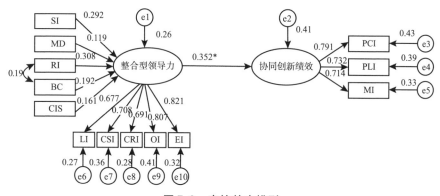

图 7.3 直接效应模型

注：*** 表示 $p < 0.001$ ，** 表示 $p < 0.01$ ，* 表示 $p < 0.05$ 。SI 代表战略目标整合；MD 代表混合决策；RI 代表关系网络发展；BC 代表边界跨越；CIS 代表利益共同分配；PCI 代表产品创新；PLI 代表流程创新；MI 代表管理创新；LI 代表领导要素整合；CSI 代表战略决策整合；CRI 代表关系整合；OI 代表运行机制整合；EI 代表保障机制整合。

导力中的关系整合与边界能力跨域容易存在交叉，因此本模型中着重检验了两者之间的相关性；最后，由于整合型领导力是构成式量表，本章继续选用第六章的思路，通过可识别的整合型领导力来度量该模型中的整合型领导力。通过如图 7.3 建立的结构方程模型检验发现，整合型领导力对企业间协同创新绩效存在正向影响（$\beta = 0.352$，$p = 0.014 < 0.05$）。并且模型的各个拟合指数都在经验值以内（$\chi^2/df = 1.09$，GFI $= 0.931$，CFI $= 0.908$，RMSEA $= 0.022$），说明本章构建模型的主效应成立，由此判断假设 H1 得到验证。

7.5.3　整体模型检验

（1）中介效应检验

本章将知识整合与网络关系嵌入纳入模型中来，构造多重中介模型，最终模型如图 7.4 所示。具体的操作步骤如 7.5.2 中主体模型检验的步骤一致。为了数据分析的严谨性，本章总共经过三步来检验中介效应。

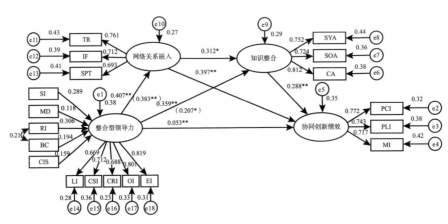

图 7.4　多重中介模型图示

注：$\chi^2/df = 1.18$、CFI $= 0.927$、TFI $= 0.934$ 以及 RSMEA $= 0.019$。*** 表示 $p < 0.001$，** 表示 $p < 0.01$，* 表示 $p < 0.05$。SI 代表战略目标整合；MD 代表混合决策；RI 代表关系网络发展；BC 代表边界跨越；CIS 代表利益共同分配；PCI 代表产品创新；PLI 代表流程创新；MI 代表管理创新；TR 代表信任；IF 代表信息共享；SPT 代表问题解决；SYA 代表系统化能力；SOA 代表社会化能力；CA 代表协作化能力；LI 代表领导要素整合；CSI 代表战略决策整合；CRI 代表关系整合；OI 代表运行机制整合；EI 代表保障机制整合。

　　第一步，将整合型领导力、知识整合与网络关系嵌入三者纳入模型中来，检验整合型领导力分别对知识整合与网络关系嵌入的作用。这一步的目的主要是为了检验整合型领导力与企业间协同创新绩效之间存在两个中介变量的可能性。从检验的结果（括号内数字显示）来看，整合型领导力对知识整合与网络关系嵌入都存在正向影响（$\beta = 0.207$，$p = 0.017 < 0.05$；$\beta = 0.383$，$p = 0.007 < 0.01$）。由此，初步判断整合型领导力与企业间协同创新绩效之间可能存在两个中介变量。

　　第二步，将整合型领导力、知识整合、网络关系嵌入以及企业间协同创新绩效纳入模型中来，检验中介变量的多重效应。从检测的结果来看，整合型领导力对企业间协同创新绩效存在正向的影响。整合型领导力对知识整合与网络关系嵌入存在正向的影响（$\beta = 0.359$，$p = 0.006 < 0.01$；$\beta = 0.407$，$p = 0.004 < 0.01$），因此假设 H2、H3 得到验证。知识整合与网络关系嵌入对企业间协同创新绩效存在正向的影响（$\beta = 0.288$，$p = 0.005 < 0.01$；$\beta = 0.397$，$p = 0.008 < 0.01$），假设 H4、H5 得到验证。由此可以判断知识整合与网络关系嵌入确实在整合型领导力与企业间协同创新绩效之间起到中介作用，假设 H6、H7 得到验证。此外，网络关系嵌入对知识整合存在正向的影响，假设 H8 得到验证（$\beta = 0.312$，$p = 0.037 < 0.05$）。由此说明网络关系嵌入与知识整合在整合型领导力与企业间协同创新绩效之间起到连续中介作用，假设 H9 得到验证。并且上述模型的拟合指数为 $\chi^2/df = 1.18$、$CFI = 0.927$、$TFI = 0.934$ 以及 $RSMEA = 0.019$，均在可接受的范围内。为了进一步判断知识整合与网络关系嵌入起到的是部分中介作用还是完全中介作用，本章将整合型领导力到企业间协同创新绩效之间的作用路径删掉，再进行中介效应的检验，结果发现知识整合与网络关系嵌入仍在整合型领导力与企业间协同创新绩效之间起到中介作用。但是该模型的拟合指数为 $\chi^2/df = 3.89$、$CFI = 0.897$、$TFI = 0.901$ 以及 $RSMEA = 0.077$，较之前的模型拟合指数明显变差，所以本研究接受更为精确的部分中介模型。

　　第三步，本章将 Bootstrap 抽样设定为 3 000 次再运行 MPLUS9.0 中检验中介效应的程序，具体结果如表7.8所示。在此操作中检验了不同中介路径的中介作用以及不同中介作用的强度差异。本章将整合型领导力—网络关系嵌入—企业间协同创新绩效路径中路径系数设定为 a_1 与 b_1。将整合型领导力—知识整合—企业间协同创新绩效路径中路径系数设定为 a_2 与 b_2。网络关系嵌入知识整合的路径系数设定为 c_1。则不同中介效应水平设定为 $M_1 = a_1 b_1$、$M_2 = a_2 b_2$、$M_3 = a_1 c_1 b_2$，总中介效应为 $M = M_1 + M_2 + M_3$。不同中介效应之间的比较为 $DM_1 = M_3 - M_1$、$DM_2 = M_3 - M_2$、$DM_3 = M_1 - M_2$。从数据分析可知，网络关系嵌入与知识整合的中介效应以及两者的连续中介效应都再次得到验证。从中介效应的作用强度比较上来看，知识整合与网络关系嵌入的中介作用是旗鼓相当的，并且两者各自的中介效应都要大于两者的连续中介效应。

表7.8 　　　　　　　　中介效应作用强度检验（N = 234）

中介模型	点估计	置信区间上限	置信区间下限	判断标准	结论
M1：IL – NRE – CIP	0.17	0.057	0.203	点估计对应区间中是否包含0。包括0不显著，不包括0显著	中介效应成立，假设 H7 得证
M2：IL – KI – CIP	0.06	0.109	0.248		中介效应成立，假设 H4 得证
M3：IL – NRE – KI – CIP	0.07	0.224	0.603		中介效应成立，假设 H9 得证
DM1 = M3 – M1	– 0.04	– 0.112	– 0.011		显著，说明 M_1 效应大于 M_3
DM2 = M3 – M2	– 0.09	– 0.327	– 0.041		显著，说明 M_2 效应大于 M_3
DM3 = M1 – M2	0.11	– 0.077	0.355		不显著，说明 M_1、M_2 效应相当

注：IL 表示整合型领导力，NRE 表示网络关系嵌入，CIP 表示协同创新绩效，KI 表示知识整合。

（2）调节效应检验

本章主要应用 SPSS20.0 进行调节效应的检验，检验结果如表7.9所示。研究结果显示：组织开放度正向调节着整合型领导力与企业间协同创新绩效之间的关系。即整合型领导力与组织开放度匹配时对知识整合起到正向的影响（β = 0.102，p < 0.05）。由此假设 H10 得到验证。

表 7.9　　　　　　　　　　**调节效应检验表（N = 234）**

变量	知识整合			
	模型 1	模型 2	模型 3	模型 4
企业规模	0.116	0.123	0.132 *	0.282
企业年限	0.097 **	0.102	0.121	0.173 *
所属行业	0.119 *	0.204 **	0.241 **	0.058
所在地区	− 0.088	− 0.077 *	− 0.065	− 0.091 ***
整合型领导力		0.371 **		
组织开放度			0.293	
IL * 组织开放度				0.102 *
R^2	0.213	0.389	0.523	0.511
调整 R^2	0.197	0.387	0.519	0.506

注：*** 表示 p < 0.001，** 表示 p < 0.01，* 表示 p < 0.05。

（3）控制变量影响检验

为了进一步明确控制变量对研究结论的影响，本章根据控制变量将样本量分类，不同类别下进行中介效应检验。具体做如下处理：在企业规模方面，本章根据公司人数分为了小规模（小于 100 人）、中等规模（100 ~ 500 人）以及大规模（500 人以上）三类，数量分别为 107 家、83 家、44 家。在所属行业方面，由于本章的主要调研对象是机械制造业、电子制造业、服装业以及互联网企业，将其分为四类，数量分别为 44 家、61 家、83 家以及 46 家。在地区上，本章主要调查了华北、华南、东北以及华东四个地区，故以此分为四类，数量分别为 63 家、68 家、41 家以及 62 家。在企业性质上，本章主要调查了国有企业、民营企业，故以此分为两类，数量分别为 32 家、162 家。具体检验结果如表7.10 所示。

表 7.10 加入控制变量后各模型统计结果（N = 234）

模型分类		M_1	M_2	M_3	DM_1	DM_2	DM_3	χ^2/df	CFI	TFI	RSMEA
企业规模	M11	0.20*	0.12*	0.02*	−0.18*	−0.10*	0.08	2.31	0.901	0.903	0.032
	M12	0.17*	0.11*	0.04*	−0.13*	−0.07*	0.06	1.78	0.932	0.920	0.046
	M13	0.19*	0.13*	0.03*	−0.16*	−0.10*	0.06*	2.11	0.921	0.904	0.053
所属行业	M21	0.11*	0.14*	0.02*	−0.09*	−0.12*	−0.03	2.09	0.941	0.912	0.044
	M22	0.17*	0.12*	0.03*	−0.14*	−0.09*	0.05*	2.14	0.952	0.927	0.061
	M23	0.15*	0.12*	0.03*	−0.12*	−0.09*	0.03	1.38	0.937	0.939	0.059
	M24	0.16*	0.13*	0.05*	−0.13*	−0.08*	0.04	1.37	0.926	0.931	0.052
所在地区	M31	0.20*	0.11*	0.04*	−0.16*	−0.07*	0.09	1.24	0.931	0.904	0.043
	M32	0.19*	0.14*	0.05*	−0.14*	−0.09*	0.05	1.73	0.923	0.911	0.028
	M33	0.18*	0.13*	0.03*	−0.15*	−0.10*	0.05	1.66	0.907	0.926	0.031
	M34	0.14*	0.15*	0.03*	−0.15*	−0.09*	0.05*	1.56	0.917	0.914	0.019
企业性质	M41	0.16*	0.12*	0.02*	−0.16*	−0.07*	0.08	1.34	0.924	0.904	0.033
	M42	0.15*	0.11*	0.05*	−0.13*	−0.08*	0.06*	1.76	0.921	0.916	0.027

注：M_1、M_2、M_3、DM_1、DM_2、DM_3 显著则用 * 标识，不显著则不标识。

（4）稳健性检验

为了进一步增加本章研究结果的可靠性，本章使用另外一种数据分析工具 SPSS20.0 对数据进行进一步的处理。具体的分析结果如表 7.11 所示。

表 7.11 稳健性检验表（N = 234）

变量	知识整合		网络关系嵌入	企业间协同创新绩效					
	模型 1	模型 2		模型 1	模型 2	模型 3	模型 4	模型 5	模型 6
企业规模	0.112	0.102	0.094	0.164	0.207	0.108	0.112	0.079	0.127
所属行业	0.204	0.212	0.272	0.221	0.324	0.219	0.253	0.312	0.212
所在地区	0.118	0.117	0.124	0.172	0.156	0.132	0.213	0.177	0.178

续表

变量	知识整合		网络关系	企业间协同创新绩效					
	模型1	模型2	嵌入	模型1	模型2	模型3	模型4	模型5	模型6
企业性质	0.092	0.073	0.110	0.276	0.213	0.301	0.265	0.317	0.224
整合型领导力	0.207**		0.253**	0.178**			0.156*	0.216**	0.179**
网络关系嵌入		0.213*			0.226*		0.184**		0.106*
知识整合						0.209**		0.171*	0.183**
R^2	0.278	0.318	0.277	0.327	0.231	0.365	0.461	0.334	0.465
调整 R^2	0.269	0.316	0.276	0.324	0.226	0.344	0.454	0.326	0.454

注：***表示 $p < 0.001$，**表示 $p < 0.01$，*表示 $p < 0.05$。

从表7.11的分析结果来看，整合型领导力正向地影响着企业间协同创新绩效（$\beta = 0.178$，$p < 0.01$）。由此假设 H1 再次得到验证。整合型领导力对网络关系嵌入与知识整合存在正向的影响（$\beta = 0.253$，$p < 0.01$；$\beta = 0.207$，$p < 0.01$），假设 H2、H3 再次得到验证。网络关系嵌入和知识整合也正向影响着企业间协同创新绩效（$\beta = 0.226$，$p < 0.05$；$\beta = 0.209$，$p < 0.01$），假设 H4、H5 再次得到验证。将整合型领导力与网络关系嵌入同时纳入模型时，两者对企业间协同创新绩效仍存在正向的影响，则说明网络关系嵌入在整合型领导力与企业间协同创新绩效之间起到部分中介的作用（$\beta = 0.156$，$p < 0.05$；$\beta = 0.184$，$p < 0.01$），假设 H7 再次得到验证。同理假设 H6 也再次得到验证（$\beta = 0.216$，$p < 0.01$；$\beta = 0.171$，$p < 0.05$）。最后，网络关系嵌入对知识整合存在正向的影响（$\beta = 0.213$，$p < 0.05$），假设 H8 再次得到验证，将整合型领导力、网络关系嵌入、知识整合与企业间协同创新创新绩效同时纳入模型，发现整合型领导力、网络关系嵌入与知识整合对企业间协同创新绩效起到正向的影响（$\beta = 0.179$，$p < 0.01$；$\beta = 0.106$，$p < 0.05$；$\beta = 0.183$，$p < 0.01$），由此判断网络关系嵌入与知识整合在整合型领导力

与企业协同创新绩效之间起到连续中介的作用，假设 H9 再次得到验证。综上，本章的研究假设都再次得到验证，说明本章研究结果稳健性较好。

7.5.4 研究结果讨论

本章以 37 个合作网络中的 234 家企业为样本，对整合型领导力、知识整合、网络关系嵌入以及企业间协同创新绩效的关系进行了实证检验。得出如下研究结论：首先，整合型领导力有利于合作网络中企业间协同创新绩效的提升。此结论验证了学者们对合作网络中领导力与企业间协同创新绩效之间关系的猜想，同时也进一步丰富了合作网络中企业间协同创新绩效相关研究的理论视角。本章也进一步的验证了先前学者认为管理控制在提升合作网络发展中具有关键作用的结论[289]。

其次，知识整合与网络关系嵌入在整合型领导力与企业间协同创新绩效之间起到部分中介的作用。同时经过实证检验发现，知识整合与网络关系嵌入在整合型领导力与企业间协同创新绩效之间的中介作用效果没有明显差异，并且在两者之间还起到连续中介的作用。因此，本章进一步验证了企业间协同创新绩效提升需要资源和关系两方面的支持。同时明确了关系基础在其中的作用，即关系基础会对资源基础产生积极的作用，进而提升合作网络中企业间的协同创新绩效。本章从整合的视角出发，将管理控制（关系嵌入）与技术控制（知识整合）整合起来构造了提升合作网络中企业协同创新绩效的关键路径，同时本章也初步涉及了平台网络关系在提升平台合作网络中企业协同创新绩效的积极作用[67][367]，这进一步丰富和完善了提升平台型合作网络中企业协同创新绩效的研究。

再次，组织开放度在整合型领导力与知识整合之间的正向调节用。通过数据分析发现组织开放度在整合型领导力与知识整合之间起到明显的调节作用，假设 H10 得到验证。即组织开放度越高，整合型领导力对合作网络中的创新作用越明显。具体调节效应图示如图 7.5 所示。本章以组织开放度为调节变量从组织边界视角验证了领导力与企业边界在两条路径上的关键作用[367]，进一步丰富了企业互联网转型背景下企业合作网络提升企业协同创新绩效理论研究的多样性。

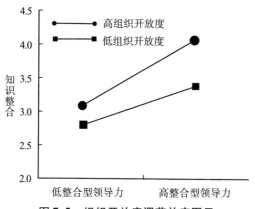

图 7.5 组织开放度调节效应图示

最后，本章就控制变量的不同分组进行了数据分析。发现企业规模、所属行业、所在地区以及企业性质的差异会使本章的研究结果产生差异。具体而言，规模较大的企业（人数在 500 人以上）、电子制造企业、华东地区的企业以及民营企业中，与知识整合相比网络关系嵌入在整合型领导力与企业间协同创新绩效之间中介作用更明显。分析原因可能是由于在合作网络中，以上四类企业对资源和关键技术的掌控能力更强，其更多采用外向型开放式创新的方式获利，即企业会为外部组织提供有价值的创意、知识或技术，外部组织应用后使得创新成果快速商业化，最终两者共同获利[369]。其作为技术或资源的提供方，对知识整合的要求就会有所降低，相反其会更加关注合作网络中企业的网络嵌入程度。

7.6 本章小结

　　本章主要是对整合型领导力在组织间作用效能进行了研究，主要以组织间合作创新绩效作为结果变量，引入了知识整合、网络关系嵌入度以及组织开放度等变量，探究了整合型领导力对合作网络中知识与关系的作用，以及两者在整合型领导力与组织创新绩效之间的中介作用。利用 SPSS20.0、AMOS20.0 以及 MPLUS9.0 对收集的数据进行了检验，研究结果表明整合型领导力正向影响着企业间协同创新绩效；知识整合与网络关系嵌入度在其中起到部分中介作用以及两者共同起到连续中介作用；组织开放度能够正向调节着整合型领导力与知识整合的关系。另外，本章还进行了稳健性检验和基于控制变量的分析。

第8章

整合型领导力对组织创新绩效的影响

在上一章节中已经探究了整合型领导力在合作网络中的效能机制，由于整合型领导力是一个多层次的结构变量，因此接下来在相关理论的支撑下，以组织创新绩效为结果变量，指代组织层整合型领导力的效能指标，同时引入人力资源柔性、组织沟通等变量，以此探究其在组织转型中的效能机制。

8.1 研究假设

8.1.1 整合型领导力对组织创新绩效的影响

整合型领导力对组织创新绩效的影响主要体现在以下几个方面：首先，战略目标决策方面，刘衡等学者（2010）认为组织间的沟通是一项关键的组织间合作行为，反映了合作双方信息交流的效果与效率，被认为是一项组织外生型创新战略的前因要素[369]。采取必要的沟通是实现合作目标整合的关键。莫尔斯（2010）指出一个共同的目的与共同渴望的产出是不同协作方实现结盟的关键因素，组织间信息、资源的互补，能够为单个企业提供更多创新的资源与机会[60]。从组织参与感的角度出发，单个组织能够参与整体的计划和战略决策的制定时，必然会以主人翁的姿态，完成组织间的合作，促进创新的产生，进而提升组织的创新绩效。其次，在组织关系整合方面，阿列克谢夫等学者（2016）[371]、克罗森和阿帕伊丁（2010）[367]等人认为组织边界是创新管理的关键问题。达兰德和甘恩（2010）[368]指出企业在开发新产品与新技术的过程中需要吸收组织外部的知识补充组织内部的知识库。加德等学者（2012）认为业务关系的互动能够促进资源的开发[372]。参与组织认同合作的价值是合作的基础，让合作网络之外的组织认同才能够不断的引入资源。因此合法性对于组织间网络的构建至关重要。在边界跨越方面，马艳艳等学者（2014）认为跨边界合作的深化有利于提高组织的创新绩效[373]。组织之间的信任是深入合作的基础，从团队信任的角度出发，个体的信任越高，越会选择加入更高合作水平的组织[374]。沟通、共享机制能够促进合作的深入，促使团队间信息资源的深度融合，更有利于组织创新绩效的提升。在共同利益分配方面，由于所有的参与单元都是利益的创造者也是利益的获得者，其参与组织合作的积极性也会越高，积极的参与行为是实现组织创新的保障。

基于此，本章就整合型领导力与组织创新绩效之间的关系作出如下假设：

H1：整合型领导力正向影响组织创新绩效。

8.1.2 整合型领导力对人力资源柔性的影响

现有学者指出，组织层面的因素如组织文化、战略领导、决策模式等会对组织柔性产生影响。如阿加蓬和博阿玛（2013）认为，战略领导能够建立和保持组织柔性，促使组织更长远发展[375]。迪米特里奥斯等人（2013）指出，高层领导者出于战略目标一致性的原则，将建立和维持组织的柔性模式，以应对动态、模糊的外部环境[289]。而人力资源柔性作为组织柔性的重要体现，必然也会受到多方因素的影响。本研究认为，整合型领导力在合作网络中起到了战略目标整合、混合决策、关系网络发展、边界跨越和利益共同分配的重要作用，必然会对人力资源柔性产生重要的影响，这主要体现在以下几个方面：第一，整合型领导力注重合作网络中各方主体的战略目标的整合。共同的目标是不同协作方实现战略联盟的关键[60]，共同目标的实现需要调动企业内所有员工的技能与积极性，以实现目标而形成的人力资源系统需要根据目标进行调整，逐渐实现人力资源的柔性；第二，整合型领导力注重混合决策。混合决策充分体现了对各方主体意愿的尊重，这就要求各方主体对不同的任务、技能、决策方案等均有所了解，即要求相应企业的员工技能多样化；第三，整合型领导力注重合作网络中关系网络的发展。良好的合作关系有利于资源的进一步流通。整合型领导力鼓励组织内成员协同合作，自由搭配形成领导小组，在此过程中知识分享、意见交流，这将有利于提升相应企业的人力资源柔性；第四，整合型领导力强调边界跨界的合作方式。而跨边界合作将使得工作任务不仅局限于某一特定领域与特定的组织结构，这就鼓励合作企业提高人力资源柔性，以实现顺利的跨边界合作；第五，整合型领导力强调合作网络中各方利益的共同分配。而共同的利益分配才能使合作企业有动力去为实现战略目标而努力，这将激励利益单元中的员工柔性行为意愿，从而有利于组织人力资源柔性的提升。

基于上述理论，本研究提出如下研究假设：

H2：整合型领导力正向影响人力资源柔性。

8.1.3　人力资源柔性对组织创新绩效的影响

尹奎、孙健敏和吴艳华（2017）通过文献综述，总结了已有文献中人力资源柔性对组织创新绩效的影响作用[376]。例如，玛特内兹等学者（2010）的研究基于企业层面对人力资源柔性维度进行划分，主要包括数量柔性与功能柔性[369]。其中，数量柔性是指企业对于劳动力数量的调节能力，主要通过直接雇用、间接雇用和共同雇用等柔性方式来实现劳动力数量的平衡；功能柔性是企业对于员工工作技能的调节能力，主要通过培训员工的多样化技能、轮岗等方式实现[379]。而其研究结果发现，功能柔性中的内部数量柔性对创新绩效有正向作用。然而，韦拉金内兹等人（2014）的研究认为，临时雇佣员对创新绩效具有负向影响，而专家雇佣则能正向促进创新绩效的产生[378]。由此可见，该种维度划分方式下的企业人力资源柔性与组织创新绩效间的作用存在争议。此外，范志刚和吴晓波（2014）探讨了企业战略柔性对创新绩效的影响，发现前瞻型与反应型战略柔性均对企业创新绩效有正向影响，但其作用效果和机制存在显著差异[379]。由此可见，该种维度划分方式下的企业人力资源柔性与组织创新绩效间的作用存在争议。韦等学者（2015）在总结了前人研究的基础上，将人力资源柔性主要描述为人力资源实践柔性、人力资源技能柔性和员工行为柔性三个层面[380]。本研究认为，在该层面下，组织层面的人力资源柔性对企业自身的创新绩效具有正向影响，主要体现在首先，当企业的人力实践柔性较高时，企业能够高效地应对动态复杂的市场环境，尤其是在合作网络中，灵活动态的人力资源实践模式（领导小组和组织结构）能够及时满足不同合作主体间的多样化需求，这为整体创新绩效的提升提供了资源保障；其次，合作网络的形成本质上是具有不同背景的员工间的合作过程。当企业员工技能多样性普遍较高时，企业的人力资源池将更具价值性和动态性，因而不同网络合作主体间的合作成本将进一步降低，灵活的合作方式会促成新的创新绩效的生成；最后，当合作网络中的企业，其员工普遍愿意承担多样化工作，并积极投入创造性活动时，这种愿意投入的动机将进一步形成合作主体间的强联结，这将有利于合作主体间的知识交流，增大彼此间资源转移的频率，从而有利于提升整体的创新绩效。

基于上述理论，本书假设：

H3：人力资源柔性正向影响组织创新绩效。

8.1.4 人力资源柔性的中介作用

人力资源柔性有利于增强企业的核心竞争力，提高企业绩效[381]。已有大量研究证实了企业的战略目标、组织构架等通过人力资源柔性，进而提升组织绩效。在企业战略方面，如李召敏和赵曙明（2016）以动态能力理论为基础，发现关系导向型战略领导对组织绩效存在正向的影响，而人力资源柔性在其中起着中介作用[382]；魏海波、李新建和刘翔宇（2018）借鉴复杂适应系统理论，发现人力资源战略—防御型竞争战略匹配模式对组织适应性绩效有正向影响，且人力资源功能柔性在其中起着中介作用[383]。而在组织架构方面，贝尔特兰马特（2008）等人证实了人力资源柔性在高绩效工作系统和组织绩效间的中介作用，而中国学者通过实证研究，进一步证实了人力资源柔性在高绩效工作系统和组织绩效间的部分中介作用[384]；度、耶和麦迪逊（2016）的研究证实了柔性的人力资源政策显著影响企业的适应性文化和产品创新，而过程创新在其中起着中介作用[385]；而刘翔宇、李懿和韦福祥（2018）从双元悖论出发，发现平台型人力资源管理和组织创新绩效间具有倒"U"形关系，而人力资源功能柔性倒"U"形影响创新绩效，人力资源数量柔性负向影响创新绩效[386]。据此，人力资源柔性在组织层面中的传导作用得以体现。由上文的逻辑假设可知，整合型领导力对人力资源柔性有正向的影响，而人力资源柔性对组织的创新绩效有正向的影响，因此本章认为人力资源柔性在整合型领导和组织创新绩效间起着中介作用，具体体现在：首先，整合型领导力强调整合型战略模式。因而要求合作网络中各方主体的人力资源管理模式具有柔性，才能及时、自由地调整人力资源实践模式以应对复杂动态的市场环境，从而为产品探索、创新提供基础；其次，整合型领导强调资源整合和跨边界合作，这就要求合作方企业具有较高的人力资源技能柔性，才能形成技术互补、信息共享的合作方式，从而提升企业的资源探索性能力和学习能力，进而提升创新绩效；最后，整合型领导强调共同的利益和良好的关系，这将形成尊重、共赢的局面，为激励员工行为柔性提供帮助，从而形成稳定的合作关系，合作网络中的企业有动力去探索和开发创造性活动，进而有利于创新绩效的提升。

基于上述理论，本研究假设：

H4：人力资源柔性在整合型领导力与组织创新绩效之间起到中介作用。

8.1.5 组织沟通的调节效应

罗杰斯和阿加瓦拉将组织沟通从宏观角度进行定义，主要是指组织内外部信息的交换。而克南和汉格斯将组织沟通定义为组织成员之间为了某一共同的目标而交换信息、情感的行为。本研究聚焦于组织层面，因而根据研究需要，将组织沟通界定在合作网络中企业间的良好沟通。帕克、阿克塞尔和特纳认为，良好的组织沟通有利于创新绩效的形成。由此，本章认为组织沟通在提升组织创新绩效的过程中具有重要的情境作用，具体如下：

（1）组织沟通调节整合型领导力和组织创新绩效间的关系

组织沟通能够实现组织间的信息交换，从而有利于减少冲突，这对实现战略目标、促进组织绩效具有重要的作用[387]。如田辉（2016）发现，沟通开放性有利于提升组织变革的认可程度[388]；陈志红和周路路（2014）发现，有效的沟通能促进领导行为对员工心理的影响[389]。而刘思亚（2014）认为，组织变革失败的根本原因在于缺乏组织沟通，其基于社会交换理论，认为良好的组织沟通有利于减少不确定性，使得组织成员有效了解变革的实施过程，因而正向调节组织变革感知和知识创造绩效间的关系[390]。马迪（2016）探讨了组织沟通和组织冲突间的交互作用，发现组织沟通能缓解组织冲突，进而提升组织绩效[391]。由此可见，组织沟通在组织制度的落实和战略目标的推广上具有重要的调节作用，本书假设组织沟通对整合型领导和组织绩效间的关系起到正向的调节作用，具体体现在以下几个方面：首先，从信息交换频率来看，当组织沟通较高时，整合型领导力倡导的战略目标的整合、跨边界合作等战略理念，能够更好地传达给合作网络中的企业，从而使合作企业能够朝着共同的战略目标出发，做出更好的绩效；其次，从良好关系的建立来看，当组织沟通较高时，整合型领导力倡导的混合决策和关系网络的良好构建，使得合作网络中的主体更能相互信任、尊重、依赖对方，从而降低合作中的冲突，使得企业在探索性创新中更为自由；最后，从激励动机来看，当组织沟通较高时，整合型领导力倡导的合作共赢模式更能被合作企业感知，促使企业更有创新意愿，进而形成较高的创新绩效。

基于上述理论，本研究假设：

H5：组织沟通在整合型领导力与组织创新绩效之间起到正向的调节。

（2）组织沟通调节人力资源柔性和组织创新绩效间的关系

尹奎、孙健敏和吴艳华（2017）通过文献综述，发现人力资源柔性和组织绩效间的关系受到权变因素的影响[376]。如韦（2005）的研究发现，动态的环境有利于促进组织人力资源柔性和创新绩效间的正向关系[243]。而郑雅琴、贾良定和尤树洋（2014）在假设中指出，当团队沟通出现问题时，柔性的人力资源管理反而会使得员工的预期得不到满足，从而难以产生理想的回报行为[392]。由此可见，有效的组织沟通在人力资源柔性和组织创新绩效间具有重要的情境作用，具体如下：首先，当组织沟通较高时，合作网络中的企业间的信息交换更加通畅[393]，因而合作网络中柔性的人力资源管理实践模式能够更为充分地被各方企业理解和接受，而良好的信息交换能够促使合作主体向着共同的绩效目标发展，更有利于组织创新绩效的提升；其次，柔性的人力资源技能虽然有利于提升组织的创新绩效，但当这些合作技能不能在合作网络中相互匹配时，同样不利于目标的达成[385]。因而当组织沟通较高时，企业间通过信息交换，能够及时有效地实现资源互补，形成高效的合作网络关系，进而更有利于创新绩效的提升；最后，组织的人力资源行为柔性主要在于提升企业创新行为的意愿，而良好的组织沟通有助于合作网络中的企业形成相互信任、相互依赖的合作关系[394]，这将有利于进一步提升创新和风险承担的意愿，进而提升组织的创新绩效。

基于上述理论，本研究假设：

H6：组织沟通在人力资源柔性与组织创新绩效之间起到正向的调节作用。

8.2 模型构建

8.2.1 主体模型构建

为了检验整合型领导力在组织层面的效能，本章以组织创新绩效为结果变量展开了研究，在组织创新以及构造的整合型领导力概念内涵基础上，根据以往研究提出了本章的主题模型，即整合型领导力对组织创新绩效有正向的影响。具体模型如图 8.1 所示。

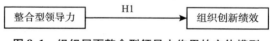

图 8.1　组织层面整合型领导力作用的主体模型

8.2.2 整体模型构建

根据第 5 章分析的整合型领导力的一般作用机理，本章引入了人力资源柔性的概念，来探究整合型领导力对组织创新绩效的影响，由于企业互联网转型在国有企业和民营企业在组织结构的灵活性设计上存在着差异，考虑到这一点，本章再次引入了组织沟通作为调节变量，以此探究企业性质、组织内部沟通程度对整合型领导力在组织内部作用的影响。根究研究假设，本章提出了如下的整体模型，如图8.2所示。

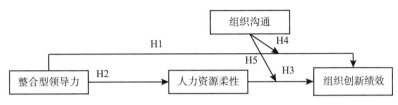

图 8.2 组织层面整合型领导力作用的整体模型

8.3 问卷设计与预测试

8.3.1 问卷设计

（1）人力资源柔性

本章对于人力资源柔性的测量，主要借鉴了赖特和斯内尔（1998）[246]的研究，学者将人力资源柔性管理划分为三个维度，分别是人力资源管理实践柔性在公司的运用情况、技能柔性以及行为柔性。量表题项包括了"公司的人力资源管理实践能够在不同的环境下得到应用""公司人力资源管理实践能够根据环境的变化迅速改进"等。本章根据学者对于人力资源柔性的描述与研究，修正形成本章的量表。

（2）组织沟通

本章关于组织沟通的测量，主要是借鉴了洛夫蕾丝、夏皮罗和温加特（2001）[395]在进行创新团队研究时采用的合作性沟通和竞争性沟通的测量量表。量表题项包括了"公司在重大决策前会组织相关人员具体协商与沟通，并且沟通结果会影响到决策""在确定行动方案前，内部成员需要达成一致见解"等。

（3）组织创新绩效

本章对于组织创新绩效的测量，主要采用中国台湾学者陈忠仁和黄景伟（2009）[396]所开发的成熟量表，学者认为组织创新绩效包括有四个维度：新产品的研发、工作流程创新、企业对环境变化反应以及新管理制度。主要的题项包括了"企业通过不断的改进最终对工作流程做出创新""新的管理制度使企业各项工作更加规范化"。

此外，整合型领导力的研究量表采用了第六章中开发的研究量表，由于研究的情境主要是组织层面，因此在进行问卷设计时，对问卷进行了研究情境下的适当修改。

8.3.2　预测试

（1）预测试数据收集

根据本研究的根本属性，问卷收集是一个条件较多的过程。因此，经过与多名企业管理相关的专家进行研讨后，主要遵循以下步骤进行完成问卷的收集。首先，确定本章研究调研的人群。由于本章在该研究中主要确定的问卷收集方式为领导员工配对收集，因此将调研的人群确定为以组织中领导与员工。其次，为了能够更好地实现配对操作，本章选择了发放纸质问卷的方式进行了问卷的收集。最后，为了避免收集数据的同源偏差，本章进行了多时点的数据收集。

由此，本章分三个时点先后向辽宁、北京、山东等地的3家目标企业中的45个领导小组发放了150份调查问卷，回收了108份，回收率72.00%。剔除无效问卷，有效问卷为98份，涉及27个领导小组，则有效回收率为65.33%。具体的人口统计学信息如表8.1所示。

表8.1　　　　　　　　预测试人口统计信息（N = 98）

统计变量	类别	人数（人）	百分比（%）
性别	男	57	58.16
	女	41	41.84
年龄	20 ~ 29 岁	32	32.65
	30 ~ 39 岁	45	45.92
	40 ~ 49 岁	19	19.39
	50 岁以上	2	2.04
受教育程度	高中及以下	25	25.51
	大专	48	48.98
	本科	18	18.37
	硕士及以上	7	7.14
公司性质	国有企业	34	34.69
	私营企业	64	65.31

（2）预测试信效度检验

针对以上收集的数据进行了量表的信效度校验。具体的效度检验结果如表8.2所示。

表8.2　　　　　　　　预测试量表信度检验（N = 98）

维度	各变量信度	整体信度	备注
人力资源柔性	0.909		良好
组织沟通	0.876	0.916	良好
组织创新绩效	0.901		良好

从以上的预测试分析可以发现，无论是单个变量的测量量表还是整体的测量量表都具有较好的信度（α系数均大于0.7）。

利用因子分析法，对预测量的量表进行效度检验。将四因子模型设

233

定为本章的基础模型。将整合型领导力与组织创新绩效整合后作为一个因子，其他变量分别作为一个因子，构建三因子模型1；将人力资源柔性与组织沟通整合后作为一个因子，其他变量分别作为一个因子，构建三因子模型2；将人力资源柔性与组织沟通整合后作为一个因子，将整合型领导力与组织创新绩效整合后作为一个因子，构建两因子模型3；最后将所有变量整合后，构建单因子模型4。具体的拟合指数如表8.3所示。从分析结果来看，基础因子模型的拟合指数是最优的，并且都在经验值范围以内，故本章设计的研究量表效度较高，可进行接下来的正式检验。

表8.3　　　　　　　　　预测试量表效度检验（N = 98）

Model	χ^2	df	χ^2/df	RMSEA	NNFI	CFI	GFI	SRMR
Baseline Model	97.56	34	2.87	0.05	0.92	0.94	0.96	0.04
Model 1	262.13	56	4.68	0.07	0.91	0.92	0.93	0.07
Model 2	496.19	63	7.88	0.11	0.90	0.90	0.91	0.14
Model 3	694.57	67	10.37	0.24	0.89	0.90	0.89	0.17
Model 4	1 096.73	92	11.92	0.33	0.88	0.89	0.88	0.21

8.4　问卷收集与数据评估

8.4.1　问卷收集

根据预调研的调研标准，本章发放问卷的对象为互联网转型企业基层领导者与领导者管理的员工。调研时间为2018年6月至2018年9月。在2018年6月至2018年7月期间向选择的被试发放300份调查问卷涉及 45 个领导小组，最终回收了 32 个领导小组的 187 份，经过样本检查发现其中有效问卷 136 份，涉及 26 个领导小组，有效回收率 45.33%。在 2018 年 8 月～2018 年 9 月期间在 30 个领导小组中发放问卷 200 份，最终回收了 21 个领导小组的 127 份有效问卷，有效回收率 63.50%。两次问卷的回收率皆符合克里什曼（Krishman，2006）等学者提出的社会网络问卷调查的回收率[366]。因此，本章共对 47 个领导小组中的 263 个员工进行了问卷调查，平均每个领导小组中包括了 5.60 个员工，这也远远达到了研究的基本要求。具体的样本统计信息如表8.4 所示。

表8.4　　　　　　调查样本的描述性统计信息（N = 263）

统计变量	类别	人数（人）	百分比（%）
性别	男	158	60.08
	女	105	39.92
年龄	20～29 岁	98	37.26
	30～39 岁	82	31.18
	40～49 岁	53	20.15
	50 岁以上	30	11.41
教育程度	高中及以下	34	12.93
	大专	112	42.56
	本科	89	33.84
	硕士及以上	19	10.65
企业性质	国有企业	78	29.66
	私营企业	137	52.09
	集体制企业	48	18.25

8.4.2　数据信度检验

针对以上收集的数据进行了量表的信效度校验。具体的效度检验结果如表8.5 所示。

表8.5 预测试量表信度检验 （N=263）

维度	各变量信度	整体信度	备注
人力资源柔性	0.917		良好
组织沟通	0.903	0.913	良好
组织创新绩效	0.911		良好

从以上的预测试分析可以发现，无论是单个变量的测量量表还是整体的测量量表都具有较好的信度（α系数均大于0.7）。

8.4.3 数据效度检验

利用因子分析法，对预测量的量表进行效度检验。将四因子模型设定为本章的基础模型。将整合型领导力与组织创新绩效整合后作为一个因子，其他变量分别作为一个因子，构建三因子模型1；将人力资源柔性与组织沟通整合后作为一个因子，其他变量分别作为一个因子，构建三因子模型2；将人力资源柔性与组织沟通整合后作为一个因子，将整合型领导力与组织创新绩效整合后作为一个因子，构建两因子模型3；最后将所有变量整合后，构建单因子模型4。具体的拟合指数如表8.6所示。

表8.6 预测试量表效度检验 （N=263）

Model	χ^2	df	χ^2/df	RMSEA	NNFI	CFI	GFI	SRMR
Baseline Model	102.43	37	2.77	0.03	0.95	0.93	0.96	0.04
Model 1	289.17	62	4.66	0.05	0.93	0.92	0.93	0.06
Model 2	521.23	71	7.34	0.18	0.91	0.90	0.91	0.15
Model 3	702.69	78	9.01	0.27	0.90	0.90	0.90	0.22
Model 4	988.71	89	11.11	0.35	0.88	0.89	0.88	0.39

从以上分析结果来看，基础因子模型的拟合指数是最优的，并且都在经验值范围以内，故本章设计的研究量表效度较高，可进行接下来的正式检验。

8.4.4　数据同源方差检验

由此本章主要采用 Harman 单因子检测方法对所收集的数据进行同源方差检验。主要的步骤是对量表中所有的题项进行未旋转的因子分析，得到第一主成分的方差解释量为 21.331%，总共方差解释率为 69.253%。由此判断本研究的同源方差问题并不严重。

8.5　假设检验与结果讨论

8.5.1　相关性分析

本章利用 SPSS20.0 就涉及的变量进行相关性分析，具体的分析结果如表 8.7 所示。从表中的数据可知，各核心变量之间存在明显的相关关系，本章的研究假设也得到了初步的验证。此外从各变量的相关系数来看，都在 0.7 以下，说明各变量之间不存在明显的共线性问题。综上，本章适合进行接下来的相关数据分析。

表 8.7　　　　　　　　　相关性分析表（N = 263）

变量	均值	标准差	1	2	3	4	5	6	7	8
性别	1.40	0.67	1							
年龄	2.06	0.46	0.097	1						
教育程度	2.29	0.39	0.102 **	0.049	1					

变量	均值	标准差	1	2	3	4	5	6	7	8
企业性质	1.89	0.69	0.103	0.219*	0.075	1				
整合型领导力	3.57	0.64	0.083*	0.078	0.092**	0.141	1			
人力资源柔性	3.43	0.59	0.112	0.017*	0.114	0.127*	0.037**	1		
组织沟通	3.66	0.62	0.146*	0.116	0.059*	0.068	0.231**	0.191*	1	
组织创新绩效	3.52	0.71	0.118	0.131	0.197	0.155	0.079**	0.089**	0.227**	1

注：*** 表示 $p < 0.001$，** 表示 $p < 0.01$，* 表示 $p < 0.05$。

8.5.2　中介效应检验

本章采用 Bootstrap 的中介效应分析方法对假设中的中介效应进行检验，利用 SPSS 20.0 以及海因斯（2013）中的 SPSS 宏程序 PROCESS 来分析相应的数据。本书设定 Bootstrap 抽样次数设为 5 000 次，并采用偏差校正（bias-corrected）的置信区间估计法，置信度水平取值为 95%。主要分析结果如表 8.8 所示。

表 8.8　　　　　　　　人力资源柔性的中介作用（N = 263）

	组织创新绩效 模型1		人力资源柔性 模型2		组织创新绩效 模型3	
	β	SE	β	SE	β	SE
常数项	1.463***	0.264	1.472***	0.194	1.556***	0.208
整合型领导力	0.241***	0.063	0.083*	0.053	0.171***	0.055
人力资源柔性					0.106**	0.037
R^2	0.1262		0.2540		0.1384	
F	27.548		31.031		26.337	
P	0.000		0.000		0.000	
Bootstrap			Effect 0.0972	SE 0.0169	置信区间下限 0.1081	置信区间上限 0.3171

注：*** 代表 $p < 0.001$，** 代表 $p < 0.01$，* 代表 $p < 0.05$。

在表8.8中，模型1检验的是自变量整合型领导力对因变量组织创新绩效的总效应，结果表明整合型领导力对组织创新绩效有显著的正向影响（$\beta = 0.241$，$p < 0.001$）。模型2检验的是整合型领导力对人力资源柔性的影响，结果显示，整合型领导力对人力资源柔性有显著的正向影响（$\beta = 0.083$，$p < 0.05$）。模型3显示，在将整合型领导力和人力资源柔性同时纳入回归模型后，整合型领导力与人力资源柔性对组织创新绩效有显著的正向影响（$\beta = 0.171$，$p < 0.001$；$\beta = 0.106$，$p < 0.01$），并且模型3中整合型领导力对组织创新绩效的影响相比于模型1的结果有明显的减弱。因此，初步判断人力资源柔性在整合型领导力与组织创新绩效间起中介作用。

而在 Bootstrap 置信区间的检验中，95%的偏差校正的置信区间上下限均不包含零值，这也进一步支持了人力资源柔性在整合型领导力与组织创新绩效间的中介作用。综上所述，本章认为假设 H4 得到验证。

8.5.3 调节效应检验

本章主要应用 SPSS20.0 进行调节效应的检验，检验结果如表8.9所示。

表8.9 调节效应检验表（N = 263）

变量	组织创新绩效		
	模型1	模型2	模型3
性别	0.109	0.113	0.107
年龄	0.065 **	0.082	0.123 *
教育程度	0.102 *	0.104 **	0.078
企业性质	− 0.087	− 0.097 *	− 0.061 ***
整合型领导力		0.113 **	
人力资源柔性			0.074 *

变量	组织创新绩效		
	模型 1	模型 2	模型 3
组织沟通		0.065 *	0.091 *
IL × OC		0.109 **	
HRF × OC			0.119 **
R^2	0.198	0.247	0.517
调整 R^2	0.167	0.231	0.502

注：*** 表示 $p < 0.001$，** 表示 $p < 0.01$，* 表示 $p < 0.05$。IL 代表整合型领导力；OC 代表组织沟通；HRF 代表人力资源柔性。

研究结果显示：组织沟通正向调节着整合型领导力与组织创新绩效之间的关系。即整合型领导力与组织开放度匹配时对知识整合起到正向的影响（$\beta = 0.109$，$p < 0.01$）；组织沟通正向调节着人力资源柔性与组织创新绩效之间的关系。即人力资源柔性与组织开放度匹配时对知识整合起到正向的影响（$\beta = 0.119$，$p < 0.01$）。由此假设 H5、H6 得到验证。

8.5.4 研究结果讨论

本章探究了整合型领导力与组织创新绩效之间的关系，以此明晰整合型领导力在组织创新方面的效能。主要的研究结论包括：整合型领导力对组织创新绩效有着正向的影响；人力资源柔性在整合型领导力与组织创新绩效之间起到部分中介作用。组织沟通不仅调节着整合型领导力与组织创新绩效之间的关系，而且还调节着人力资源柔性与组织创新之间的关系。该研究具有以下的研究贡献：

首先，强调了整合型领导力对组织创新绩效提升的积极作用。在以往的研究中已经有学者研究证明了领导力与组织创新之间的关系[368]，并强调了领导力在其中起到积极的作用[397]。但是以往研究所涉及的领导力类型都是通过领导行为激励员工积极参与组织创新或者是营造一种组织创新氛围，以此使组织获取创新优势[398]。本章研究的整合型领导力在组织创新中的作用与以往研究不同主要体现在整合型领导力关注了员工技能柔性、领导小组柔性以及组织结构的变化，这一点在以往的研究中有所缺失。在第4章与第5章整合型领导力的概念内涵建构以及作用机理研究结论中已经得出整合型领导力不仅能够改变组织的结构，使组织结构变得柔性，另外还能够改变领导和员工之间的关系，这在本章的研究结论中也得到了证明。

其次，人力资源柔性在整合型领导力与组织创新绩效之间的中介作用。该研究结论不仅进一步验证了整合型领导力的一般作用机理，而且还验证了以往关于领导力与组织创新的研究。李召敏和赵曙明（2016）在动态能力的支撑下研究了关系导向型战略领导对组织绩效的影响，其中人力资源柔性在其中起到中介作用[382]。整合型领导力其中的关系整合关键特征也具有关系属性，能够整合不同技能、不同岗位上的给员工，使得组织内部能够技能互补和知识共享，从而有利于组织创新绩效的提升。

最后，组织沟通在整合型领导力与组织创新绩效之间、人力资源柔性与组织创新绩效之间起到正向的调节作用。即组织沟通在水平越高，整合型领导力/人力资源柔性对组织创新绩效的影响越大（如图8.3所示）。根据克南和汉格斯（2002）的研究，认为组织沟通是组织成员通过信息交换的重要方式，实现情感交流和共同的组织目标构建，以此合作完成组织目标的过程[399]。在互联网时代，在通信技术的支持下组织成员之间的沟通的频率与程度都在不断的增强，本章的研究结论一方面，再次验证了组织沟通在组织创新发展中的积极作用；另一方面，从组织沟通的概念内涵来看，整合型领导力的跨边界属性以及利益共享属性能够提升组织沟通的程度，学者们在之后的研究中可以进一步地验证整合型领导力与组织沟通的关系。

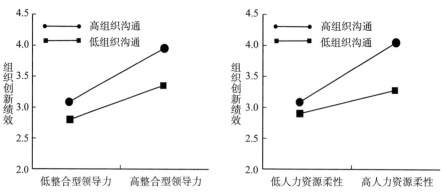

图 8.3　组织沟通调节效应图示

8.6　本章小结

本章主要是对整合型领导力在组织层面的作用效能进行了研究，主要以组织创新绩效作为结果变量，引入了人力资源柔性以及组织沟通等变量，探究了整合型领导力对组织创新绩效的关系，同时验证了人力资源柔性在整合型领导力与组织创新绩效之间的中介作用以及组织沟通的研究模型中的调节作用。利用 SPSS 20.0 以及 AMOS 20.0 对收集的数据进行了检验，研究结果表明整合型领导力正向影响着组织创新绩效；人力资源柔性在其中起到部分中介作用；组织沟通能够正向影响着整合型领导力/人力资源柔性与组织创新绩效之间的关系。

第9章

整合型领导力对员工
创新绩效的影响

在上两章节中已经探究了整合型领导力在合作网络和组织层中的效能机制，由于整合型领导力是一个多层次的结构变量，对个体也有积极地影响。因此接下来在相关理论的支撑下，以员工创新绩效为结果变量，指代个体层整合型领导力的效能指标，同时引入员工心理授权、人力资源柔性等变量，以此探究其在个体层的效能机制。

9.1 研究假设

9.1.1 整合型领导力对员工心理授权的影响

整合型领导力是在企业互联网转型背景下从领导者的突破探索精神和共同体思维出发，在互联网技术的支撑下，整合合作网络中所有参与主体的战略目标，引导各层次参与单元决策，通过关系整合以及边界突破能力实现共同利益的一种领导模式。通过上述可知，整合型领导可以概括为五个维度，即战略目标整合、混合决策、关系网络发展、边界跨越和利益共同分配。具有上述整合型领导特质的领导者，对员工的心理和行为都会产生重要的影响。具体来说，第一，整合型领导者强调战略目标的整合，这同样要求员工与领导者保持一致的行为目标。整合型领导者通过授予员工充分表达意愿的机会，不断契合领导—成员间的行为目标一致性；第二，整合型领导者强调混合决策，领导者在行为决策的过程中将充分尊重员工的意愿，这将有利于提高员工的被尊重感和自我效能感[400]，即使员工认为自己有能力、有权利对组织产生影响；第三，整合型领导者强调关系网络的发展，由于整合型领导力下领导和员工自由搭配，具有价值观共识下的关系建立和维持，自然而然就形成了良好的领导与成员关系，而良好的领导—成员交换关系有利于提高员工的心理授权感[401]；第四，整合型领导强调边界跨越，因而更倾向于赋予员工权利，从而帮助员工在组织中实现知识分享[402]和无边界职业生涯[403]等；第五，整合型领导者注重利益的共同分配，在具有该种领导特质的领导者的带领下，员工的利益往往能够得到充分保障。即整合型领导者通过实现利益共享而触发员工行为动机，并满足员工自我效能，这将进一步提升其心理授权感[404]。

基于上述理论，本研究假设：

H1：整合型领导力正向影响员工的心理授权。

9.1.2　员工心理授权对员工创新绩效的影响

心理授权主要指个体在工作场所中对自身工作角色的整体感知情况，主要涉及自主性、工作影响、自我效能和工作意义这四个层面。自主性主要指个体对于自己工作内容或工作方式的控制程度，自我效能主要指个体对于完成某项工作的信心程度，工作影响是指个体对于自身在组织管理、战略决策中的影响作用的认知，而工作意义是指个体基于自我评判标准而对所做工作的价值和重要性所做出的主观判断[405~406]。这四个层面从双因素理论来分析，均为激励因素，因而能激发员工的内在心理动机[142]。现有研究已经证实了个体心理授权在提升其创新行为和创新绩效中的重要作用。例如，詹森（2005）通过研究认为，员工对于工作的控制程度越大，越具有灵活的创新思维[407]。舍尔穆利、迈耶和达贝（2014）认为，领导授予员工较高的自主性时，员工更具创新行为[408]。魏峰等学者（2009）证实了员工心理授权能提升员工的创新绩效。由此可见，当员工认为自己有能力完成某项工作，并在其中担任重要角色时，其胜任需求和归属感均得到提升[409]。与此同时，若员工被赋予较高的心理授权感，并能够寻找到工作的意义时，员工会认为自己有权利产生创新行为，并积极主动地投入到工作中，从而有利于创新绩效的提升。

基于上述理论，本研究假设：

H2：员工的心理授权正向影响员工创新绩效。

9.1.3 员工心理授权的中介作用

由上述可知，施普赖策（1995）和李超平、田宝和时勘（2006）将心理授权定义为个体体验到的具有前瞻性倾向和控制感的心理状态或认知，主要包括自主性、工作意义、自我效能和工作影响四个维度[405~406]。而托马斯和威尔特士（1990）在提出心理授权模型后指出，组织的领导者和组织环境均能影响到员工的心理授权，而心理授权又会进一步影响员工的行为方式[255]。现有的大量文献已经证实了员工心理授权在领导行为与员工行为、产出间的桥梁作用，如李永占（2018）证实了心理授权在变革型领导和员工创新行为间的中介作用[410]；伊尔和康（2014）指出领导成员间的良好关系将通过员工的心理授权，进而影响员工的工作产出[411]；舍尔穆立、迈耶和达贝（2014）同样研究了心理授权在领导成员交换关系和创新行为间的中介作用[408]。基于此，结合上述整合型领导对员工心理授权的影响以及员工心理授权对其创新绩效的逻辑分析，本研究认为，心理授权在整合型领导和员工创新绩效间起着重要的中介作用。具体来说，整合型领导通过战略目标整合、混合决策、关系网络发展、边界跨越和利益共同分配这五个方面，赋予员工工作自主性，提高员工的自我效能感及对工作的影响程度，并提高作用价值。根据双因素理论，员工的内在激励动机得到满足，因而更具创新行为[161]，从而有利于提升员工的创新绩效。

基于上述理论，本研究假设：

H3：员工心理授权在整合型领导力和个体创新绩效之间起到中介作用。

9.1.4 人力资源柔性对员工创新绩效的影响

人力资源柔性主要指通过多样化技能和行为实现资源的获取、重组以提升人力资源的效率，从而提高企业竞争力的能力[384]。怀特和斯奈尔（1998）将人力资源柔性主要分成人力资源实践柔性、人力资源技能柔性和员工行为柔性三个层面[246]。其中，人力资源实践柔性主要指对于企业面临的不同的市场环境、业务情况，能够实现及时匹配的程度；人力资源技能柔性主要指员工技能的多样化，即员工可以根据实际任务的需要而完成不同的任务安排；员工行为柔性主要指面对不同的工作情境，员工能够提供多样的、广泛的行为方式以应对。陈明淑、李佳雯和陆擎涛（2018）通过调查612家企业，发现企业的人力资源柔性在高绩效工作系统与企业创新绩效间起到重要作用，即高绩效的人力资源管理系统通过企业员工技能柔性、行为柔性和人力资源实践柔性，得以快速、便捷地吸收新知识，从而促进企业创新绩效的提升[412]。尹奎、孙健敏和吴艳华（2017）在对人力资源柔性的综述中指出，人力资源柔性通过提高文化适应性和知识管理效率，将有利于提升组织绩效[376]。昌等学者（2013）认为，人力资源柔性拓展了员工的知识层面，帮助员工提升技能，从而能够更加高效地解决工作中的问题[244]。上述观点均表明了人力资源柔性在提升组织创新绩效中的重要作用。本研究认为，人力资源柔性同样有利于个体创新绩效的提升，具体体现在：人力资源实践柔性有利于帮助员工增加知识获取渠道，实现探索式学习[385]，其人力资源模式能及时、有效地满足员工需求；人力资源技能柔性使员工具有多样化的知识技能储备，因为在面临不同的工作情境时，能够更具创造性地解决问题；而员工行为柔性能够使得员工在面临工作困境时，积极寻找多样化的解决方案，并在日常行为中主动探索新的工作方式，以减少成本或提高产品质量等创新行为，从而有利于个体创新绩效的提升。

基于上述理论，本研究假设：

H4：人力资源柔性正向影响员工创新绩效。

9.1.5 人力资源柔性的中介作用

整合型领导力的有效性的体现，本质上是落实到管理中对人的行为方式的影响。赵红雨和张丽华（2017）的研究认为，人力资源柔性作为组织动态能力的一种，在促使组织层面的结构模式转化为员工个体层面的行为产出的过程中具有重要的桥梁作用[413]。例如，科德里等学者（1993）的研究发现，企业高功能柔性战略能通过刺激员工内在动机，进而提高员工的满意度[414]。宝和兰知（2015）利用多案例研究的方法认为柔性的人力资源对员工参与感有积极的影响[415]。坎普斯等人（2016）通过结构方程模型发现组织的学习能力会通过员工柔性进而刺激个体绩效的产生[245]。据此，人力资源柔性在企业组织层面的因素对员工个体的影响作用间的转化作用得以体现，而依据上述的逻辑假设可知，组织层面的整合型领导力对人力资源柔性具有正向的影响，而人力资源柔性又会进一步的影响员工个体层面的创新绩效，因此本书认为人力资源柔性在整合型领导力与个体创新绩效间起着中介作用，具体来说，整合型领导力的战略目标整合、混合决策、关系网络发展、边界跨越和利益共同分配的特点，要求合作网络中的企业具有较强的人力资源柔性的保障。只有当企业具有较强的人力资源柔性时，才能支撑合作企业间的资源流动、信息分享和稳定互补的合作关系。更进一步地，当企业的人力资源柔性较高时，其合作模式和价值理念会传导给企业的员工。组织的人力资源柔性赋予员工跨边界合作的权利，员工在组织中的价值得到提升，从而更愿意主动探索和开发新的技能，因而有利于提升个体的创新绩效。

基于上述理论，本研究假设：

H5：人力资源柔性在整合型领导力与个体创新绩效之间起到中介作用。

9.2　模型构建

由于企业互联网转型的作用，企业内部的组织边界之间的模糊化，组织结构的柔性能够增加人力资源管理的柔性，以及提高员工的心理授权。因此本书考虑到整合型领导力在组织内部的跨层次影响作用，拟从组织层与个体层两方面探究其对个体创新的效能影响，根据以上的研究假设分析，本书构建了如下的研究模型，如图9.1所示。

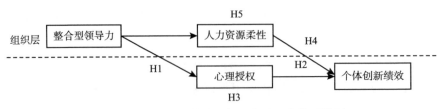

图9.1　个体层面整合型领导力跨层次作用模型

9.3 问卷设计与预测试

9.3.1 问卷设计

（1）人力资源柔性

本书对于人力资源柔性的测量，主要借鉴了莱特和斯奈尔（1998）的研究[246]，学者将人力资源柔性管理划分为三个维度，分别是人力资源管理实践柔性在公司的运用情况、技能柔性以及行为柔性。量表题项包括了"公司的人力资源管理实践能够在不同的环境下得到应用""公司人力资源管理实践能够根据环境的变化迅速改进"等。本书根据学者对于人力资源柔性的描述与研究，修正形成本书的量表。

（2）心理授权

本书对于心理授权的测量，主要借鉴了施普赖（1995）[405]、柯克曼等学者（2004）[416]的观点，学者们认为心理授权包含四个维度：工作意义、自我效能、自主性和工作影响。量表题项包括了"我们单位相信只要付出努力就一定能收获很多""我们单位总是从公司的大局角度出发来决定内部的事情该如何做"等。

（3）员工创新绩效

对于员工创新绩效的测量，本书借鉴了斯考特和布鲁斯（1994）[417]以及周和乔治（2001）[418]的观点，学者们认为其只包含一个维度，即创新绩效。主要的题项包括了"用系统的方法介绍创新性的思想，向别人推广和传播创新思想，并寻求支持""会把握机会，把创新思想运用到工作中"。

此外，整合型领导力的研究量表采用了在第6章中开发的研究量表，由于研究的情境主要是组织层面和个体层，因此在进行问卷设计时，对问卷进行了研究情境下的适当修改，并针对不同的研究被试进行了问卷的发放。

9.3.2 预 测 试

（1）预测试数据收集

根据本研究的根本属性，问卷收集是一个条件较多的过程。因此，经过与多名企业管理相关的专家进行研讨后，主要遵循以下步骤完成问卷的收集。首先，确定本书研究调研的人群。由于本书在该研究中主要确定的问卷收集方式为领导员工配对收集，因此将调研的人群确定为以组织中领导与员工。其次，为了能够更好地实现配对操作，本书选择了发放纸质问卷的方式进行了问卷收集。最后，为了避免收集数据的同源偏差，本书进行了多时点的数据收集。由此，本书分三个时点先后向辽宁、山东以及广东等地的 4 家目标企业中的 32 个领导小组发放了 150 份调查问卷，回收了 118 份，回收率 78.67%。剔除无效问卷，发现有效问卷为 102 份，涉及 21 个领导小组，则有效回收率为 68.00%。具体的人口统计学信息如表 9.1 所示。

表 9.1　　　　　预测试人口统计信息（N = 102）

统计变量	类别	人数（人）	百分比（%）
性别	男	59	57.84
	女	43	42.16
年龄	20～29 岁	38	37.25
	30～39 岁	29	28.43
	40～49 岁	18	17.65
	50 岁以上	17	16.67

续表

统计变量	类别	人数（人）	百分比（%）
受教育程度	高中及以下	23	22.55
	大专	48	47.06
	本科	21	20.59
	硕士及以上	10	9.80
公司性质	国有企业	24	23.53
	私营企业	78	76.47

（2）预测试信效度检验

针对以上收集的数据进行了量表的信效度校验。具体的信度检验结果如表9.2所示。

表9.2　　　　　　　预测试量表信度检验（N=102）

维度	各变量信度	整体信度	备注
员工心理授权	0.903		良好
人力资源柔性	0.896	0.928	良好
员工创新绩效	0.879		良好

从以上的预测试分析可以发现，无论是单个变量的测量量表还是整体的测量量表都具有较好的信度（α系数均大于0.7）。

利用因子分析法，对预测量的量表进行效度检验。将四因子模型设定为本书的基础模型。将整合型领导力与员工创新绩效整合后作为一个因子，其他变量分别作为一个因子，构建三因子模型1；将人力资源柔性与心理授权整合后作为一个因子，其他变量分别作为一个因子，构建三因子模型2；将人力资源柔性与心理授权整合后作为一个因子，将整合型领导力与员工创新绩效整合后作为一个因子，构建两因子模型3；最后将所有变量整合后，构建单因子模型4。具体的拟合指数如表9.3

所示。

表9.3 预测试量表效度检验（N = 102）

Model	χ^2	df	χ^2/df	RMSEA	NNFI	CFI	GFI	SRMR
Baseline Model	108.51	37	2.93	0.02	0.91	0.93	0.95	0.03
Model 1	234.76	54	4.35	0.06	0.91	0.92	0.93	0.07
Model 2	421.35	61	6.91	0.09	0.90	0.91	0.91	0.13
Model 3	699.17	69	10.13	0.21	0.89	0.90	0.90	0.18
Model 4	1 006.23	87	11.57	0.27	0.89	0.88	0.89	0.25

从以上分析结果来看，基础因子模型的拟合指数是最优的，并且都在经验值范围以内，故本书设计的研究量表效度较高，可进行接下来的正式检验。

9.4 问卷收集与数据评估

9.4.1 问卷收集

根据预调研的调研标准，本书发放问卷的对象为互联网转型企业中基层领导者与领导者管理的员工。调研时间为 2018 年 9 月~2018 年 11 月。在 2018 年 9 月~2018 年 10 月期间向选择的被试发放 250 份调查问卷涉及 42 个领导小组，最终回收了 29 个领导小组的 167 份，经过样本检查发现其中有效问卷 142 份，涉及 23 个领导小组，有效回收率 56.80%。在 2018 年 10 月~2018 年 11 月期间在 35 个领导小组中发放问卷 200 份，最终回收了 24 个领导小组的 106 份有效问卷，有效回收率53.00%。两次问卷的回收率皆符合克里什曼等学者（2006）提出的社会网络问卷调查的回收率[366]。因此，本书共对47个领导小组中的248个员工进行了问卷调查，平均每个领导小组中包括了5.28个员工，这也远远达到了研究的基本要求。具体的样本统计信息如表9.4所示。

表9.4 　　　　　　　　**调查样本的描述性统计信息（N＝248）**

统计变量	类别	人数（人）	百分比（%）
性别	男	153	61.69
	女	95	38.31
年龄	20~29岁	93	37.50
	30~39岁	92	37.10
	40~49岁	43	17.33
	50岁以上	20	8.06
教育程度	高中及以下	54	21.77
	大专	106	42.74
	本科	74	29.84
	硕士及以上	14	5.65
企业性质	国有企业	73	29.44
	私营企业	131	52.82
	集体制企业	44	17.74

9.4.2　数据信度检验

针对以上收集的数据进行了量表的信效度校验。具体的信度检验结果如表9.5所示。

表9.5 预测试量表信度检验（N = 248）

维度	各变量信度	整体信度	备注
员工心理授权	0.924		良好
人力资源柔性	0.937	0.916	良好
员工创新绩效	0.891		良好

从以上的预测试分析可以发现，无论是单个变量的测量量表还是整体的测量量表都具有较好的信度（α 系数均大于0.7）。

9.4.3 数据效度检验

利用因子分析法，对预测量的量表进行效度检验。将四因子模型设定为本书的基础模型。将整合型领导力与员工创新绩效整合后作为一个因子，其他变量分别作为一个因子，构建三因子模型1；将人力资源柔性与心理授权整合后作为一个因子，其他变量分别作为一个因子，构建三因子模型2；将人力资源柔性与心理授权整合后作为一个因子，将整合型领导力与员工创新绩效整合后作为一个因子，构建两因子模型3；最后将所有变量整合后，构建单因子模型4。具体的拟合指数如表9.6所示。

表9.6 预测试量表效度检验（N = 248）

Model	χ^2	df	χ^2/df	RMSEA	NNFI	CFI	GFI	SRMR
Baseline Model	105.36	38	2.77	0.03	0.95	0.94	0.96	0.03
Model 1	217.72	49	4.44	0.05	0.93	0.92	0.93	0.06
Model 2	392.51	58	6.77	0.12	0.91	0.91	0.92	0.11
Model 3	702.19	67	10.48	0.23	0.89	0.90	0.90	0.23
Model 4	986.35	84	11.74	0.28	0.87	0.88	0.89	0.37

从以上分析结果来看，基础因子模型的拟合指数是最优的，并且都在经验值范围以内，故本书设计的研究量表效度较高，可进行接下来的正式检验。

9.4.4 数据同源方差检验

由此本书主要采用 Harman 单因子检测方法对所收集的数据进行同源方差检验。主要的步骤是对量表中所有的题项进行未旋转的因子分析，得到第一主成分的方差解释量为 17.402%，总共方差解释率为 68.325%。由此判断本研究的同源方差问题并不严重。

9.5 假设检验与结果讨论

9.5.1 相关性分析

本书利用 SPSS20.0 就涉及的变量进行相关性分析，具体的分析结果如表 9.7 所示。从表中的数据可知，各核心变量之间存在明显的相关关系，本书的研究假设也得到了初步的验证。此外从各变量的相关系数来看，都在 0.7 以下，说明各变量之间不存在明显的共线性问题。综上，本书适合进行接下来的相关数据分析。

表 9.7 相关性分析表（N = 248）

变量	均值	标准差	1	2	3	4	5	6	7	8
性别	1.38	0.69	1							
年龄	1.64	0.62	0.076	1						

变量	均值	标准差	1	2	3	4	5	6	7	8
教育程度	2.19	0.59	0.201 **	0.032	1					
企业性质	1.88	0.64	0.106	0.138 *	0.069	1				
整合型领导力	3.62	0.61	0.079 *	0.065	0.077 **	0.121	1			
人力资源柔性	3.57	0.57	0.202	0.029 *	0.136	0.129 *	0.025 **	1		
心理授权	3.61	0.62	0.131 *	0.206	0.071 *	0.106	0.141 **	0.091 *	1	
员工创新绩效	3.58	0.63	0.171	0.148	0.172	0.095	0.042 **	0.065 **	0.217 **	1

注：*** 表示 $p < 0.001$，** 表示 $p < 0.01$，* 表示 $p < 0.05$。

9.5.2 整体模型跨层次检验

本书的跨层次分析是在马蒂厄和泰勒提出的多层次中介效应分析思路的指导下完成的[419]。两位学者的分析思路主要包括了四个步骤：首先，对零模型进行检验。对零模型检验的主要目的是检查是否有开展跨层次分析的必要，只有当组内的相关系数 ICC(1) 大于 0.06，才有必要进行跨层次分析[420]。其次，检验自变量对因变量的影响。只有当自变量与因变量之间具有直接影响时，才能够进行接下来的跨层次检验。再次，检验自变量对中介变量的作用。这也是判断是否可以进行接下来跨层次检验的一个标准。最后，将自变量与中介变量都纳入分析的模型中，检验对因变量的影响。中介变量与自变量同时纳入模型中时，如果自变量的回归系数不显著而中介变量的系数是显著的，那么说明此模型中的中介效应是完全中介效应；如果自变量对因变量的回归系数的估计值达到了显著水平，但是回归系数明显小于步骤二的回归系数，说明中介效应是部分中介效应。接下来，进行本书中介效应的跨层次检验。

第一步：由于员工心理授权与员工创新绩效都是个体层面的变量，因此需要构建两个零模型来检验两者是否适合进行跨层次分析。构建的员工创新绩效的分析公式如下所示：

$$\text{Level} - 1 \text{ Model：} \text{EIP}_{ij}(\text{员工创新绩效}) = \beta_{0j} + r_{ij}$$

$$\text{Level} - 2 \text{ Model：} \beta_{0j} = \gamma_{00} + u_{0j}$$

构建的员工心理授权的分析公式如下所示：

$$\text{Level} - 1 \text{ Model：} \text{EPE}_{ij}(\text{员工心理授权}) = \beta_{0j} + r_{ij}$$

$$\text{Level} - 2 \text{ Model：} \beta_{0j} = \gamma_{00} + u_{0j}$$

根据分析的结果（如表 9.8 所示），员工创新绩效的组内方差是 0.65，组间方差是 0.53，并且分析的结果显示组间方差是显著的（$p < 0.01$）。因此根据计算 $\text{ICC}(1) = 0.53/(0.53 + 0.65) = 0.4492$。这一分析结果远远大于 0.06，因此是有必要进行跨层次分析的。相同的计算方式员工心理授权的 $\text{ICC}(1) = 0.47/(0.47 + 0.51) = 0.4796$，同样有必要进行跨层次分析。

表 9.8　　员工心理授权中介作用的多层线性分析（N = 248）

模型	参数					
	γ_{00}	γ_{01}	γ_{10}	γ_{02}	σ^2	τ_{00}
零模型 1 Level -1 Model：$\text{EIP}_{ij} = \beta_{0j} + r_{ij}$ Level -2 Model：$\beta_{0j} = \gamma_{00} + u_{0j}$	5.73**				0.65	0.53**
零模型 2 Level -1 Model：$\text{EPE}_{ij} = \beta_{0j} + r_{ij}$ Level -2 Model：$\beta_{0j} = \gamma_{00} + u_{0j}$	4.63**				0.51	0.47**
模型 3 Level -1 Model：$\text{EIP}_{ij} = \beta_{0j} + r_{ij}$ Level -2 Model：$\beta_{0j} = \gamma_{00} + \gamma_{01} \times (\text{IL}_j) + u_{0j}$	0.24	0.29**			0.68	0.04
模型 4 Level -1 Model：$\text{EPE}_{ij} = \beta_{0j} + r_{ij}$ Level -2 Model：$\beta_{0j} = \gamma_{00} + \gamma_{01} \times (\text{IL}_j) + u_{0j}$	1.75*	0.21*			0.52	0.06**

模型	参数					
	γ_{00}	γ_{01}	γ_{10}	γ_{02}	σ^2	τ_{00}
模型 5 Level -1 Model：$EIP_{ij} = \beta_{0j} + \beta_{1j} \times (EPE_{ij}) + r_{ij}$ Level -2 Model：$\beta_{0j} = \gamma_{00} + \gamma_{01} \times (EPE_j)$ 　　　　　　 $+ \gamma_{02} \times (IL_j) + u_{0j}$ 　　　　　 $\beta_{1j} = \gamma_{10}$	0.98	0.51**	0.33**	0.17*	0.42	0.04**

注：*** 表示 $p < 0.001$，** 表示 $p < 0.01$，* 表示 $p < 0.05$。

第二步：接下来检验自变量与因变量之间的关系，构建的分析公式如下所示：

$$Level - 1 \ Model：EIP_{ij}（员工创新绩效）= \beta_{0j} + r_{ij}$$

$$Level - 2 \ Model：\beta_{0j} = \gamma_{00} + \gamma_{01} \times (IL_j) + u_{0j}$$

回归系数 γ_{01} 反映的是整合型领导力对员工创新绩效的直接效应，根据分析的参考标准，只有当 γ_{01} 显著时，才能够进行进一步的跨层次分析。如表 9.8 所示的分析结果，$\gamma_{01} = 0.29$，并且是显著的 $p < 0.01$，因此满足了进行跨层次分析的要求。也同时说明了整合型领导力对员工创新绩效具有正向的影响。

第三步：检验自变量与中介变量之间的关系，构建的分析公式如下所示：

$$Level - 1 \ Model：EPE_{ij}（员工心理授权）= \beta_{0j} + r_{ij}$$

$$Level - 2 \ Model：\beta_{0j} = \gamma_{00} + \gamma_{01} \times (IL_j) + u_{0j}$$

回归系数 γ_{01} 反应的是整合型领导力对员工心理授权的直接效应，根据分析的参考标准，只有当 γ_{01} 显著时，才能够进行进一步的跨层次分析。如表 9.8 所示的分析结果，$\gamma_{01} = 0.21$，并且是显著的 $p < 0.05$，因此满足了进行跨层次分析的要求。也同时说明了整合型领导力对员工心理授权具有正向的影响，假设 H1 得到验证。

第四步：将整合型领导力、员工心理授权以及员工创新绩效都纳入分析模型中，构建的分析公式如下所示：

$$\text{Level} - 1 \text{ Model：} EIP_{ij}（员工创新绩效） = \beta_{0j} + \beta_{1j} \times (EPE_{ij}) + r_{ij}$$

$$\text{Level} - 2 \text{ Model：} \beta_{0j} = \gamma_{00} + \gamma_{01} \times (EPE_j) + \gamma_{02} \times (IL_j) + u_0$$

$$\beta_{1j} = \gamma_{10}$$

本书利用 HLM9.0 检验的具体分析结果如表 9.8 所示。

当将整合型领导力、员工心理授权以及员工创新绩效都纳入分析模型中时，分析结果如表 9.8 所示：γ_{02} 反映了整合型领导力对组织创新绩效的影响，$\gamma_{02} = 0.17$，且 $p < 0.05$。γ_{10} 反映了员工心理授权对组织创新绩效的影响，$\gamma_{10} = 0.33$，且 $p < 0.01$，由此假设 H2 得到验证。另外，当将整合型领导力、员工心理授权以及员工创新绩效都纳入分析模型中时，整合型领导力的系数明显的下降了，由第二步中的 0.29 下降的 0.17，由此可以判断员工心理授权在整合型领导力与员工创新绩效之间起到部分中介的作用，由此假设 H3 得到验证。

接下来运用相同的方法对人力资源柔性在整合型领导力与员工创新绩效之间的中介作用进行检验。根据以上的分析思路，本书构建的相关分析公式如下所示：

第一步：由于只有员工创新绩效都是个体层面的变量，因此需要构建一个零模型来检验两者是否适合进行跨层次分析。构建的员工创新绩效的分析公式如下所示：

$$\text{Level} - 1 \text{ Model：} EIP_{ij}（员工创新绩效） = \beta_{0j} + r_{ij}$$

$$\text{Level} - 2 \text{ Model：} \beta_{0j} = \gamma_{00} + u_{0j}$$

根据分析的结果（如表 9.9 所示），员工创新绩效的组内方差是 0.57，组间方差是 0.49，并且分析的结果显示组间方差是显著的（$p < 0.01$）。因此根据计算 $ICC(1) = 0.49/(0.49 + 0.57) = 0.4623$。这一分析结果远远大于 0.06，因此是有必要进行跨层次分析的。

表 9.9 　　　　**员工心理授权中介作用的多层线性分析（N = 248）**

模型	参数					
	γ_{00}	γ_{01}	γ_{10}	γ_{02}	σ^2	τ_{00}
零模型 1 Level – 1 Model：$EIP_{ij} = \beta_{0j} + r_{ij}$ Level – 2 Model：$\beta_{0j} = \gamma_{00} + u_{0j}$	4.23**				0.57	0.49**
模型 2 Level – 1 Model：$EIP_{ij} = \beta_{0j} + r_{ij}$ Level – 2 Model：$\beta_{0j} = \gamma_{00} + \gamma_{01} \times (IL_j) + u_{0j}$	0.31	0.34**			0.52	0.07*
模型 3 Level – 1 Model：$HRF_{ij} = \beta_{0j} + r_{ij}$ Level – 2 Model：$\beta_{0j} = \gamma_{00} + \gamma_{01} \times (IL_j) + u_{0j}$	1.64*	0.28**			0.46	0.09**
模型 4 Level – 1 Model：$EIP_{ij} = \beta_{0j} + \beta_{1j} \times (HRF_{ij}) + r_{ij}$ Level – 2 Model：$\beta_{0j} = \gamma_{00} + \gamma_{01} \times (HRF_j)$ 　　　　　　　　　$+ \gamma_{02} \times (IL_j) + u_{0j}$ 　　　　　　$\beta_{1j} = \gamma_{10}$	1.02	0.43**	0.24**	0.21*	0.51	0.11**

注： *** 表示 $p < 0.001$，** 表示 $p < 0.01$，* 表示 $p < 0.05$。

第二步：接下来检验自变量与因变量之间的关系，构建的分析公式如下所示：

$$Level – 1 \; Model：EIP_{ij}（员工创新绩效）= \beta_{0j} + r_{ij}$$

$$Level – 2 \; Model：\beta_{0j} = \gamma_{00} + \gamma_{01} \times (IL_j) + u_{0j}$$

回归系数 γ_{01} 反映的是整合型领导力对员工创新绩效的直接效应，根据分析的参考标准，只有当 γ_{01} 显著时，才能够进行进一步的跨层次分析。如表 9.2 所示的分析结果，$\gamma_{01} = 0.34$，并且是显著的 $p < 0.01$，因此满足了进行跨层次分析的要求。也同时说明了整合型领导力对员工创新绩效具有正向的影响。

第三步：检验自变量与中介变量之间的关系，构建的分析公式如下所示：

$$Level – 1 \; Model：HRF_{ij}（人力资源柔性）= \beta_{0j} + r_{ij}$$

$$\text{Level} - 2 \text{ Model：} \beta_{0j} = \gamma_{00} + \gamma_{01} \times (\text{IL}_j) + u_{0j}$$

回归系数 γ_{01} 反映的是整合型领导力对人力资源柔性的直接效应，根据分析的参考标准，只有当 γ_{01} 显著时，才能够进行进一步的跨层次分析。如表 9.9 所示的分析结果，$\gamma_{01} = 0.28$，并且是显著的 $p < 0.01$，因此满足了进行跨层次分析的要求。也同时说明了整合型领导力对人力资源柔性具有正向的影响。

第四步：将整合型领导力、人力资源柔性以及员工创新绩效都纳入分析模型中，构建的分析公式如下所示：

$$\text{Level} - 1 \text{ Model：} \text{EIP}_{ij}（员工创新绩效）= \beta_{0j} + \beta_{1j} \times (\text{HRF}_{ij}) + r_{ij}$$

$$\text{Level} - 2 \text{ Model：} \beta_{0j} = \gamma_{00} + \gamma_{01} \times (\text{HRF}_j) + \gamma_{02} \times (\text{IL}_j) + u_{0j}$$

$$\beta_{1j} = \gamma_{10}$$

当将整合型领导力、人力资源柔性以及员工创新绩效都纳入分析模型中时，分析结果如表 9.9 所示：γ_{02} 反映了整合型领导力对组织创新绩效的影响，$\gamma_{02} = 0.21$，且 $p < 0.05$。γ_{10} 反映了人力资源柔性对组织创新绩效的影响，$\gamma_{10} = 0.24$，且 $p < 0.01$，由此假设 H4 得到验证。另外，当将整合型领导力、人力资源柔性以及员工创新绩效都纳入分析模型中时，整合型领导力的系数明显的下降了，由第二步中的 0.34 下降的 0.21，由此可以判断人力资源柔性在整合型领导力与员工创新绩效之间起到部分中介的作用，由此假设 H5 得到验证。

本书利用 HLM9.0 检验的具体分析结果如表 9.9 所示。

9.5.3　研究结果讨论

本书利用跨层次的研究方法，检验了整合型领导力在个体层的作用效能。根据第 5 章对整合型领导力一般作用机理的探究，以及在心理授权理论的支撑下，本书引入了人力资源柔性和员工心理授权等变量，来探究整合型领导力对员工创新绩效的影响。具体得出如下的研究结论：首先，整合型领导力对员工创新绩效的提升具有正向的影响。在以往的研究中学者们更多地关注了从领导个体特质构建的领导力类型，例如谦卑型领导力、包容型领导力以及自恋型领导力等[421~423]。尽管这些领导力对员工绩效或创新绩效都有积极的影响，但是整体上没有关注互联网对于组织中员工的影响。本书的研究结论关注了企业互联网转型背景下整合型领导力对员工创新绩效的影响，这一方面，能够丰富员工创新绩效的理论研究视角；另一方面，也能对整合型领导力的作用效能进行验证。

其次，人力资源柔性在整合型领导力与员工创新绩效之间起到部分中介作用。在第 8 章的研究内容中已经论证了整合型领导力对组织创新绩效的影响，主要从人力资源柔性以及组织沟通程度的视角进行了研究。在第 5 章的内容中已经通过案例研究的方法探讨了整合型领导力对组织结构柔性以及领导成员关系重构的作用，这两方面都能够包含在人力资源柔性的概念中，结合以往的研究已经证明了领导成员关系能够影响员工的创新行为[424]，本章的研究旨在探究整合型领导力下建立的新型领导成员关系对员工创新绩效有什么样的影响。由于人力资源柔性与整合型领导力都是组织层面的概念，因此本书采用跨层次研究的方法进行了探讨，研究结论也证明了我们的理论猜想，即人力资源柔性在整合型领导力与员工创新绩效之间起到部分中介的作用。

最后，员工心理授权在整合型领导力与员工创新绩效之间起到部分中介作用。员工心理授权主要是从员工心理上探究整合型领导力影响员工创新绩效的机制。在企业互联网转型背景下更加关注员工自身发展，充分给予员工自我决策的权利，在此背景下探究了整合型领导力对员工心理授权的影响，以及探讨了员工心理授权在整合型领导力与员工创新绩效之间的关系。该研究结论一方面，强调了员工心理状态在其创新行为或创新绩效上的提升作用[425]，以及强调了领导者需要在平时的工作中组织制度制定或组织结构创新上关注员工心理；另一方面，也能够为研究者提供新的研究视角，即在企业互联网转型中，采取什么样的领导力模式能够提升员工的心理资本，进而提升个体的创新绩效。整合型领导力是一个不仅关注员工个体发展而且还关注组织整体发展的领导力类型，从整合型领导力出发得出的研究结论，能够为企业互联网转型中的实践者对员工潜能激发或员工的自我发展以此实现企业的转型发展上提供参考。

9.6 本 章 小 结

本书利用跨层次的研究方法，探究了整合型领导力对员工创新绩效的影响，以此来探讨整合型领导力在个体层次的作用效能。首先，本书对 47 个领导小组中的领导和员工进行了问卷调查。其次，利用 SPSS20.0 以及 AMOS20.0 对数据进行信效度的检验，发现本书的研究量表与收集的数据信效度在良好的范围以内。再次，利用 HLM9.0 对数据进行了跨层次的检验，主要的研究结论包括：整合型领导力通过跨层次的影响员工心理授权，进而影响员工创新绩效的提升；整合型领导力通过影响人力资源柔性，在跨层次的影响员工创新绩效。最后，本书结合了以往的研究成果对本章的研究结果进行了进一步的讨论。

第 10 章

研究结论与未来展望

10.1   研究结论与理论贡献

10.1.1   研究结论

本书的主要研究落脚于企业互联网转型背景下整合型领导力的理论建构及其效能研究。本书主要从四个部分进行了研究，共包括如下的研究结论：

第一，首先，利用扎根理论构建了企业互联网转型背景下整合型领导力的概念内涵。即整合型领导力是指在企业互联网转型背景下从领导者的突破探索精神和共同体思维出发，在互联网技术的支撑下，整合合作网络中所有参与主体的战略目标，引导各层级参与单元参与决策，通过关系整合以及边界突破能力实现共同利益分享的一种领导类型。该情境下的整合型领导力主要包含了战略目标整合、混合决策、关系网络发展、边界跨越和利益共同五个结构维度。其次，将整合型领导力的形成因素归纳为外部动因和内部动因。外部动因是指互联网情境因素变化带来的强大链接作用、隐形信息的公开化；内部动因是指整合型领导力的突破探索精神和共同体思维。最后，明确了整合型领导力的作用层次包括合作网络层、组织层以及个体层。

第二，以沈阳机床和酷特智能为案例研究对象，对整合型领导力在企业互联网转型中不同层次上的作用机理进行了研究。在合作网络中，整合型领导力主要是通过战略目标的整合，打破企业边界，创造良好稳定的合作网络环境，实现资源的交互；在组织柔性化建设中，整合型领导力可以通过组织结构以及领导关系的重构，实现组织的柔性化建设；在个体层中，整合型领导力的作用机理主要体现在授权的环境氛围、灵活的组织结构以及对组织和领导的信任，员工的参与感以及自我效能感的不断增加，最终实现自我发展；在跨层次中，柔性组织结构能够保障稳定的资源获取路径，柔性的组织结构能够促进员工效能感提升，而整合型领导力共同利益思想的传递能够同时作用于合作网络层、组织层和个体层。

第三，本书对企业互联网转型背景下整合型领导力的量表进行了开发。通过对扎根理论分析结果的问题化以及已有相关变量的量表构建了初始题库。通过实践者与理论研究者的分析，借助数据分析软件对初始的题库进行了纯化，最后构建了包含"在合作之前，领导者会与参与者商讨合作目标，最终达成一致性的认知。""领导者会考虑所有参与者的目标，并将参与者目标整合到共同目标中去。"等18个题项的企业互联网转型背景下整合型领导力的量表。对于形成的正式量表，在回收到的184份有效问卷的基础上，进行了量表的结构分析、因子有效性、共线性以及效度检验，检验结果良好。

第四，探究了整合型领导力的作用效能。具体来说，首先，在合作网络层对整合型领导力在组织间作用效能进行了研究，以组织间合作创新绩效作为结果变量，引入了知识整合、网络关系嵌入度以及组织开放度等变量，研究发现整合型领导力正向影响着企业间合作创新绩效；知识整合与网络关系嵌入度在其中起到部分中介作用以及两者共同起到连续中介作用；组织开放度能够正向影响整合型领导力与知识整合的关系。其次，在组织层以组织创新绩效为结果变量对整合型领导力在组织层的效能进行了研究，研究发现整合型领导力正向影响组织创新绩效；人力资源柔性在其中起到部分中介作用；组织沟通能够正向影响整合型领导力/人力资源柔性与组织创新绩效之间的关系。最后，在个体层以员工创新绩效为结果变量对整合型领导力在个体层的效能进行了研究，研究发现整合型领导力通过跨层次的影响员工心理授权，进而影响员工创新绩效的提升；整合型领导力通过影响人力资源柔性，跨层次的影响员工创新绩效。

10.1.2 理论贡献

由于整合型领导力无论在企业互联网转型研究中还是在领导力研究领域中都是一个较新的研究方向，本书对企业互联网转型背景下整合型领导力的研究结论均可以看作是全文的理论贡献与创新点。具体来说，本书的理论贡献主要表现在以下几个方面：

第一，本书梳理了所有与整合型领导力相关的文献，并在对领导力文献总结的基础上对领导力的整合模型进行了梳理，结合企业互联网转型的关键特征，运用动态能力理论、组织转型理论以及组织变革理论，提出了基于互联网转型背景下的整合型领导力的概念，利用扎根理论等方法对整合型领导力的概念内涵、动因、作用层次以及关键特征进行了分析。

由于互联网的链接与显性作用，企业在进行互联网转型中，将合作网络、组织以及员工整合到一起，三者形成了一个整体来共同应对企业所处的动态环境。整体情境的变化导致企业互联网转型背景下企业中所涉及的领导力发生了本质变化，本书依托扎根理论方法，通过对企业互联网转型中的实践者进行访谈，对获得的一手数据进行分析，得到整合型领导力的概念内涵，并定义了企业互联网转型背景下整合型领导力的概念。整合型领导力是在企业互联网转型背景下从领导者的突破探索精神和共同体思维出发，在互联网技术的支撑下，整合合作网络中所有参与主体的战略目标，引导各层级参与单元参与决策，通过关系整合以及边界突破能力实现共同利益分享的一种领导模式。主要包括了五个方面：一是战略目标整合，是指互联网转型的企业在进行组织企业间合作时，不仅是考虑到自己的战略目标实施，而是将关注所有参与单元（包括合作伙伴、员工和企业等）的战略目标，最大限度地将参与单元的目标整合到合作网络的发展中。二是混合决策，主要是指在进行互联网转型的企业在互联网技术的支撑下，能够实现员工、组织以及合作网络的多主体与多方式的混合决策。三是关系整合，主要是指为了实现整体目标，互联网转型的企业能够对企业内外部的关系进行整合。四是边界跨越，主要是指企业互联网转型中整合型领导力能够跨越企业、组织以及职位边界。五是利益共享，主要是指整合型领导力关注的不仅是合作中的某一部分参与者，而是将所有的参与者都考虑到利益分享的范围内，最终实现的是共同利益。

第二，构建了企业互联网转型背景下整合型领导力的作用机理。主要是在企业互联网转型背景下整合型领导力概念内涵与行为特征研究的基础上，确定了整合型领导力的作用层次，然后利用案例研究的方法对整合型领导力在合作网络层、组织层以及个体层的作用机理进行了探讨。

在以往的研究中，领导力的作用层次与作用范围目标都是相对局限的，大多数的领导力研究都是局限于单一层次，近几年的领导力研究才开始关注领导力的多层次研究。在企业互联网转型背景下整合型领导力的形成情境以及整合型领导力的作用范围和程度都要求其在多个层次内发挥作用。在合作网络中整合型领导力主要是通过战略目标的整合，打破企业边界，创造良好稳定的合作网络环境，实现资源的交互；在组织柔性化建设中，整合型领导力可以通过组织结构以及领导关系的重构，实现组织的柔性化建设；在个体层，整合型领导力的作用机理主要体现在授权的环境氛围、灵活的组织结构以及对组织和领导的信任，员工的参与感以及自我效能感的不断增加，最终实现自我发展。因此，本书对整合型领导力作用机理的研究一方面，为后续领导力研究的层次拓展提供借鉴；另一方面，也能够明晰整合型领导力在不同作用层次上对不同主体的影响。

第三，给出了整合型领导力的测量工具，并探究了企业互联网转型背景下整合型领导力的效能。主要是利用问卷调查法，运用数据分析软件对构建的理论模型进行实证检验。

只有开发企业互联网转型背景下整合型领导力的量表，才能够探究其在新情境下的效能，也能够为其他学者对整合型领导力的研究提供便利。在对整合型领导力的效能分析上，主要是在整合型领导力概念、特征、作用层次以及作用层次上的一般机理为基础，结合创新相关的理论与研究成果，探究了其在不同作用层次上的影响机制。在对以往研究成果的梳理上，发现领导力与创新的研究上，多是从领导者自身特质出发或者采取某种领导行为在组织内形成领导风格或领导文化，驱使创新活动的发生。但是整合型领导力在新情境下不仅能够从领导者的特质思维出发，而且还主要是能够将这种思维传递并落实于合作网络、组织转型以及个体发展上。因此本书的研究结论一方面，能够充分证明整合型领导力在对互联网转型下企业发展的效能；另一方面，也对企业间创新、组织创新以及员工创新的相关研究提供从领导力视角的一个整合性研究思路。

10.2　管　理　启　示

由于整合型领导力是一种新型领导力类型，并且本书构建的整合型领导力是在企业互联网转型背景下的。随着互联网时代的到来，企业只有拥抱互联网才能够实现生存并获得可持续的竞争优势。整合型领导力作为互联网与企业融合背景下产生的一种领导力类型，能够为企业互联网转型与发展提供一定的实践指导。从本书的研究结论出发，所展现的管理启示主要包括以下几点：

首先，企业在互联网转型过程中要从自身出发，通过转变自己的思维方式，在组织中形成新的领导力模式，进而促进企业的互联网转型发展。在以往的经营管理中，企业的领导者已经积累了大量的实践管理经验，在特定的环境下采取特定的领导行为来提高整个组织的运转效率。但是在互联网转型发展中企业所处情境发生了彻底的变化，这对于领导者在以往管理中形成的成功经验提出了挑战。更有甚者，以往企业领导者依赖路径和惯性思维，继续采取过去的领导行为，就会对企业的创新发展形成阻碍。因此，本书提出的企业互联网转型背景下整合型领导力的概念模型不仅强调领导者在企业互联网转型中思维方式的转变，更重要的是建议领导者要整体看待企业及其所处的发展环境，要基于互联网转型的新情境来重新审视企业发展遇到的问题，从多层次视角来认识员工发展、组织结构和网络合作关系。在本书案例研究中引用的案例对象能够给企业领导者提供典型的参考标杆，无论是酷特智能还是沈阳机床都走在了企业互联网转型的前列，两家企业从整体上关注了企业合作网络，内部结构转型以及员工的潜力激发，为其他企业的互联网转型提供了很好的榜样。

其次，从整合型领导力的一般作用机理上，本书能够解释在互联网转型中有些企业效率低下或者无法实现转型成功的原因。企业互联网转型不是将企业原有的业务活动与互联网简单相加，如果仅是在企业的发展中使用了互联网技术，而没有关注互联网技术与企业原有业务单元融合产生的联动效应，企业的互联网的转型就难以成功，也难以达到领导者对企业互联网转型的期待。企业要想实现互联网的转型成功就要将已有核心业务与互联网技术或工具特别是思维模式进行深度的融合，才能够保证原有企业资源与互联网增量发挥联动效应。在这个过程中，领导者要从整体观审视企业互联网转型的核心变化，然后再从不同的作用层次上进行解析，实现对实践管理活动的指导。领导者要在宏观网络合作层关注资源的获取，在中观组织层关注组织结构以及领导方式的灵活转变，以及在微观个体层关注员工的认知转变与自我发展问题。基于整合型领导力倡导下的战略目标整合、混合决策、关系网络发展、边界跨越以及共同利益分享，促进企业内外部资源与互联网增量深度融合与协同增强，从而更好地实现企业互联网转型与发展。

最后，注重充分发挥整合型领导力的整合作用，将企业内外的参与主体进行整合，实现所有参与单元的共同获利。在具体的组织发展中，整合型领导力在关注不同层次的作用效果上，还要注重跨层次的影响。例如，在互联网主导的组织合作网络中一方面，要注重资源的获取；另一方面，还要保障资源获取的路径简洁畅通，这要求领导者不仅要跨越企业的边界还要跨越思维的边界，从共同体的角度来审视合作网络联盟关系。在组织层，领导者不仅要关注柔性组织结构和新型领导成员关系等的构建，还要关注其中员工自我效能的实现。无论企业处于何种情境，从战略人力资源管理的角度来看，员工都是企业创新发展的重要资源，如何激发员工的潜能是关系企业能否实现战略转型的关键。领导者可以通过特定的制度安排，在整个组织内开展整合型领导力的领导思路，培养优秀的整合型领导者，从而达到应对互联网动态性的要求。

10.3　研究局限与未来展望

本书的研究情境立足于企业互联网转型这一重大时代背景之下，开展的研究也是在系统的理论回顾、严谨的研究设计以及科学的研究方法之上进行的，主要探索了企业互联网转型背景下整合型领导力的概念内涵、作用机理和领导效能。尽管本书的研究取得了一定的理论进展，同时也提出了有益于管理实践的启示，但是总体上仍存在一些研究不足，本书也试图在后续研究中弥补这些研究不足。

首先，在本书的研究设计上存在进一步可优化的空间。在案例企业的选择上，由于社会资源有限，只能选择机械制造业和服装制造业的企业进行案例研究，尽管这些企业在成立的时间上、企业的发展规模以及企业的互联网发展情境都符合本书的研究要求，但是总体而言案例企业选择的范围还能进一步扩大，还可以进一步的选择其他细分行业的企业进入案例研究中，例如汽车、电子等互联网转型的企业。另外，我们选择的案例都是经过市场检验的企业，这些企业的互联网转型都取得了初步的成功，这就在进行整合型领导力概念内涵的构建时，对领导行为和领导模式的研究上存在一定的"生存偏差"。因此，在后续的研究中，学者们可以将研究的目光聚焦于更多的互联网转型企业，对更大范围的目标企业进行理论抽样，同时关注失败企业带来的反面案例素材，进一步的探究企业互联网转型背景下整合型领导力的概念内涵和关键特征。

其次，对整合型领导力效能的研究上，尽管在本书的研究中注意到收集数据应该延伸的互联网影响的其他行业中，但是由于研究条件的限制，我们仍然采用的是横截面的研究，这样就造成了所有的研究变量的测量都是在同一时间点进行的，在对整合型领导力出现情境以及作用机理研究时，发现整合型领导力对企业发展的作用应该是一个动态的过程。在后续的研究中，要将此因素考虑进研究设计中，充分考虑企业互联网转型的时代背景以及企业领导者的行为整合在企业互联网转型不同阶段中表现的差异。因此，未来的研究中应该考虑采用纵向研究设计来深入探讨企业互联网转型背景下整合型领导力的效能机制。

最后，在整合型领导力的概念内涵探究中，本书从中国的互联网转型企业中收集的分析数据。中国的管理研究情境已经引起了国际上管理实践界和理论界的关注，并成为国际管理理论创新知识的重要来源，也有许多学者开始呼吁在构建理论时要考虑中国的管理情境，或是构建中国情境下的管理理论[426~427]，本书的研究也是响应了这一呼吁，通过对中国互联网转型中的企业实践者收集数据进行分析，构建中国企业互联网转型背景下整合型领导力理论。但是，这一研究情景具有高度的本土化特点，对全球的互联网企业的管理有效性还没有得到验证。在后续的研究中可以考虑将研究的情景扩大到整个全球化的互联网转型企业中，将文化差异、互联网发展的水平、互联网的发展模式以及企业所处情境下的价值观等因素考虑到整合型领导力的理论构建中，充分考虑这些因素带来的影响和差异。

附录 A

企业互联网转型背景下
整合型领导力检测量表

第一阶段：

尊敬的女士/先生：

　　这是一份关于企业互联网转型背景下整合型领导力测量的问卷。您作为领导力领域的实践者，我们特别希望能够得到您的经验指导，烦请您在仔细阅读问卷内容的基础上，根据您的认识慎重填写。

　　郑重承诺：本表只用于整合型领导力量表的测试工作中，为匿名调查，关于您对本问卷填写的任何信息我们都将保密，并不会用于任何其他的商业用途，敬请您放心，希望您能够客观地填写问卷。我们非常感谢您的作答，您的支持是我们工作成功的保障。

　　谢谢！

第一部分　个人基本信息

1. 性别：□男　　　　　　□女

2. 年龄：□20 岁以下　　□20 ~ 29 岁　　□30 ~ 39 岁
　　　　　□40 ~ 49 岁　　□50 岁以上

3. 职位：□一般员工　　□基层领导者　　□中层领导者
　　　　　□高层领导者

4. 受教育程度：□高中及以下　　□大专　　　□大学
　　　　　　　　□硕士及以上

5. 您是否参加过企业的互联网转型：□是　　　□否

第二部分　构成式整合型领导力初始量表

请根据您的实际体验填写以下量表，请在您认为准确的"数字"上划"√"。

序号	调查问项	很不符合	不太符合	一般符合	比较符合	非常符合
1	在合作之前，领导者会与参与者商讨合作目标，最终达成一致性的认知	1	2	3	4	5
2	领导者会考虑所有参与者的目标，并将参与者目标整合到共同目标中去	1	2	3	4	5
3	领导者会与参与者共同制定行动规则，所有人将按此规则执行	1	2	3	4	5
4	参与者能够提出自己的想法，并根据自己的情况作出决策	1	2	3	4	5
5	组织做出决策的依据很大一部分是来自原互联网的数据	1	2	3	4	5
6	组织内的信息交流通畅，可以多主体间商讨着作出决策	1	2	3	4	5
7	在合作建立之前，参与者会根据自身需求有一个关系识别的过程	1	2	3	4	5
8	领导和成员的关系比较灵活，领导没有绝对的领导权但关系还是稳定的	1	2	3	4	5

续表

序号	调查问项	很不符合	不太符合	一般符合	比较符合	非常符合
9	领导者作为协调者和目标指引者的角色出现在合作网络中	1	2	3	4	5
10	领导者构建的组织内外部的结构比较简洁，容易实现合作	1	2	3	4	5
11	参与者可以自由的选择想要加入的团队和合作网络	1	2	3	4	5
12	信息、资源与知识等交流阻碍小，成员可以实现整合创新	1	2	3	4	5
13	无论组织内部还是组织间，构建的利益分配机制是合理和公平的	1	2	3	4	5
14	在合作之前，所有的参与单元都会达成保障任务完成的共识	1	2	3	4	5
15	无论在组织内部还是在组织合作网络中，利用互联网技术能够找到问题的根源	1	2	3	4	5
16	当成员负责的工作领域间的配合出现问题时，常会互相告知	1	2	3	4	5
17	某位成员忙时，其他成员都会帮助他分担工作任务	1	2	3	4	5
18	领导让员工觉得是和他"一起"工作而不是"为他"工作	1	2	3	4	5
19	领导努力寻找方法帮助他人追求卓越	1	2	3	4	5
20	团队成员的不同意见都能得到认真对待	1	2	3	4	5

第三部分　合作网络中整合型领导力量表

请根据您的实际体验填写以下量表，请在您认为准确的"数字"上划"√"。

序号	调查问项	很不符合	不太符合	一般符合	比较符合	非常符合
1	企业互联网转型以来，领导班子成员具有与项目相关的专业技术与技能	1	2	3	4	5
2	企业互联网转型以来，领导者具有能够协调组织间关系的能力	1	2	3	4	5
3	企业互联网转型以来，领导者能够引导下属参与任务完成	1	2	3	4	5
4	企业互联网转型以来，领导者为组织间任务完成设定愿景与使命	1	2	3	4	5
5	企业互联网转型以来，领导者能够对各组织的目的进行整合归一	1	2	3	4	5
6	企业互联网转型以来，确保合作成员能够共同参与战略的制定	1	2	3	4	5
7	企业互联网转型以来，确保合作成员能够共同参与项目决策	1	2	3	4	5
8	企业互联网转型以来，确保各合作成员及外界对合作的认可	1	2	3	4	5
9	企业互联网转型以来，确保合作成员间能够平等高效的沟通	1	2	3	4	5
10	企业互联网转型以来，确保合作成员间能够实现知识资源信息的共享	1	2	3	4	5
11	企业互联网转型以来，确保各个合作成员之间能够相互信任	1	2	3	4	5
12	企业互联网转型以来，能够根据具体的情境选择领导方式	1	2	3	4	5
13	企业互联网转型以来，为合作成员设定了绩效评估办法	1	2	3	4	5
14	企业互联网转型以来，能够制定一定的规则和约束条款	1	2	3	4	5
15	企业互联网转型以来，能够在项目实施前制定应急预案	1	2	3	4	5

续表

序号	调查问项	很不符合	不太符合	一般符合	比较符合	非常符合
16	企业互联网转型以来，在项目开始时构建核心的引导团队	1	2	3	4	5
17	企业互联网转型以来，能够把利益相关团体引入到合作中来	1	2	3	4	5
18	企业互联网转型以来，能够与利益相关者建立伙伴关系	1	2	3	4	5
19	企业互联网转型以来，能够与利益相关者维持好伙伴关系	1	2	3	4	5

整合型领导力对企业间创新绩效的影响研究量表

尊敬的女士/先生：

您好！这是一份关于企业互联网转型背景下整合型领导力对企业间创新绩效影响机制研究的问卷。您作为领导力领域的实践者，我们特别希望能够得到您的数据支持，烦请您在仔细阅读问卷内容的基础上，根据您的认识慎重填写。

郑重承诺：本表只用于整合型领导力对企业间创新绩效影响机制的研究工作中，为匿名调查，关于您对本问卷填写的任何信息我们都将保密，并不会用于任何其他的商业用途，敬请您放心，希望您能够客观地填写问卷。我们非常感谢您的作答，您的支持是我们工作成功的保障。

谢谢！

第一部分

1. 性别：□男　　　　　　□女
2. 年龄：□20 岁以下　　　□20～29 岁　　　□30～39 岁
　　　　　□40～49 岁　　　□50 岁以上
3. 职位：□一般员工　　　□基层领导者　　　□中层领导者
　　　　　□高层领导者

4. 您所在企业的性质：□国有企业　　□私营企业　　□联营企业

　　　　　　　　　　　□三资企业　　□其他

5. 企业员工人数：□20 人以下　　□20 人～299 人

　　　　　　　　　□300 人～999 人　□1 000 人以上

6. 公司所属行业：_____

第二部分

以下是关于问卷的主体部分，您需要在具体的题项后标记出您想选择的答案。答案共包括五个程度指标，分别是 1～5。1 代表很不符合，2 代表不太符合，3 代表一般符合，4 代表比较符合，5 代表非常符合。

整合型领导力

序号	调查问项	很不符合	不太符合	一般符合	比较符合	非常符合
1	在合作之前，领导者会与参与者商讨合作目标，最终达成一致性的认知	1	2	3	4	5
2	领导者会考虑所有参与者的目标，并将参与者目标整合到共同目标中去	1	2	3	4	5
3	领导者会与参与者共同制定行动规则，所有人将按此规则执行	1	2	3	4	5
4	参与者能够提出自己的想法，并根据自己的情况作出决策	1	2	3	4	5
5	合作网络中做出决策的依据很大一部分是来自互联网的数据	1	2	3	4	5
6	合作网络内的信息交流通畅，可以多主体间商讨着作出决策	1	2	3	4	5
7	在合作建立之前，参与者会根据自身需求有一个关系识别的过程	1	2	3	4	5

序号	调查问项	很不符合	不太符合	一般符合	比较符合	非常符合
8	领导和成员的关系比较灵活，领导没有绝对的领导权但关系还是稳定的	1	2	3	4	5
9	领导者作为协调者和目标指引者的角色出现在合作网络中	1	2	3	4	5
10	领导者构建的合作网络内外部的结构比较简洁，容易实现合作	1	2	3	4	5
11	参与者可以自由的选择想要加入的团队和合作网络	1	2	3	4	5
12	信息、资源与知识等交流阻碍小，成员可以实现整合创新	1	2	3	4	5
13	无论组织内部还是组织间，构建的利益分配机制是合理和公平的	1	2	3	4	5
14	在合作之前，所有的参与单元都会达成保障任务完成的共识	1	2	3	4	5
15	在组织合作网络中，利用互联网技术能够找到问题的根源	1	2	3	4	5
16	当成员负责的工作领域间的配合出现问题时，常会互相告知	1	2	3	4	5
17	领导让员工觉得是和他"一起"工作而不是"为他"工作	1	2	3	4	5
18	合作网络成员的不同意见都能得到认真对待	1	2	3	4	5

知识整合

序号	调查问项	很不符合	不太符合	一般符合	比较符合	非常符合
1	我们的工作内容和程序的标准化程度较高	1	2	3	4	5
2	我们企业专业知识的传递是通过既定的要求程序来进行的	1	2	3	4	5
3	我们企业强调以书面规则和程序来整合知识	1	2	3	4	5
4	我们企业尝试产生一套共同分享的制度与理念，使员工获得认同	1	2	3	4	5

续表

序号	调查问项	很不符合	不太符合	一般符合	比较符合	非常符合
5	我们乐于接受企业既定制度与文化的约定	1	2	3	4	5
6	我们企业产品的完成必须通过各相关人员通力合作	1	2	3	4	5
7	我们企业员工轮调至新部门时所需的适应时间较短	1	2	3	4	5

网络关系嵌入度

维度	序号	调查问项	很不符合	不太符合	一般符合	比较符合	非常符合
信任	1	合作伙伴能与我们进行公正的谈判	1	2	3	4	5
	2	合作伙伴没有提供给我们虚假信息	1	2	3	4	5
	3	合作伙伴在合作中按照约定行事	1	2	3	4	5
信息共享	4	合作伙伴能够提醒我们存在的问题	1	2	3	4	5
	5	合作伙伴能够与我们共享发展计划	1	2	3	4	5
	6	合作伙伴能够与我们共享私密信息	1	2	3	4	5
共同解决问题	7	合作伙伴能够与我们一起完成工作	1	2	3	4	5
	8	合作伙伴能够与我们共同克服困难	1	2	3	4	5
	9	合作伙伴能够与我们互助解决问题	1	2	3	4	5

组织开放度

序号	调查问项	很不符合	不太符合	一般符合	比较符合	非常符合
1	我们与合作伙伴合作的业务范围限定在一个较小的范围内	1	2	3	4	5
2	我们与合作伙伴合作时涉及的资源种类较少	1	2	3	4	5
3	我们与合作伙伴的交流较为频繁	1	2	3	4	5
4	我们会采取多种方式与合作伙伴进行交流	1	2	3	4	5
5	我们与合作伙伴的交流渠道较为通畅	1	2	3	4	5

企业间协同创新绩效

序号	调查问项	很不符合	不太符合	一般符合	比较符合	非常符合
1	贵公司新产品产值占总销售额的比例较高	1	2	3	4	5
2	贵公司新产品开发速率很高	1	2	3	4	5
3	与本行业其他公司相比，引进的新产品/服务数量较高	1	2	3	4	5
4	引进新的管理系统会优先配置	1	2	3	4	5
5	贵公司的管理制度更加新颖、科学、有效	1	2	3	4	5
6	贵公司的成本降低了	1	2	3	4	5
7	与本行业其他公司相比，更快地对顾客需求做出反应	1	2	3	4	5
8	公司员工的工作技能明显改善	1	2	3	4	5
9	贵公司的组织结构和流程更合理	1	2	3	4	5

第三部分　合作网络中整合型领导力量表

请根据您的实际体验填写以下量表，请在您认为准确的"数字"上划"√"。

序号	调查问项	很不符合	不太符合	一般符合	比较符合	非常符合
1	企业互联网转型以来，领导班子成员具有与项目相关的专业技术与技能	1	2	3	4	5
2	企业互联网转型以来，领导者具有能够协调组织间关系的能力	1	2	3	4	5
3	企业互联网转型以来，领导者能够引导下属参与任务完成	1	2	3	4	5
4	企业互联网转型以来，领导者为组织间任务完成设定愿景与使命	1	2	3	4	5
5	企业互联网转型以来，领导者能够对各组织的目的进行整合归一	1	2	3	4	5

序号	调查问项	很不符合	不太符合	一般符合	比较符合	非常符合
6	企业互联网转型以来，确保合作成员能够共同参与战略的制定	1	2	3	4	5
7	企业互联网转型以来，确保合作成员能够共同参与项目决策	1	2	3	4	5
8	企业互联网转型以来，确保各合作成员及外界对合作的认可	1	2	3	4	5
9	企业互联网转型以来，确保合作成员间能够平等高效的沟通	1	2	3	4	5
10	企业互联网转型以来，确保合作成员间能够实现知识资源信息的共享	1	2	3	4	5
11	企业互联网转型以来，确保各个合作成员之间能够相互信任	1	2	3	4	5
12	企业互联网转型以来，能够根据具体的情境选择领导方式	1	2	3	4	5
13	企业互联网转型以来，为合作成员设定了绩效评估办法	1	2	3	4	5
14	企业互联网转型以来，能够制定一定的规则和约束条款	1	2	3	4	5
15	企业互联网转型以来，能够在项目实施前制定应急预案	1	2	3	4	5
16	企业互联网转型以来，在项目开始时构建核心的引导团队	1	2	3	4	5
17	企业互联网转型以来，能够把利益相关团体引入到合作中来	1	2	3	4	5
18	企业互联网转型以来，能够与利益相关者建立伙伴关系	1	2	3	4	5
19	企业互联网转型以来，能够与利益相关者维持好伙伴关系	1	2	3	4	5

本问卷到此结束，请再确认有无遗漏任何问题，再次感谢您的协助！

祝您顺利、愉快！

参 考 文 献

［1］ Behrendt P, Matz S, Gäritz S A. An integrative model of leadership behavior ［J］. Leadership Quarterly, 2017, 28 （1）: 229 –244.

［2］ Avolio B J. Promoting More Integrative Strategies for Leadership Theory – Building ［J］. The American Psychologist, 2007, 62 （1）: 25 –33.

［3］ Yukl G. Effective Leadership Behavior: What We Know and What Questions Need More Attention ［J］. Academy of Management Perspectives, 2012, 26 （4）: 66 –85.

［4］ Dinh J E, Lord R G, Gardner W L, et al. Leadership theory and research in the new millennium: Current theoretical trends and changing perspectives ［J］. Leadership Quarterly, 2014, 25 （1）: 36 –62.

［5］ Van Knippenberg D, Sitkin S B. A critical assessment of charismatic-transformational leadership research: Back to the drawing board? ［J］. The Academy of Management Annals, 2013, 7 （1）: 1 –60.

［6］ 大卫·V. 戴, 约翰·安东纳基斯. 领导力的本质 ［M］. 北京: 机械工业出版社, 2015: 65 –97.

［7］ Kelloway E K, Weigand H, Mckee M C, et al. Positive Leadership and Employee Well – Being ［J］. Journal of Leadership & Organizational Studies, 2013, 20 （1）: 107 –117.

［8］ 詹姆斯·麦格雷戈·伯恩斯. 领袖 ［M］. 北京: 机械工业出版社, 2007: 34 –65.

［9］ Hannah S T, Uhl – Bien M, Avolio B J, et al. A framework for examining leadership in extreme contexts [J]. Leadership Quarterly, 2009, 20 (6): 897 – 919.

[10] Uhl – Bien M. Relational Leadership Theory: Exploring the social processes of leadership and organizing [J]. Leadership Quarterly, 2006, 17 (6): 654 – 676.

[11] Lakshman C. Biculturalism and attributional complexity: Cross-cultural leadership effectiveness [J]. Journal of International Business Studies, 2013, 44 (9): 922 – 940.

[12] Hosking D M. (in press). Not leaders, not followers: A post-modern discourse of leadership processes. In B. Shamir, R. Pillai, M. Bligh & M. Uhl – Bien (Eds.), Follower-centered perspectives on leadership: A tribute to the memory of James R. Meindl. Greenwich, CT: Information Age Publishing, 2018: 78 – 92.

[13] Bradbury H, Lichtenstein B Relationality in Organizational Research: Exploring The Space Between [J]. Organization Science, 2000, 11 (5): 551 – 564.

[14] Fernandez S, Cho Y J, Perry J L. Exploring the link between integrative leadership and public sector performance [J]. The Leadership Quarterly, 2010, 21 (2): 308 – 323.

[15] 谢康, 吴瑶, 肖静华, 廖雪华. 组织变革中的战略风险控制——基于企业互联网转型的多案例研究 [J]. 管理世界, 2016 (2): 133 – 148, 188.

[16] 林云, 张洁. 能力要素驱动下传统企业向互联网转型路径选择 [J]. 统计与决策, 2018, 34 (13): 177 – 181.

[17] Hansen R, Sia S K. Hummel's digital transformation toward Omni channel retailing: Key lessons learned [J]. Mis Quarterly Executive, 2015, 14 (2): 51 – 66.

[18] Dennis R Self, Achilles A Armenakis, Mike Schraeder. Organizational

Change Content, Process, and Context: A Simultaneous Analysis of Employee Reactions [J]. Journal of Change Management, 2007, 7 (2): 211 – 229.

[19] 王佳宁, 吴超, 乔晗, 汪寿阳. 互联网券商的商业模式转型创新之路——"嘉信理财"案例 [J]. 管理评论, 2018, 30 (4): 247 – 256.

[20] 罗仲伟, 李先军, 宋翔, 李亚光. 从"赋权"到"赋能"的企业组织结构演进——基于韩都衣舍案例的研究 [J]. 中国工业经济, 2017 (9): 174 – 192.

[21] Adner R. Ecosystem as Structure: An Actionable Construct for Strategy [J]. Journal of Management, 2017, 43 (1): 39 – 58.

[22] 金杨华, 潘建林. 基于嵌入式开放创新的平台领导与用户创业协同模式——淘宝网案例研究 [J]. 中国工业经济, 2014 (2): 148 – 160.

[23] 中国科学院领导力课题组, 霍国庆, 苗建明. 信息化领导力范式 [J]. 领导科学, 2010 (13): 38 – 40.

[24] Weick K, Quinn R. Organizational Change and Development [J]. Annual Review of PSychology, 1999, 50 (1): 361 – 386.

[25] Kirkman B L, Chen G L, Farh J L. et al. Individual Power Distance Orientation and Follower Reactions to Transformational Leaders: A Cross – Level, Cross – Cultural Examination [J]. Academy of Management Journal, 2009, 52 (4): 744 – 764.

[26] Wu J B, Tsui A S, Kinicki A J. Consequences of Differentiated Leadership in Groups [J]. Academy of Management Journal, 2010, 53 (1): 90 – 106.

[27] Hannah S T, Woolfolk R L, Lord R G. Leader self-structure: A framework for positive leadership [J]. Journal of Organizational Behavior, 2009, 30 (2): 269 – 290.

[28] Schyns B, Schilling J. How bad are the effects of bad leaders? A meta-analysis of destructive leadership and its outcomes [J]. The Leadership

Quarterly, 2013, 24 (1): 138 – 158.

[29] 郝斌, 任浩. 企业间领导力: 一种理解联盟企业行为与战略的新视角 [J]. 中国工业经济, 2011 (3): 109 – 118.

[30] Stogdill R M, Coons A E. Leader behavior: Its description and measurement [M]//Leader behavior: Its description and measurement. Ohio State Univer. Bureau of Busin, 1957: 112 – 134.

[31] House R, Javidan M, Hanges P, et al. Understanding cultures and implicit leadership theories across the globe: an introduction to project GLOBE [J]. Journal of World Business, 2002, 37 (1): 3 – 10.

[32] Jokinen T. Global Leadership Competencies: A Review and Discussion [J]. Journal of European Industrial Training, 2003, 29 (3): 199 – 216.

[33] Zaccaro SJ, Kemp C, Bader P. Leader traits and attributes [A]. In Antonakis, J., Cianciolo, AT., Sternberg, R. J. (Eds) The nature of leadership [C]. Thousand Oaks, CA, US: Sage Publications, 2004: 101 – 124.

[34] Tubbs S L, Schulz E. Exploring a taxonomy of global leadership competencies and meta-competencies [J]. The Journal of American Academy of Business, 2006, 8 (2): 29 – 34.

[35] Crosby B C, Bryson J M. Integrative leadership and the creation and maintenance of cross-sector collaborations [J]. The Leadership Quarterly, 2010 (21): 211 – 230.

[36] Sunhee Youn, Ma Ga (Mark) Yang, Paul Hong. Integrative leadership for effective supply chain implementation: An empirical study of Korean firms [J]. Int. J. Production Economics, 2012, (139): 237 – 246.

[37] 张大鹏, 孙新波, 刘鹏程, 张平. 整合型领导力对组织创新绩效的影响研究 [J]. 管理学报, 2017 (3): 389 – 399.

[38] Dixon S, Meyer K, Day M. Building Dynamic Capabilities of Adaptation and Innovation: A Study of Micro – Foundations in a Transition Economy [J]. Long Range Planning, 2014, 47 (4): 186 – 205.

［39］怀特海．过程与实在［M］．中国城市出版社，2003：112－143．

［40］刘东，刘军．事件系统理论原理及其在管理科研与实践中的应用分析［J］．管理学季刊，2017，2（2）：64－80，127－128．

［41］孙新波，张大鹏，张浩，钱雨．自发性对称破缺下的"反管理"研究［J］．管理学报，2017（7）：973－981．

［42］Stogdill R M，Shartle C L. Methods for determining patterns of leadership behavior in relation to organization structure and objectives［J］. Journal of Applied Psychology，1948，32（3）：286－291.

［43］Ismatullina V，Voronin I. Gender Differences in the Relationships Between Big Five Personality Traits and Intelligence［J］. Procedia－Social and Behavioral Sciences，2017，237（6）：638－642.

［44］Antona kis J，Sternberg A，Cainciolo R. Leader traits and attributes［M］. Thousand Oaks，California：Sage. 2004：101－124.

［45］Lewin K，Lippitt R，White R K. Patterns of Aggressive Behavior in Experimentally Created "Social Climates"［J］. The Journal of Social Psychology，1939，10（2）：269－299.

［46］Lippitt R，White R K. The "social climate" of children's groups［M］. Thousand Oaks，California：Sage. 1943：72－96.

［47］Korman A K. "Consideration，" "Initiating Structure，" and Organizational Criteria-a Review［J］. Personnel Psychology，1966，19（4）：349－361.

［48］Carli L L，Eagly A H. Gender effects on social influence and emergent leadership. In G. N. Powell（Ed.），Handbook of Gender and Work. Thousand Oaks，California：Sage，1999：203－222.

［49］Becker J，Ayman R，Korabik K. Discrepancies in Self/Subordinates' Perceptions of Leadership Behavior Leader's Gender，Organizational Context，And Leader's Self－Monitoring［J］. Group & Organization Management，2002，27（2）：226－244.

［50］Fiedler F E. A Contingency Model of Leadership Effectiveness in the present ［J］. Advances in Experimental Social Psychology，1964，1（1）：149 – 190.

［51］文茂伟. 当代英美组织领导力发展：理论与实践［M］杭州：浙江大学出版社，2011：13 – 55.

［52］陈劲，吴波. 开放式创新下企业开放度与外部关键资源获取［J］. 科研管理，2012（9）：10 – 21，106.

［53］Nathan M L，Sarah Kovoor – Misra. No Pain，Yet Gains：Vicarious Organizational Learning from Crises in an Inter-organizational Field. The Journal of Applied Behavioral Science Arlington，2002，38（2）：245 – 267.

［54］李玲. 技术创新网络中企业间依赖、企业开放度对合作绩效的影响［J］. 南开管理评论，2011（4）：16 – 24.

［55］Provan K G，Fish A，Sydow J. Inter-organizational networks at the network level：A review of the empirical literature on whole networks［J］. Journal of management，2007，33（3）：479 – 516.

［56］徐碧琳，李涛. 网络组织核心企业领导力与网络组织效率关系研究［J］. 经济与管理研究，2011（1）：108 – 116.

［57］Doig J W，Hargrove E C.（Eds.）. Leadership and innovation：Entrepreneurs in government，Abridged Edition. Baltimore：Johns Hopkins Press. 1990：203 – 224.

［58］Yukl G，Gordon A，Taber T. A hierarchical taxonomy of leadership behavior：Integrating a half century of behavior research［J］. Journal of Leadership and Organizational Studies，2002（9）：15 – 32.

［59］Van Wart，M. Public-sector leadership theory：An assessment［J］. Public Administration Review，2003（23）：214 – 228.

［60］Morse S R. Integrative public leadership：Catalyzing collaboration to create public value［J］. The Leadership Quarterly，2010，12（5）：231 – 245.

［61］Perlman A，Horrigan B，Goldblatt E，et al. The Pebble in the

Pond： How Integrative Leadership Can Bring About Transformation ［J］. Explore： The Journal of Science and Healing, 2014, 10 （5）： 1 – 14.

［62］ Knutson L. Integrative leadership： An Embodied practice ［J］. EXPLORE, 2015, 11 （5）： 407 – 409.

［63］ Bryson J M, Crosby B C, Stone M. The Design and Implementation of Cross – Sector Collaborations： Propositions from the Literature ［J］. Public Administration Review, 2006, 21 （1）： 44 – 55.

［64］ Crosby B C, Bryso J M. The Leadership Quarterly Special Issue： Integrative public leadership ［J］. The Leadership Quarterly, 2007, 21 （18）： 291 – 292.

［65］ 张大鹏, 孙新波, 钱雨. 领导风格与组织创新战略导向匹配对企业转型升级的影响 ［J］. 技术经济, 2017 （3）： 79 – 88.

［66］ Wellman B. Network analysis： Some basic principles ［J］. Sociological theory, 1983, 1 （1）： 155 – 200.

［67］ Galaskiewicz J, Wasserman S. Advances in the social and behavioral sciences from social network analysis ［J］. The British Journal of Sociology, 1996, 47 （2）： 375 – 392.

［68］ Kilduff M, Tsai W. Social networks and organizations ［M］. Sage, 2003： 112 – 132.

［69］ Therrien M C. Inter-organizational networks and decision making in technological disasters ［J］. Safety science, 1995, 20 （1）： 101 – 113.

［70］ Green K E, Neal D M, Quarantelli E L. The relationships of disaster relevant emergent citizen groups to other organizations ［M］. Disaster Research Center, Newark, Delaware, 1989： 132 – 156.

［71］ Evan W M. Organization theory： Structures, systems, and environments ［M］. New York： Wiley, 1976： 213 – 224.

［72］ Silvia C, McGuire M. Leading public sector networks： An empirical examination of integrative leadership behaviors ［J］. The Leadership Quarterly，2010，21（2）：264 – 277.

［73］ Müller – Seitz G. Leadership in inter-organizational networks：a literature review and suggestions for future research ［J］. International Journal of Management Reviews，2012，14（4）：428 – 443.

［74］ Granovetter M S. The strength of weak ties ［J］. American journal of sociology，1973：1360 – 1380.

［75］ Hedlund G. The hypermodern MNC-a heterarchy？ ［J］. Human resource management，1986，25（1）：9 – 35.

［76］ Reuer J J，Zollo M，Singh H. Post-formation dynamics in strategic alliances ［J］. Strategic Management Journal，2002，23（2）：135 – 151.

［77］ Podolny J M，Page K L. Network forms of organization ［J］. Annual review of sociology，1998，10（2）：57 – 76.

［78］ Beyer J M，Browning L D. Transforming an industry in crisis：Charisma，routinization，and supportive cultural leadership ［J］. The Leadership Quarterly，1999，10（3）：483 – 520.

［79］ Dhanaraj C，Parkhe A. Orchestrating innovation networks ［J］. Academy of management review，2006，31（3）：659 – 669.

［80］ Provan K G，Kenis P. Modes of network governance：Structure，management，and effectiveness ［J］. Journal of public administration research and theory，2008，18（2）：229 – 252.

［81］ Saz – Carranza A，Ospina S M. The behavioral dimension of governing inter-organizational goal-directed networks—Managing the unity-diversity tension ［J］. Journal of Public Administration Research and Theory，2010，21：327 – 365.

［82］ Huxham C，Vangen，S. Leadership in the shaping and implementation of collaboration agendas：how things happen in a（not quite）joined-up world ［J］. Academy of Management Journal，2000，43：1159 – 1175.

［83］ Schoemaker J H，Krupp S. Overcoming barriers to integrating strategy and leadership [J]. Strategy & Leadership, 2015, 21 (3): 23 –32.

[84] Redekop B. "Physicians to a dying planet": Helen Caldicott, Randall Forsberg, and the anti-nuclear weapons movement of the early 1980s [J]. The Leadership Quarterly, 2010, 21 (2): 278 –291.

[85] Ospina S, Foldy E. Building bridges from the margins: The work of leadership in social change organizations [J]. The Leadership Quarterly, 2010, 21 (2): 292 –307.

[86] Page S. Integrative leadership for collaborative governance: Civic engagement in Seattle [J]. The Leadership Quarterly, 2010, 21 (2): 246 –263.

[87] Bono J E, Shen W, Snyder M. Fostering integrative community leadership [J]. The Leadership Quarterly, 2010, 21 (2): 324 –335.

[88] Ozorhon B, Abbott C, Aouad G. Integration and leadership as enablers of innovation in construction: Case study [J]. Journal of Management in Engineering, 2013, 30 (2): 256 –263.

[89] Peter Y T Sun, Marc H Anderson. Civic capacity: Building on transformational leadership to explain successful integrative public leadership [J]. The Leadership Quarterly, 2012 (23): 309 –323.

[90] Shambaug R. Integrative leadership leveraging gender strengths to drive better busniess outcomes [J]. Public Relations Review, 2013 (39): 609 –611.

[91] Erjon Curraj, Besarta Vladi. The Crucial Need for an Integrative ICT Leadership Approach toward Management with the scope of Improving Profitability into Local non – IT companies [J]. Procedia – Social and Behavioral Sciences, 2013 (75): 308 –317.

[92] 迟嘉昱, 孙翎, 徐晟皓. 基于 PLS 的构成型 IT 能力量表设计与检验 [J]. 中大管理研究, 2013, 8 (1): 31 –49.

[93] Larsson G, Eid J. An idea paper on leadership theory integration [J]. Management Research Review, 2012 (35): 177 –191.

［94］Dansereau F，Stephanie R. Seitz，Chia － Yen Chiu. What makes leadership，leadership？Using self-expansion theory to integrate traditional and contemporary approaches［J］. The Leadership Quarterly，2013（24）：798 － 821.

［95］Redeker M，Reinout E. de Vries，Danny Rouckhout，Patrick-Vermeren. Integrating leadership：The leadership circumplex［J］. European Journal of Work and Organizational Psychology，2014，23（3）：435 － 455.

［96］霍国庆，孟建平，刘斯峰. 信息化领导力研究综述［J］. 管理评论，2008（4）：31 － 38，24，64.

［97］中国科学院"科技领导力研究"课题组，苗建明，霍国庆. 领导力五力模型研究［J］. 领导科学，2006（9）：20 － 23.

［98］Bridges W. Leading the de-jobbed organization，the leader of the future，New visions，strategies，and practices for the next era，edited by Frances Hesselbein，Marshall Goldsmith，and Richard Beckhard. San Francisco：Jossey － Bass. 1996：102 － 156.

［99］Drucker P F. Management Challenges for the 21st Century. Big Apple Tuttle － Mori Agency，Inc. 1999：213 － 224.

［100］切斯特·巴纳德. 经理人员的职能［M］. 北京：机械工业出版社，2016：112 － 115.

［101］Bass B M. Leadership and performance beyond expectations. New York：Free Press. 1985：321 － 356.

［102］Bass B M & Riggio，R. E. Transformational leadership（2nd ed.）. Mahwah，NJ：Lawrence Erlbaum. 2003：95 － 102.

［103］Rousseau D. Issues of level in organizational research：multilevel and cross-level perspective［J］. Research in organizational behavior，1985，3（7）：1 － 37.

［104］Klein K J，Dansereau，F. & Hall R J. Level issues in theory development，data collection，and analysis. Academy of Management Review，

1994，2（19）：195 – 229.

［105］刘冰，齐蕾，徐璐. 包容型领导对员工反馈寻求行为的跨层次影响研究［J］. 管理学报，2017，4（5）：677 – 685.

［106］王聪颖，杨东涛. 基于信任氛围感知与个体主义作用视角的诚信型领导对员工工作态度的影响［J］. 管理学报，2014，11（4）：533 – 540.

［107］Grant A M，Gino F，Hofmann D A. Reversing the extraverted leadership advantage：the role of employee proactivity［J］. Academy of Management Journal，2011，54（3）：528 – 550.

［108］Fehr R，Kai chi Y，Dang C. Moralized leadership：the construction and consequences of ethical leader perceptions［J］. Academy of Management Review，2015，40（2）：182 – 209.

［109］Zhang Y，Chen C C. Developmental leadership and organizational citizenship behavior：Mediating effects of self-determination，supervisor identification，and organizational identification［J］. Leadership Quarterly，2013，24（4）：534 – 543.

［110］Hannah S T，Woolfolk R L & Lord R G. Leader self-structure：A framework for positive leadership. Leader self-structure：a framework for positive leadership［J］. Journal of Organizational Behavior，2009，30（2）：269 – 290.

［111］Eubanks D L，Antes A L，Friedrich T L，et al. Criticism and outstanding leadership：An evaluation of leader reactions and critical outcomes［J］. Engineering Management Review，IEEE，2011，39（3）：34 – 63.

［112］Molders S，Brosi P，Bekk M，Sporrle M，Welpe I M. Support for quotas for women in leadership：The influence of gender stereotypes［J］. Human Resource Management，2018，57（4）：869 – 882.

［113］Kossek E E，Buzzanell P M. Women's career equality and leadership in organizations：Creating an evidence-based positive change［J］. Human Resource Management, 2018, 57 (4): 813 – 822.

[114] Krasikova D V, Green S G, Lebreton J M. Destructive Leadership [J]. Journal of Management, 2013, (39): 1308 – 1338.

[115] 雷星晖, 杨元飞, 苏涛永. 谦卑领导行为、组织认同与员工创造力的关系研究 [J]. 工业工程与管理, 2017 (1): 154 – 161.

[116] Thompson G, Vecchio R P. Situational leadership theory: A test of three versions [J]. Leadership Quarterly, 2009, 20 (5): 837 – 848.

[117] 李燚, 魏峰. 领导理论的演化和前沿进展 [J]. 管理学报, 2010 (4): 517 – 524.

[118] An – Chih Wang, Bor – ShiuanCheng. When does benevolent leadership lead to creativity? The moderating role of creative role identity and job autonomy [J]. Journal of Organizational Behavior, 2010, 31 (1): 106 – 121.

[119] Fairhurst G T. Considering context in discursive leadership research [J]. Human Relations, 2009, 62 (11): 1607 – 1633.

[120] Grant A M, Gino F, Hofmann D A. Reversing the extraverted leadership advantage: the role of employee proactivity [J]. Academy of Management Journal, 2011, 54 (3): 528 – 550.

[121] Bedell – Avers K, Hunter S T, Angie A D, et al. Charismatic, ideological, and pragmatic leaders: An examination of leader-leader interactions [J]. Leadership Quarterly, 2009, 20 (3): 299 – 315.

[122] Harold C M, Holtz B C. The effects of passive leadership on workplace incivility [J]. Journal of Organizational Behavior, 2015, 36 (1): 16 – 38.

[123] Trichas S, Schyns B, Lord R, et al. "Facing" leaders: Facial expression and leadership perception [J]. Leadership Quarterly, 2016, 28 (2): 317 – 333.

[124] 李召敏, 赵曙明. 转型经济下民营企业的制度支持、任务导向型战略领导行为与组织绩效研究 [J]. 管理学报, 2016 (3): 385 – 394.

［125］原理. 基于儒家传统德性观的中国本土伦理领导力研究［J］.
管理学报，2015（1）：38 – 43.

［126］Goodall A H, Pogrebna G. Expert leaders in a fast-moving envi-
ronment［J］. Leadership Quarterly, 2015, 26（2）：123 – 142.

［127］De Hoogh A H B, Greer L L, Den Hartog D N. Diabolical dicta-
tors or capable commanders? An investigation of the differential effects of auto-
cratic leadership on team performance［J］. The Leadership Quarterly, 2015,
26（5）：687 – 701.

［128］Benjamin M, Waldman D, Balthazard P. Visionary communication
qualities as mediators of the relationship between narcissism and attributions of
leader charisma［J］. Personnel psychology, 2010, 63（3）：509 – 537.

［129］Neider L L. The Dark Side of Management. Charlotte, North
Carolina：Information Age Publishing. 2010：29 – 30.

［130］Manz C C, Skaggs B C, Pearce C L, et al. Serving One Anoth-
er：Are Shared and Self – Leadership the Keys to Service Sustainability?［J］.
Journal of Organizational Behavior, 2015, 36（4）：607 – 612.

［131］De Cremer D, Mayer D M, Van Dijke M, et al. When does self-
sacrificial leadership motivate prosocial behavior? It depends on followers? pre-
vention focus［J］. Journal of Applied Psychology, 2009, 94（4）：887 – 899.

［132］Anderson M H, Sun P Y T. The downside of transformational
leadership when encouraging followers to network［J］. Leadership Quarterly,
2015, 26（5）：790 – 801.

［133］李燚，彭疆萍，魏峰. 士为知己者"言"：参与型领导能否
打破员工沉默?［J］. 工业工程与管理，2015（3）：44 – 50.

［134］韩巍，席酉民. 机会型领导、幻觉型领导：两个中国本土领
导研究的关键构念［J］. 管理学报，2012（12）：1725 – 1734.

［135］Carmeli A, Gelbard R, Gefen D. The importance of innovation
leadership in cultivating strategic fit and enhancing firm performance［J］.

Leadership Quarterly，2010，21（3）：339 – 349.

［136］吕峰，张仁江，云乐鑫. 组织原型、创业领导力与科技创业企业成长路径及内在机理研究［J］. 科学学与科学技术管理，2016（6）：99 – 111.

［137］刘朝，张欢，王赛君，马超群. 领导风格、情绪劳动与组织公民行为的关系研究——基于服务型企业的调查数据［J］. 中国软科学，2014（3）：119 – 134.

［138］张平，黄智文. 企业政治关联、领导风格与企业绩效的研究［J］. 预测，2015（4）：41 – 46.

［139］张军伟，龙立荣. 服务型领导对员工人际公民行为的影响：宽恕氛围与中庸思维的作用［J］. 管理工程学报，2016（1）：43 – 51.

［140］Eubanks D L，Antes A L，Friedrich T L，et al. Criticism and outstanding leadership：An evaluation of leader reactions and critical outcomes［J］. Engineering Management Review，IEEE，2010，21（3）：0 – 388.

［141］Wallis N C，Yammarino F J，Feyerherm A. Individualized leadership：A qualitative study of senior executive leaders［J］. Leadership Quarterly，2011，22（1）：182 – 206.

［142］汪纯孝，凌茜，张秀娟. 我国企业公仆型领导量表的设计与检验［J］. 南开管理评论，2009（3）：94 – 103，116.

［143］蒿坡，龙立荣，贺伟. 领导力共享、垂直领导力与团队创造力：双视角研究［J］. 管理科学，2014（6）：53 – 64.

［144］Joshi A，Lazarova M B，Liao H. Getting Everyone on Board：The Role of Inspirational Leadership in Geographically Dispersed Teams［J］. Organization Science，2009，20（1）：240 – 252.

［145］Ospina S，Foldy E. A critical review of race and ethnicity in the leadership literature：Surfacing context，power and the collective dimensions of leadership［J］. Leadership Quarterly，2009，20（6）：876 – 896.

［146］Zhang Y，Huai M Y，Xie Y H. Paternalistic leadership and employee voice in China: A dual process model [J]. The Leadership Quarterly, 2015, 26 (1): 25 – 36.

[147] Pieterse A N, Knippenberg D V, Michaéla Schippers, et al. Transformational and transactional leadership and innovative behavior: The moderating role of psychological empowerment [J]. Journal of Organizational Behavior, 2010, 31 (4): 609 – 623.

[148] Chen C Y, Li C I. Assessing the spiritual leadership effectiveness: The contribution of follower's self-concept and preliminary tests for moderation of culture and managerial position [J]. The Leadership Quarterly, 2013, 24 (1): 240 – 255.

[149] Zhang Z, Wang M, Shi JQ. Leader-follower congruence in proactive personality and work outcomes: the mediating role of leader-member exchange [J]. Academy of Management Journal, 2012, 55 (1): 111 – 130.

[150] 屠兴勇, 王泽英, 张琪. 批判性反思效应下领导教练行为对员工创新的影响机制研究 [J]. 南开管理评论, 2016 (6): 4 – 16.

[151] Chen S Y, Hou Y H. The effects of ethical leadership, voice behavior and climates for innovation on creativity: A moderated mediation examination [J]. Leadership Quarterly, 2016, 27 (1): 1 – 13.

[152] 张华磊, 袁庆宏, 王震, 黄勇. 核心自我评价、领导风格对研发人员跨界行为的影响研究 [J]. 管理学报, 2014 (8): 1168 – 1176.

[153] Alvesson M, Spicer A. Critical leadership studies: The case for critical performativity [J]. Human Relations, 2012, 65 (3): 367 – 390.

[154] Foulk Trevor A, Lanaj Klodiana, Tu Min – Hsuan. Heavy is the Head that Wears the Crown: An Actor-centric Approach to Daily Psychological Power, Abusive Leader Behavior, and Perceived Incivility [J]. Academy of Management Journal, 2018, 61 (2): 661 – 684.

[155] Uhl – Bien M, Marion R. Complexity leadership in bureaucratic forms of organizing: A meso model [J]. The Leadership Quarterly, 2009,

20 (4)：631 –650.

［156］陈国权，陈子栋. 领导授权行为对员工学习能力影响机制研究［J］. 科研管理，2017 (3)：114 –127.

［157］Lord Robert G，Dinh Jessica E，Hoffman Ernest L. A quantum approach to time and organizational change ［J］. Academy of Management Review，2015，40 (2)：263 –290.

［158］Giessner S R，Daan V K，Wendy V G，et al. Team-oriented leadership：the interactive effects of leader group prototypicality，accountability，and team identification ［J］. The Journal of applied psychology，2013，98 (4)：658 –667.

［159］Kramer M W，Crespy D A. Communicating collaborative leadership ［J］. Leadership Quarterly，2011，22 (5)：1024 –1037.

［160］Aleksey A. Tikhomirov and William D. Spangler. Neo – Charismatic Leadership and the Fate of Mergers and Acquisitions：An Institutional Model of CEO Leadership ［J］. Journal of Leadership & Organizational Studies，2010，17 (1)：44 –60.

［161］刘军，富萍萍，吴隆增. 信心领导：来自95 家企业的证据［J］. 管理学报，2009 (4)：464 –471.

［162］文晓立，陈春花. 实践回应中的领导者价值观研究百年演变［J］. 管理学报，2012 (6)：818 –825.

［163］彭正龙，王红丽，谷峰. 涌现型领导对团队情绪、员工创新行为的影响研究 ［J］. 科学学研究，2011 (3)：471 –480.

［164］贾良定，唐翌，李宗卉，乐军军，朱宏俊. 愿景型领导：中国企业家的实证研究及其启示 ［J］. 管理世界，2004 (2)：84 –96.

［165］莫申江，王重鸣. 国外跨组织领导研究前沿探析 ［J］. 管理学报，2011 (2)：214 –219.

［166］Susanne B，Karolina W A M N. Authentic leadership extends beyond work：A multilevel model of work-family conflict and enrichment ［J］.

Leadership Quarterly, 2017, 28 (6): 780 – 797.

[167] Uhlbien M, Riggio R E, Lowe K B, et al. Followership theory: A review and research agenda [J]. Leadership Quarterly, 2014, 25 (1): 83 – 104.

[168] 张笑峰, 席酉民, 张晓军. 本土领导者在应对不确定性中的作用——基于王石案例的扎根分析 [J]. 管理学报, 2015 (2): 178 – 186.

[169] 陶厚永, 章娟, 李玲. 差序式领导对员工利社会行为的影响 [J]. 中国工业经济, 2016 (3): 114 – 129.

[170] Xing YJ, Starik M. Taoist leadership and employee green behaviour: A cultural and philosophical microfoundation of sustainability [J]. Journal of Organizational Behavior, 2017, 38 (9): 1302 – 1319.

[171] Graeme C, Andy L, Olga S. The institutionalization of distributed leadership: A 'Catch – 22' in English public services [J]. Human Relations, 2009, 62 (11): 1735 – 1761.

[172] Wendy R, Rekha K. Impact of dual executive leadership dynamics in creative organizations [J]. Human Relations, 2009, 62 (7): 1073 – 1112.

[173] 王大刚, 席酉民, 何方. 基于中国公司情境的和谐管理领导力研究 [J]. 管理学报, 2009 (4): 427 – 431.

[174] 党兴华, 王方. 核心企业领导风格、创新氛围与网络创新绩效关系研究 [J]. 预测, 2014 (2): 7 – 12.

[175] 曹晶, 杨斌, 杨百寅. 行业环境调节作用下集体领导力的动态变化与企业绩效 [J]. 管理学报, 2015 (7): 993 – 1000.

[176] Humphreys M, Ucbasaran D, Lockett A. Sense-making and sense-giving stories of jazz leadership [J]. Human Relations, 2012, 65 (1): 41 – 62.

[177] Chen J H, Nadkarni S. It's about Time! CEOs' Temporal Dispositions, Temporal Leadership, and Corporate Entrepreneurship [J]. Adminis-

trative Science Quarterly, 2017, 62 (1): 31 - 66.

[178] Perry S J, Witt L A, Penney L M, et al. The downside of goal-focused leadership: The role of personality in subordinate exhaustion [J]. Journal of Applied Psychology, 2010, 95 (6): 1145 - 1153.

[179] Caughron J J, Mumford M D. Embedded leadership: How do a leader's superiors impact middle-management performance? [J]. Leadership Quarterly, 2012, 23 (3): 336 - 353.

[180] 王方, 党兴华, 李玲. 核心企业领导风格与网络创新氛围的关联性研究——基于技术创新网络的分析 [J]. 科学学与科学技术管理, 2014 (2): 96 - 103.

[181] Ginkel W P V, Knippenberg D V. Group leadership and shared task representations in decision making groups [J]. Leadership Quarterly, 2012, 23 (1): 92 - 106.

[182] Will T E. Flock Leadership: Understanding and influencing emergent collective behavior [J]. Leadership Quarterly, 2016, 27 (2): 261 - 279.

[183] 成中英, 晁罡, 熊吟竹等. 从历史与哲学理解儒家全球领导力: 古典模型与现代模型 [J]. 管理学报, 2014, 11 (5): 645 - 652.

[184] Hawkins B. Ship-shape: materializing leadership in the British Royal Navy [J]. Human Relations, 2015, 68 (6): 951 - 971.

[185] Santos J P, Caetano A, Tavares S M, et al. Is training leaders in functional leadership a useful tool for improving the performance of leadership functions and team effectiveness? [J]. Leadership Quarterly, 2015, 26 (3): 470 - 484.

[186] Golant B D, Sillince J A, Harvey C, et al. Rhetoric of stability and change: The organizational identity work of institutional leadership [J]. Human Relations, 2014, 68 (4): 607 - 631.

[187] Pettigrew A M, Cameron W S. Studying Organizational Change and Development: Challenges for Future Research [J]. The Academy of Man-

agement Journal，2001，44（4）：697 – 713.

［188］Hughes M. The Leadership of Organizational Change. London：Routledge，2015：107 – 118.

［189］Burke W. Organization Change：Theory and Practice. Thousand Oaks，CA：Sage Publications，2017：210 – 215.

［190］Levy A，Merry U. Organizational transformation：Approaches，strategies，theories. New York：Praeger. 1986：79 – 86.

［191］Ertmer P A. Addressing first-and second-order barriers to change：Strategies for technology integration［J］. Educational Technology Research and Development，1999，47（4）：47 – 61.

［192］傅平. 中国传媒集团组织转型研究［D］. 复旦大学，2005：97 – 102.

［193］芮明杰，钱平凡. 再造工程［M］. 浙江人民出版社，1997：65 – 72.

［194］李海舰，田跃新，李文杰. 互联网思维与传统企业再造［J］. 中国工业经济，2014（10）：135 – 146.

［195］罗珉，李亮宇. 互联网时代的商业模式创新：价值创造视角［J］. 中国工业经济，2015（1）：95 – 107.

［196］戴德宝，范体军，刘小涛. 互联网技术发展与当前中国经济发展互动效能分析［J］. 中国软科学，2016（8）：184 – 192.

［197］Bolano C R S，Vieira E S. The Political Economy of the Internet：Social Networking Sites and a Reply to Fuchs［J］. Television & New Media，2015，16（1）：52 – 61.

［198］Sousa M，Rocha Á. Digital learning：Developing skills for digital transformation of organizations［J］. Future Generation Computer Systems，2019（91）：327 – 334.

［199］孙新波，张大鹏. 互联网效应分类及其理论内涵解析［J］. 商业经济与管理，2017（8）：28 – 38.

［200］Gibson R K, Gillan K, Greffet F, et al. Party Organizational Change and ICTs：The Growth of a Virtual Grassroots? ［J］. New Media & Society, 2013, 15（1）：31 − 51.

［201］Annunzio S, Liesse J. E Leadership：proven techniques for creating an environment of speed and flexibility in the digital economy ［J］. Human Resource Management, 2001, 40（4）：381 − 383.

［202］Pulley M L, Sessa V, Malloy M. E − Leadership：A Two − Pronged Idea ［J］. T and D, 2002, 56（3）：1534 − 1740.

［203］Huvila I. Towards information leadership ［J］. Aslib Journal of Information Management, 2014, 66（6）：663 − 677.

［204］吴挺. 互联网创业转型下的变革领导力及其效能机制研究 ［D］. 浙江大学, 2016：37 − 52.

［205］吴玲伟. 互联网时代的领导力转型 ［J］. 清华管理评论, 2015（4）：60 − 65.

［206］Srivastava A P, Dhar R L. Technology leadership and predicting travel agent performance ［J］. Tourism Management Perspectives, 2016, 20：77 − 86.

［207］Teece D J, Pisano G, Shuen A. Dynamic capabilities and strategic management ［J］. Strategic Management Journal, 1997, 18（7）：509 − 533.

［208］Eisenhardt K M, Martin J A. Dynamic capabilities：What are they? ［J］. Strategic Management Journal, 2000, 21（10 − 11）：1105 − 1121.

［209］Gooderham E D N. Dynamic capabilities as antecedents of the scope of related diversification：The case of small firm accountancy practices ［J］. Strategic Management Journal, 2008, 29（8）：841 − 857.

［210］Wang C L. Dynamic Capabilities：A Review and Research Agenda ［J］. International Journal of Management Reviews, 2010, 9（1）：31 − 51.

［211］Helfat C E, Peteraf M A. Managerial cognitive capabilities and the microfoundations of dynamic capabilities ［J］. Strategic Management Journal, 2015, 36 (6): 831 – 850.

[212] Schilke O. The contingent value of dynamic capabilities for competitive advantage: The nonlinear moderating effect of environmental dynamism. Strategic Management Journal, 2014, 35 (2): 179 – 203.

[213] Teece D J. Explicating dynamic capabilities: The nature and micro-foundations of (sustainable) enterprise performance. Strategic Management Journal, 2007, 28 (13): 1319 – 1350.

[214] Levitt B & March J G. Organizational learning. Annual Review of Sociology, 1988, 14 (S2): 319 – 340.

[215] 王晓红, 徐峰. 协同创新团队交易型领导力与动态能力关系实证研究: 调节定向的中介作用 [J]. 科技进步与对策, 2018, 35 (22): 138 – 144.

[216] Schoemaker J H, Heaton S, Teece D. Innovation, Dynamic Capabilities, and Leadership [J]. California Management Review, 2018, 61 (1): 15 – 42.

[217] Winter S G. Dynamic capability as a source of change. In A. Ebner & N. Beck (Eds.), The institutions of the market. Organizations, social systems, and governance. New York, NY: Oxford University Press. 2000: 40 – 65.

[218] Salvato C, Vassolo R. The sources of dynamism in dynamic capabilities [J]. Strategic Management Journal, 2018 (39): 1728 – 1752.

[219] Zahra S A, Sapienza H J, Davidsson P. Entrepreneurship and Dynamic Capabilities: A Review, Model and Research Agenda [J]. Journal of Management Studies, 2006, 43 (4): 917 – 955.

[220] Schweitzer J. Leadership and innovation capability development in strategic alliances [J]. Leadership & Organization Development Journal, 2014, 35 (5): 442 – 469.

[221] 罗彪, 张哲宇. 领导力与动态能力对企业绩效影响的实证研

究 [J]. 科学学与科学技术管理, 2012, 33 (10): 137 - 146.

[222] Albers J, Brewer S. Knowledge management and the innovation process: the eco-innovation model [J]. Journal of Knowledge Management Practice, 2003, 3 (21): 109 - 112.

[223] Connell J, Voola R. Knowledge integration and competitiveness: a longitudinal study of an industry cluster [J]. Journal of Knowledge Management, 2013, 17 (2): 208 - 225.

[224] Herstad S J, Sandven T, Ebersberger B. Recruitment, knowledge integration and modes of innovation [J]. Research Policy, 2015, 44 (1): 138 - 153.

[225] 魏江, 徐蕾. 知识网络双重嵌入、知识整合与集群企业创新能力 [J]. 管理科学学报, 2014, 17 (2): 34 - 47.

[226] 刘岩芳, 徐建中. 社会网络环境下组织知识整合机理研究 [J]. 情报科学, 2017 (8): 86 - 90.

[227] Prencipe I. and Tell H. The Knowledge-creating Company – How Japanese Companies Create the Dynamics of Innovation. Oxford: Oxford University Press. 2017: 23 - 57.

[228] Dubini P, Aldrich H. Personal and extended networks are central to the entrepreneurial process. Journal of Business Venturing, 1991, 6 (5): 305 - 313.

[229] Katz J, Gartner W B. Properties of emerging organizations. Academy of Management Review, 1988, 13 (3): 429 - 441.

[230] Shane S, Cable D. Network ties, reputation, and the financing of new ventures. Management Science, 2002, 48 (3): 364 - 382.

[231] Granovetter M S. Economic action and social structure: The problem of embeddedness. American Journal of Sociology, 1985, 91 (3): 481 - 510.

[232] Uzzi B. The sources and consequences of embeddedness for the

economic performance of organizations: The network effect. American Sociological Review, 1996 (61): 674 – 698.

[233] Nahapiet J, Ghoshal S. Social capital, intellectual capital and the organizational advantage [J]. The Academy of Management Review. 1998, 23 (2): 242 – 266.

[234] Andersson U, Holm F U. The Strategic Impact of External Networks: Subsidiary Performance and Competence Development in the Multinational Corporation [J]. Strategic Management Journal, 2002, 23 (11): 979 – 996.

[235] Fang, L X. Research on Innovation Mechanism of Industry Cluster Embedded in Social Networks Relation [J]. Advanced Materials Research, 2011, 32 (7): 421 – 425.

[236] Presutti M, Boari C, Majocchi A. The Importance of Proximity for the Start – Ups' Knowledge Acquisition and Exploitation [J]. Journal of Small Business Management, 2011, 49 (3): 361 – 389.

[237] 许晖, 许守任, 王睿智. 网络嵌入、组织学习与资源承诺的协同演进——基于3家外贸企业转型的案例研究 [J]. 管理世界, 2013 (10): 142 – 155, 169, 188.

[238] 许晖, 单宇. 新兴经济体跨国企业子公司网络嵌入演化机理研究 [J]. 管理学报, 2018, 15 (11): 1591 – 1600.

[239] Hill E J, Grzywacz J G, Allen S, Blanchard V L, Matz – Costa C, Shulkin S, & Pitt – Catsouphes M. Defining and conceptualizing workplace flexibility. Community, Work & Family, 2008 (11): 149 – 163.

[240] 叶一娇, 吕逸婧, 邓昕才, 何燕珍. 破解技术创新驱动力的学习障碍: 柔性化力量 [J]. 经济管理, 2018, 40 (12): 72 – 87.

[241] Allen T D, Johnson R C, Kiburz K M, Shockley K M. Work-family conflict and flexible work arrangements: Deconstructing flexibility. Personnel Psychology, 2013 (66): 345 – 376.

［242］ Milliman J, Von Glinow M A, Nathan M. Organizational life cycles and strategic international human resource management in multinational companies: implications for congruence theory ［J］. Academy of Management Review, 1991, 16 (2): 318 – 339.

［243］ WAY S A. A firm-level analysis of HR flexibility ［D］. New Brunswick: Rutgers Business School – Newark and New Brunswick of the State. 2005: 102 – 121.

［244］ Chang S, Gong Y, Way S A, et al. Flexibility-oriented HRM systems, absorptive capacity, and market responsiveness and firm innovativeness ［J］. Journal of Management, 2012, 39 (7): 1924 – 1951.

［245］ Camps J, Oltra V, Aldás – Manzano J, et al. Individual Performance in Turbulent Environments: The Role of Organizational Learning Capability and Employee Flexibility ［J］. Human Resource Management, 2016, 55 (3): 363 – 383.

［246］ Wright P M, Snell S A. Toward a Unifying Framework for Exploring Fit and Flexibility in Strategic Human Resource Management ［J］. Academy of Management Review, 1998, 23 (4): 756 – 772.

［247］ De La Lastra, S. F – P., F. Martin – Alcazar & G. Sanchez – Gardey. Functional Flexibility in Human Resource Management Systems: Conceptualization and Measurement ［J］. International Journal of Business Administration, 2014, 5 (1): 1923 – 1947.

［248］ 陆畅, 张艳菊. 企业中的柔性管理分析 ［J］. 商场现代化, 2018 (8): 99 – 100.

［249］ 邓丽芳, 郑日昌. 组织沟通对成员工作压力的影响: 质、量结合的实证分析 ［J］. 管理世界, 2008 (1): 105 – 114.

［250］ Fragale A R, Sumanth J J, Tiedens L Z, et al. Appeasing Equals: Lateral Deference in Organizational Communication ［J］. Administrative Science Quarterly, 2012, 57 (3): 373 – 406.

［251］Men L R. Strategic internal communication transformational leadership, communication channels, and employee satisfaction ［J］. Management Communication Quarterly, 2014（2）：264 – 284.

［252］Ahmeti F. HRM：Developing organizational communication culture in transitional economies ［J］. Social Science Electronic Publishing, 2015, 10（10）：34 – 56.

［253］唐贵瑶，于冰洁，陈梦媛，魏立群. 基于人力资源管理强度中介作用的组织沟通与员工创新行为研究 ［J］. 管理学报，2016, 13（1）：76 – 84.

［254］Melvin E M, Douglas G C. Internal Strategies for Assessing Organizational Communication Channel Effectiveness ［J］. International Journal of Applied Management and Technology, 2017, 16（1）：123 – 132.

［255］Thomas K W, Velthouse B A. Cognitive Elements of Empowerment：An "Interpretive" Model of Intrinsic Task Motivation ［J］. Academy of Management Review, 1990, 15（4）：666 – 681.

［256］Corsun D L, Enz C A. Predicting Psychological Empowerment Among Service Workers：The Effect of Support – Based Relationships ［J］. Human Relations, 1999, 52（2）：205 – 224.

［257］Ahearne M, Mathieu J, Rapp A. To empower or not to empower your sales force? An empirical examination of the influence of leadership empowerment behavior on customer satisfaction and performance ［J］. Journal of Applied Psychology, 2005, 90（5）：945 – 955.

［258］唐贵瑶，李鹏程，李骥. 国外授权型领导研究前沿探析与未来展望 ［J］. 外国经济与管理，2012, 34（9）：73 – 80.

［259］Bektas C, Sohrabifard N. Terms of Organizational Psychology, Personnel Empowerment and Team Working：A Case Study ［J］. Procedia – Social and Behavioral Sciences, 2013, 82：886 – 891.

［260］Gonçalves J, Kostakos V, Karapanos E, et al. Citizen Motivation on the Go: The Role of Psychological Empowerment [J]. Interacting with Computers, 2014, 26 (3): 193 –207.

［261］Chen C C, Zhang A Y, Wang H. Enhancing the Effects of Power Sharing on Psychological Empowerment: The Roles of Management Control and Power Distance Orientation [J]. Management & Organization Review, 2014, 10 (1): 135 –156.

［262］Huang J. The relationship between employee psychological empowerment and proactive behavior: Self-efficacy as mediator [J]. Social Behavior & Personality An International Journal, 2017, 45 (7): 1157 –1166.

［263］江新会, 钟昌标, 张强, 王桢. 中国心理授权的一个特性: 影响力导致的消极效应及其边界条件 [J]. 管理评论, 2016, 28 (3): 139 –153.

［264］孙春玲, 姬玉, 许芝卫. 心理授权对工程项目团队不道德亲组织行为的影响研究——基于组织惯例的调节作用 [J]. 中国软科学, 2018 (4): 155 –164.

［265］Laursen K, Salter A. Open for Innovation: The Role of Openness in Explaining Innovation Performance Among U. K. Manufacturing Firms [J]. Strategic Management Journal, 2006, 27 (2): 131 –150.

［266］Pisano G P, Roberto V. Which kind of collaboration is right for you? [J]. Harvard Business Review, 2008, 34 (4): 78 –86.

［267］Lazzarotti V, Manzini R. Different modes of open innovation: a theoretical framework and an empirical study [J]. International Journal of Innovation Management, 2009, 13 (4): 615 –636.

［268］Love J H, Roper S, Vahter P. Learning from openness: The dynamics of breadth in external innovation linkages [J]. Strategic Management Journal, 2014, 35 (11): 1703 –1716.

［269］王丽平, 赵飞跃. 组织忘记、关系学习、企业开放度与商业模式创新 [J]. 科研管理, 2016, 37 (3): 42 –50.

［270］郑健壮，叶峥，徐寅杰．集群企业开放度对创新绩效的影响机制研究［J］．科研管理，2017，38（4）：19 - 27.

［271］Dapeng Z, Xinbo S, Yide L, Shunyi Z. The Effects of Integrative Leadership on the Enterprise Synergy Innovation Performance in a Supply Chain Cooperative Network［J］. Sustainability, 2018（7）：2342.

［272］张大鹏，孙新波．供应链合作网络中整合型领导力对企业间协同创新绩效的影响研究［J］．工业工程与管理，2017，22（6）：128 - 134.

［273］Wang X H, Howell J M. A multilevel study of transformational leadership, identification, and follower outcomes［J］. Leadership Quarterly, 2012, 23（5）：775 - 790.

［274］To M L, Tse H H M, Ashkanasy N M. A multilevel model of transformational leadership, affect, and creative process behavior in work teams［J］. The Leadership Quarterly, 2015, 26（4）：543 - 556.

［275］Crotty M. The foundations of social research：Meaning and Perspective in the research process. London：Sage. 2017：112 - 213.

［276］Glaser B G, Strauss A L. The discovery of grounded theory：Strategies for qualitative research［M］. Chicago. 1967：213 - 144.

［277］Strauss A, Corbin J M. Grounded Theory in Practice［M］. Thousand Oaks：Sage Publications, 1997：110 - 156.

［278］Charmaz K. Constructing grounded theory. Thousand Oaks, CA：Sage. 2014：204 - 231.

［279］李燕萍，梁燕．企业高层领导政治能力的结构维度与影响作用——基于中国情境的扎根理论研究［J］．经济管理，2018，40（11）：73 - 87.

［280］靳代平，王新新，姚鹏．品牌粉丝因何而狂热？——基于内部人视角的扎根研究［J］．管理世界，2016（9）：49 - 65.

［281］Huberman A M, Miles M B. Qualitative Data Analysis：A Expended Sourcebook［M］. Thousand Oaks：Sage Publications, 1994：112 - 231.

［282］ McEvily B, Zaheer A. "Does trust still matter? Research on the role of trust in inter-organizational exchange" ［M］. In Bachmann, R., & Zaheer, A. (Eds.), Handbook of trust research. Cheltenham, UK: Edward Elgar. 2006: 203 – 221.

［283］ Eggers J P, Kaplan S. Cognition and capabilities: A multi-level perspective. Academy of Management Annals, 2013, 7 (1): 293 – 338.

［284］ Felin T, Foss N J, Ployhart R E. The microfoundations movement in strategy and organization theory. Academy of Management Annals, 2015, 9 (1): 575 – 632.

［285］ Feldman M S, Pentland B T. Reconceptualizing organizational routines as a source of flexibility and change. Administrative Science Quarterly, 2003, 48 (1): 94 – 118.

［286］ Felin T, Foss N J. Strategic organization: A field in search of micro-foundations. Strategic Organization, 2005, 3 (4): 441 – 455.

［287］ Tracey T J G. The structure of interests and self-efficiency expectations: An expanded examination of the spherical model of interests ［J］. Journal of Counseling Psychology, 1997, 44 (1): 32 – 43.

［288］ Bandura A. Self-efficacy: Toward a unifying theory of behavioral change ［J］. 1977, 84 (2): 191 – 215.

［289］ Dimitrios N K, Sakas D P, Machos D S. The role o1 information systems in creating strategic leadership model ［J］. Procedia – Social and Behavioral Sciences, 2013 (73): 287 – 293.

［290］ Schreyögg G, Kliesch – Eberl M. How dynamic can organizational capabilities be? Towards a dual-process model of capability dynamization. Strategic Management Journal, 2007, 28 (9): 913 – 933.

［291］ Chow I H, Huang J C, Liu S S. Strategic HRM in China: Configurations and Competitive Advantage ［J］. Human Resources Management, 2008, 47 (4): 687 – 706.

［292］Akhtar S, Ding D Z, Ge G L. Strategic HRM Practices and Their Impact on Company Performance in Chinese Enterprises ［J］. Human Resources Management, 2008, 47 (1): 15 – 32.

［293］Huang X. Helplessness of empowerment: The joint effect of participative leadership and controllability attributional style on empowerment and performance ［J］. Human Relations, 2012, 65 (3): 313 – 334.

［294］Eisenhardt K M. "Building Theories from Case Study Research" ［J］. Academy of Management Review, 1989, 14 (4): 532 – 550.

［295］Yin R K. Application of Case Study Research ［M］. CA: Sage Publications Inc. 2003: 135 – 257.

［296］沙振权, 周飞, 何美贤. 企业间关系嵌入对供应链合作绩效的影响机制 ［J］. 经济管理, 2013, 35 (2): 87 – 95.

［297］Wilson K, Sin H, Conlon D. What about the leader in leader-member exchange? the impact of resource exchanges and substitutability on the leader ［J］. Academy of Management Review, 2010, 35 (3): 358 – 372.

［298］Henderson D J, Liden R C, Glibkowski B C, et al. LMX differentiation: A multilevel review and examination of its antecedents and outcomes ［J］. Leadership Quarterly, 2009, 20 (4): 517 – 534.

［299］陈春花. 激活个体 ［J］. 企业管理, 2018 (8): 6 – 10.

［300］孟乾坤. 国企高管股权激励、组织惯性与企业研发效率——基于国有制造业上市公司面板数据的分析 ［J］. 财会通讯, 2017 (12): 62 – 67.

［301］Jing R, Van d V A H. A Yin—Yang Model of Organizational Change: The Case of Chengdu Bus Group ［J］. Management & Organization Review, 2014, 10 (1): 29 – 54.

［302］Robbins P S, Judge T A. Organizational Behavior (12th Ed.). Upper Saddle River, NJ: Pearson Prentice Hall, 2007: 98 – 112.

［303］Liebeskind J, Oliver A, Zucker L, et al. Social Networks,

Learning and Flexibility: Sourcing Scientific Knowledge in New Biotechnology Firms [J]. Organization Science, 2012, 11 (7): 428 –433.

[304] Mort G S, Weerawardena J. Networking capability and international entrepreneurship [J]. International Marketing Review, 2006, 23 (5): 549 –572.

[305] 吉恩·李普曼—布卢门. 赵宜萱译. 整合领导力: 在多元化与互依共存的世界中取得成功 [M]. 北京: 机械工业出版社, 2018: 112 –135.

[306] 党兴华, 常红锦. 网络位置、地理临近性与企业创新绩效——一个交互效应模型 [J]. 科研管理, 2013, 34 (3): 7 –13, 30.

[307] Mina A, Bascavusoglu – Moreau E, Hughes A. Open service innovation and the firm's search for external knowledge [J]. Research Policy, 2014, 43 (5): 853 –866.

[308] Andersen P H, Kragh H, Lettl C. Spanning organizational boundaries to manage creative processes: The case of the LEGO group [J]. Industrial Marketing Management, 2013, 42 (1): 125 –134.

[309] Marschoek B, Beck C. On the Robustness of LISREL (Maximum Likelihood Estimation) Against Small Sample Size and Non-normality [J]. Scandinavian Journal of Management, 2012, 43 (5): 985 –1012.

[310] Ambrose M L, Schminke M. Organization Structure as a Moderator of the Relationship between Procedural Justice, Interactional Justice, Perceived Organizational Support, and Supervisory Trust. Journal of Applied Psychology, 2003, 88 (2): 295 –305.

[311] Hernandez M. Toward an Understanding of the Psychology of Stewardship [J]. Academy of Management Review, 2012, 37 (2): 172 –193.

[312] Brief A P, Motowidlo S J. Prosocial Organizational Behaviors [J]. Academy of Management Review, 1986, 11 (4): 710 –725.

[313] Bandura A. Self-efficacy: The exercise of control [M]. New

York: Freeman, 1997: 215 – 232.

[314] 许鹏鸿, 王润娜, 王尧, 王利平. 基于信任和授权分析的领导自我损耗与下属自我损耗关系研究 [J]. 管理学报, 2018, 15 (4): 496 – 503.

[315] 段锦云, 黄彩云. 变革型领导对员工建言的影响机制再探: 自我决定的视角 [J]. 南开管理评论, 2014, 17 (4): 98 – 109.

[316] Frank T. Building Dynamic Capabilities: Innovation Driven by Individual, Firm and Network Level Effects [J]. Organization Science, 2007, 18 (6): 898 – 921.

[317] Vasudeva G, Zaheer A, Hernandez E. The Embeddedness of Networks: Institutions, Structural Holes, and Innovativeness in the Fuel Cell Industry [J]. Organization Science, 2013, 24 (3): 645 – 663.

[318] 钱雨, 张大鹏, 孙新波, 张明超, 董凌云. 基于价值共创理论的智能制造型企业商业模式演化机制案例研究 [J]. 科学学与科学技术管理, 2018, 39 (12): 123 – 141.

[319] Li Y Q, Zhang G L, Yang X, et al. The influence of collectivist human resource management practices on team-level identification [J]. International Journal of Human Resource Management, 2015, 26 (14): 1791 – 1806.

[320] Vasudeva G, Alexander E A, Jones S L. Institutional Logics and Interorganizational Learning in Technological Arenas: Evidence from Standard – Setting Organizations in the Mobile Handset Industry [J]. Organization Science, 2015, 26 (3): 830 – 846.

[321] 王磊. 企业信息化领导力形成机理及对竞争优势的影响研究 [D]. 吉林大学, 2015: 120 – 123.

[322] Mintzberg H. The leadership debate with Henry Mintzberg: Community-ship is the answer [J]. Financial Times, 2006, 23 (10): 8 – 21.

[323] Spillane J P. Distributed leadership [C]//The educational forum. Taylor & Francis Group, 2005, 69 (2): 143 – 150.

［324］ Muethel M, Gehrlein S, Hoegl M. Socio-demographic factors and shared leadership behaviors in dispersed teams: Implications for human resource management ［J］. Human Resource Management, 2012, 51 (4): 525 – 548.

［325］ Srivastava A, Bartol K M, Locke E A. Empowering leadership in management teams: effects on knowledge sharing, efficacy, and performance ［J］. Academy of Management Journal, 2006, 49 (6): 1239 – 1251.

［326］ Lundin M. Explaining Cooperation: How Resource Interdependence, Goal Congruence, and Trust Affect Joint Actions in Policy Implementation ［J］. Journal of Public Administration Research and Theory, 2007, 17 (4): 651 – 672.

［327］ Bouillon M L, Ferrier G D, Stuebs M T, et al. The economic benefit of goal congruence and implications for management control systems ［J］. Journal of Accounting and Public Policy, 2006, 25 (3): 265 – 298.

［328］ Hambrick D C. Upper echelons theory: an update ［J］. Academy of Management Review, 2007, 32 (2): 334 – 343.

［329］ 姚振华, 孙海法. 高管团队组成特征与行为整合关系研究 ［J］. 南开管理评论, 2010, 13 (1): 15 – 22.

［330］ 吴明隆, 涂金堂. SPSS 与统计应用分析 ［M］. 大连: 东北财经大学出版社, 2012: 97 – 115.

［331］ Lei D, Slocum J W. Global Strategy, Competence – Building and Strategic Alliances ［J］. California Management Review, 1992, 35 (35): 81 – 97.

［332］ Chang C W, Chiang D M, Pai F Y. Cooperative strategy in supply chain networks ［J］. Industrial Marketing Management, 2012, 41 (7): 1114 – 1124.

［333］ 许治, 黄菊霞. 协同创新中心合作网络研究——以教育部首批认定协同创新中心为例 ［J］. 科学学与科学技术管理, 2016 (11): 55 – 67.

［334］Ahuja G. Collaboration Networks, Structural Holes, and Innovation: A Longitudinal Study ［J］. Administrative Science Quarterly, 2000, 45 (3): 425 – 455.

［335］Zahra S A, Ireland R D, Hitt M A. International expansion by new venture firms: International diversity, mode of market entry, technological learning, and performance ［J］. Academy of Management Journal, 2000, 43 (5): 925 – 950.

［336］Cummings J N. Work Groups, Structural Diversity, and Knowledge Sharing in a Global Organization ［J］. Management Science, 2004, 50 (3): 352 – 364.

［337］Nooteboom B. Institutions and Forms of Coordination in Innovation Systems ［J］. Organization Studies, 2000, 21 (5): 915 – 939.

［338］陈伟, 杨早立, 张永超. 网络结构与企业核心能力关系实证研究: 基于知识共享与知识整合中介效应视角 ［J］. 管理评论, 2014 (6): 74 – 82.

［339］Forrest J E, Martin M. Strategic alliances between large and small research intensive organizations: experiences in the biotechnology industry ［J］. R&D Management, 1992, 22 (1): 41 – 54.

［340］Luo A, Kumar V. Recovering hidden buyer-seller relationship states to measure the return on marketing investment in business-to-business markets ［J］. Journal of Marketing Research, 2013, 50 (1): 143 – 160.

［341］Abratt R, Kelly P M. Customer-supplier partnerships: Perceptions of a successful key account management program ［J］. Industrial Marketing Management, 2002, 31 (5): 467 – 476.

［342］Lemke F, Goffin K, Szwejczewski M. Investigating the meaning of supplier-manufacturer partnerships: an exploratory study ［J］. International Journal of Physical Distribution & Logistics Management, 2003, 33 (1): 12 – 35.

［343］Huang Y T. Learning from cooperative inter-organizational relationships: the case of international joint venture [J]. Journal of Business & Industrial Marketing, 2010, 25 (6): 454 – 467.

[344] Johansson M, Axelson M, Enberg C, et al. Knowledge Integration in Inter – Firm R&D Collaboration: How do Firms Manage Problems of Coordination and Cooperation? [M]. Knowledge Integration and Innovation – Critical Challenges Facing International Technology – Based Firms, 2011: 148 – 169.

[345] Kim M, Chai S. The impact of supplier innovativeness, information sharing and strategic sourcing on improving supply chain agility: Global supply chain perspective [J]. International Journal of Production Economics, 2017 (187): 42 – 52.

[346] Ellis S C, Jr J W H, Kull T J. The effect of buyer behaviors on preferred customer status and access to supplier technological innovation: An empirical study of supplier perceptions [J]. Industrial Marketing Management, 2012, 41 (8): 1259 – 1269.

[347] Un C A, Cuervo – Cazurra A, Asakawa K. R&D Collaborations and Product Innovation [J]. Journal of Product Innovation Management, 2010, 27 (5): 673 – 689.

[348] Noordhoff C, Kyriakopoulos K, Moorman C, et al. The Bright Side and Dark Side of Embedded Ties in Business – to – Business Innovation [J]. Journal of Marketing, 2011, 75 (5): 34 – 52.

[349] 潘镇, 李晏墅. 联盟中的信任——一项中国情景下的实证研究 [J]. 中国工业经济, 2008 (4): 44 – 54.

[350] Fawcett S E, Jones S L, Fawcett A M. Supply chain trust: The catalyst for collaborative innovation [J]. Business Horizons, 2012, 55 (2): 163 – 178.

[351] 孟迪云, 王耀中, 徐莎. 网络嵌入性对商业模式创新的影响机制研究 [J]. 科学学与科学技术管理, 2016 (11): 152 – 165.

[352] Jones G R, George J M. The Experience and Evolution of Trust: Implications for Cooperation and Teamwork [J]. Academy of Management Review, 1998, 23 (23): 531 – 546.

[353] Chiu Y T H. How network competence and network location influence innovation performance [J]. Journal of Business & Industrial Marketing, 2008, 24 (1): 46 – 55.

[354] Du T C, Lai V S, Cheung W, et al. Willingness to share information in a supply chain: A partnership-data-process perspective [J]. Information & Management, 2012, 49 (2): 89 – 98.

[355] Khan M, Hussain M, Saber H M. Information sharing in a sustainable supply chain [J]. International Journal of Production Economics, 2016, 181: 208 – 214.

[356] 贾晓霞, 张寒. 引入合作网络的知识积累对产学研合作创新绩效影响的实证研究——基于中国 2006～2015 年 34 所 985 高校专利数据 [J]. 产经评论, 2018, 9 (6): 116 – 127.

[357] Barney J. Firm resources and sustained competitive advantage [J]. Journal of management, 1991, 17 (1): 99 – 120.

[358] Loebbecke C, van Fenema P C, Powell P. Managing inter-organizational knowledge sharing [J]. The Journal of Strategic Information Systems, 2016, 12 (5): 111 – 120.

[359] Kogut B, Zander U. Knowledge of the Firm, Combinative Capabilities, and the Replication of Technology [J]. Organization Science, 1992, 3 (3): 383 – 397.

[360] De Boer M, Van Den Bosch F A J, Volberda H W. Managing Organizational Knowledge Integration in the Emerging Multimedia Complex. Journal of Management Studies, 1999, 36 (3), 379 – 398.

[361] Nonaka I, Toyama R, Konno N. SECI, Ba and Leadership: A Unified Model of Dynamic Knowledge Creation [J]. Long Range Planning,

2000，33（1）：5 – 34.

［362］ Mcevily B，Marcus A. Embedded ties and the acquisition of competitive capabilities ［J］. Strategic Management Journal，2005，26（11）：1033 – 1055.

［363］ Laursen K，Salter A. The paradox of openness：appropriability and the use of external sources of knowledge for innovation ［C］//Academy of Management Conference，Hawaii. 2005：28 – 37.

［364］ 陈钰芬，陈劲. 开放度对企业技术创新绩效的影响 ［J］. 科学学研究，2008（2）：419 – 426.

［365］ Jiménez – Jiménez D，Sanz – Valle R. Innovation，organizational learning，and performance ［J］. Journal of business research，2011，64（4）：408 – 417.

［366］ Krishman R，Martin X，Noorderhaven N G. When Does Trust Matter to Alliance Performance? ［J］. The Academy of Management Journal，2006，49（5）：894 – 917.

［367］ Crossan M M，Apaydin M. A multi-dimensional framework of organizational innovation：A systematic review of the literature ［J］. Journal of management studies，2010，47（6）：1154 – 1191.

［368］ Jia X，Chen J，Mei L，et al. How leadership matters in organizational innovation：a perspective of openness ［J］. Management Decision，2017，56（1）：6 – 25.

［369］ Martínez Sánchez，Angel Pérez Pérez，Manuela，Deluiscarnicer P.，et al. Telework，human resource flexibility and firm performance ［J］. New Technology Work & Employment，2010，22（3）：208 – 223.

［370］ 刘衡，李垣，李西垚，肖婷. 关系资本、组织间沟通和创新绩效的关系研究 ［J］. 科学学研究，2010（12）：1912 – 1919.

［371］ Alexiev A S，Volberda H W，Van den Bosch F A J. Interorganizational collaboration and firm innovativeness：Unpacking the role of the organizational environment [J]. Journal of Business Research, 2016, 69 (2): 974 – 984.

[372] Gadde L E, Hjelmgren D, Skarp F. Interactive resource development in new business relationships [J]. Journal of Business Research, 2012, 65 (2): 210 – 217.

[373] 马艳艳, 刘凤朝, 姜滨滨, 王元地. 企业跨组织研发合作广度和深度对创新绩效的影响——基于中国工业企业数据的实证 [J]. 科研管理, 2014 (6): 33 – 40.

[374] 陈叶烽, 叶航, 汪丁丁. 信任水平的测度及其对合作的影响——来自一组实验微观数据的证据 [J]. 管理世界, 2010 (4): 54 – 64.

[375] Agyapong A, Boamah R B. Business strategies and competitive advantage of family hotel businesses in Ghana: The role of strategic leadership [J]. Journal of Applied Business Research, 2013, 29 (2): 531 – 544.

[376] 尹奎, 孙健敏, 吴艳华. 人力资源柔性研究评述与展望 [J]. 首都经济贸易大学学报, 2017, 19 (2): 102 – 112.

[377] Valverde M, Tregaskis O, Brewster C. Labor Flexibility and Firm Performance [J]. International Advances in Economic Research, 2000, 6 (4): 649 – 661.

[378] Velajiménez M, Ángel Martínez Sánchez, Pérezpérez M, et al. How environmental changes and cooperation moderate labour flexibility and firm performance? [J]. Personnel Review, 2014, 43 (6): 915 – 936.

[379] 范志刚, 吴晓波. 动态环境下企业战略柔性与创新绩效关系研究 [J]. 科研管理, 2014, 35 (1): 1 – 8.

[380] Way S A, Tracey J B, Fay C H, et al. Validation of a multidimensional HR flexibility measure [J]. Journal of Management, 2015, 41 (4): 1098 – 1131.

[381] 邢会, 高素英, 张金, 于慧. 高绩效工作系统与组织绩效——人力资源柔性的中介效应 [J]. 科技管理研究, 2015, 35 (1):

160 – 166.

[382] 李召敏，赵曙明. 关系导向型战略领导、人力资源柔性与组织绩效——基于转型经济下民营企业的实证研究 [J]. 外国经济与管理，2016，38（4）：73 – 89.

[383] 魏海波，李新建，刘翔宇. "HRM – 竞争战略" 匹配模式对组织适应性绩效的作用机制研究 [J]. 管理学报，2018，15（3）：366 – 374.

[384] Beltránmartín I, Rocapuig V, Escrigtena A, et al. Human Resource Flexibility as a Mediating Variable Between High Performance Work Systems and Performance [J]. Journal of Management，2008，34（5）：1009 – 1044.

[385] Do B R, Yeh P W, Madsen J. Exploring the relationship among human resource flexibility, organizational innovation and adaptability culture [J]. Chinese Management Studies，2016，10（4）：657 – 674.

[386] 刘翔宇，李懿，韦福祥. 平台型 HRM、人力资源双元柔性能力与组织创新绩效：倒 U 型关系的独立与互动中介作用 [J]. 科技进步与对策，2018，35（19）：131 – 139.

[387] Leonardi P M. How to Build High Impact Theories of Organizational Communication [J]. Management Communication Quarterly，2017，31（1）：123 – 129.

[388] 田辉. 组织变革背景下沟通开放性、变革意愿与组织学习关系研究 [J]. 学习与探索，2016（5）：123 – 129.

[389] 陈志红，周路路. 组织文化、支持性领导行为和沟通行为的关系探究 [J]. 软科学，2014，28（9）：91 – 94.

[390] 刘思亚. 组织变革感知、心理契约违背与知识创造绩效的关系 [J]. 中国科技论坛，2014（9）：90 – 94.

[391] Mahdieh O. Interaction between communication and organizational conflict and its relationship with performance [M]. Social Science Electronic Publishing，2016：112 – 134.

[392] 郑雅琴, 贾良定, 尤树洋. 灵活性人力资源管理系统与心理契约满足——员工个体学习目标导向和适应性的调节作用 [J]. 经济管理, 2014, 36 (1): 67-76.

[393] Xia Y, Zhang L, Zhao N. Impact of Participation in Decision Making on Job Satisfaction: An Organizational Communication Perspective [J]. Spanish Journal of Psychology, 2016 (19): 1-14.

[394] Phelps L D, Dufrene D D. Improving Organizational Communication through Trust [J]. Journal of Technical Writing & Communication, 1989, 19 (3): 267-276.

[395] Lovelace K, Shapiro D L, Weingart L R. Maximizing Cross-Functional New Product Teams' Innovativeness and Constraint Adherence: A Conflict Communications Perspective [J]. Academy of Management Journal, 2001, 44 (4): 779-793.

[396] Chen C J, Huang J W. Strategic human resource practices and innovation performance - The mediating role of knowledge management capacity [J]. Journal of Business Research, 2009, 62 (1): 104-114.

[397] Sattayaraksa T, Boon-itt S. The roles of CEO transformational leadership and organizational factors on product innovation performance [J]. European Journal of Innovation Management, 2018, 21 (2): 227-249.

[398] Jung C S, Lee G. Organizational Climate, Leadership, Organization Size, and Aspiration for Innovation in Government Agencies [J]. Public Performance & Management Review, 2016, 39 (4): 1-26.

[399] Kernan M C, Hanges P J. Survivor reactions to reorganization: Antecedents and consequences of procedural, interpersonal, and informational justice [J]. Journal of Applied Psychology, 2002, 87 (5): 916-928.

[400] Tracey T J G. The structure of interests and self-efficiency expectations: An expanded examination of the spherical model of interests [J]. Journal of Counseling Psychology, 1997, 44 (1): 32-43.

［401］Schermuly C C, Meyer B. Good relationships at work：The effects of Leader – Member Exchange and Team – Member Exchange on psychological empowerment, emotional exhaustion, and depression ［J］. Journal of Organizational Behavior, 2016, 37 （5）：673 –691.

［402］Dong Y, Bartol K M, Zhang Z X, et al. Enhancing employee creativity via individual skill development and team knowledge sharing：Influences of dual-focused transformational leadership ［J］. Journal of Organizational Behavior, 2017, 38 （3）：439 –458.

［403］王婷, 杨付. 无边界职业生涯下职业成功的诱因与机制 ［J］.心理科学进展, 2018, 26 （8）：1488 –1500.

［404］孙春玲, 张梦晓, 安珣. 维度分化视角下变革型领导对心理授权的激励作用研究 ［J］. 中国软科学, 2015 （10）：166 –176.

［405］Spreitzer G M. Psychological empowerment in the workplace：Dimensions, measurement, and validation ［J］. Academy of Management Journal, 1995, 38 （5）：1442 –1465.

［406］李超平, 田宝, 时勘. 变革型领导与员工工作态度：心理授权的中介作用 ［J］. 心理学报, 2006, 38 （2）：297 –307.

［407］Janssen O. The joint impact of perceived influence and supervisor supportiveness on employee innovative behaviour ［J］. Journal of Occupational & Organizational Psychology, 2005, 78 （4）：573 –579.

［408］Schermuly C C, Meyer B, Dämmer L. Leader-member exchange and innovative behavior：The mediating role of psychological empowerment ［J］. Journal of Personnel Psychology, 2014, 12 （12）：132 –142.

［409］魏峰, 袁欣, 邸杨. 交易型领导、团队授权氛围和心理授权影响下属创新绩效的跨层次研究 ［J］. 管理世界, 2009 （4）：135 –142.

［410］李永占. 变革型领导对员工创新行为的影响：心理授权与情感承诺的作用 ［J］. 科研管理, 2018, 39 （7）：123 –130.

［411］Hill N S, Kang J H, Seo M G. The interactive effect of leader-member exchange and electronic communication on employee psychological empowerment and work outcomes [J]. Leadership Quarterly, 2014, 25 (4): 772 – 783.

[412] 陈明淑, 李佳雯, 陆擎涛. 高绩效工作系统与企业创新绩效——人力资源柔性的中介作用 [J]. 财经理论与实践, 2018, 39 (6): 119 – 124.

[413] 赵红雨, 张丽华. 人力资源柔性研究综述 [J]. 现代管理科学, 2017 (3): 15 – 17.

[414] Cordery J, Sevastos P, Mueller W, et al. Correlates of employee attitudes toward functional flexibility [J]. Human Relations, 1993, 46 (6): 705 – 723.

[415] Bal P M, Lange A H D. From flexibility human resource management to employee engagement and perceived job performance across the lifespan: A multisample study [J]. Journal of Occupational & Organizational Psychology, 2015, 88 (1): 126 – 154.

[416] Kirkman B L, Rosen B, Tesluk P E, Gibson C B. The Impact of Team Empowerment on Virtual Team Performance: The Moderating Role of Face – to – Face Interaction. Academy of Management Journal, 2004, 47 (2): 175 – 192.

[417] Scott S G, Bruce R A. Creating innovative behavior among R&D professionals: the moderating effect of leadership on the relationship between problem-solving style and innovation [C]//Engineering Management Conference, 1994. 'Management in Transition: Engineering a Changing World', Proceedings of the 1994 IEEE International. 1994: 48 – 55.

[418] Zhou J, George J M. When job dissatisfaction leads to creativity: encouraging the expression of voice [J]. Academy of Management Journal, 2001, 44 (4): 682 – 696.

[419] Mathieu J E, Taylor S R. A framework for testing meso-mediation-

al relationships in Organizational Behavior［J］. Journal of Organizational Behavior，2007，28（2）：141 – 172.

［420］温福星. 阶层线性模型的原理与应用［M］. 中国轻工业出版社，2009：67 – 75.

［421］钟竞，邓婕，罗瑾琏. 包容型领导对团队绩效及员工创新绩效的影响——有调节的中介模型［J］. 科学学与科学技术管理，2018，39（9）：137 – 148.

［422］杜佳婧，李敏. 自恋型领导与知识型下属创新绩效的关系研究［J］. 研究与发展管理，2018，30（3）：55 – 63.

［423］杨陈，杨付，景熠，唐明凤. 谦卑型领导如何改善员工绩效：心理需求满足的中介作用和工作单位结构的调节作用［J］. 南开管理评论，2018，21（2）：121 – 134，171.

［424］Kim M S，Koo D W，Okumus F，et al. Linking LMX，engagement，innovative behavior，and job performance in hotel employees［J］. International Journal of Contemporary Hospitality Management，2017，29（12）：3044 – 3062.

［425］Moulang C，Cahan S. Performance measurement system use in generating psychological empowerment and individual creativity［J］. Accounting & Finance，2015，55（2）：519 – 544.

［426］Barkema H G，Chen X P，George G，et al. West Meets East：New Concepts and Theories［J］. Academy of Management Journal，2015，58（2）：460 – 479.

［427］Wang Z. Developing Global Roles for Chinese Leadership：An ASD Theory of Organizational Change［J］. Advances in Global Leadership，2012（7）：375 – 388.

后 记

谈谈智能制造下的整合式领导力

我开始关注整合式领导这一主题起源于 7 年前，当时是为了申报国家自然科学基金，我一个人蜗居在加拿大多伦多的一所小房子里，看 *The Leadership Quarterly*，*Academy of Management Journal* 等英文期刊的相关文献，彼时的这些英文期刊刚开始有整合式领导和整合式领导力的英文文章，我的目的很单纯，为了申报基金，必须阅读和使用英文文献。后来连续申报了三次这个主题也没有中标，但是我并没有放弃对这一主题的关注，长期关注的结果就是指导张大鹏获得了博士学位并即将要出版这本小书。

现在回想起来，对整合一词的关注显然不单单起源于上述过程。领导和领导力的类型繁多，本书综述了近百种领导力类型，为什么偏偏关注整合这个方向呢？思前想后，这个问题的答案在我就是长期受传统文化之易学的熏陶，易学在世界上主要就是领导之学，而且是经过时空检验的领导之学，关于这一点不必太关注西人懂与不懂，我们理应稳健的自信起来。我自己大约从 2001 年前后开始系统的学习易学及其相关知识。刚开始，面对汗牛充栋的易学资料，简直无从下手，可是，选择了就得承担，怎么办？实际上，没有人会告诉你适合你自己的方法的，别人的建议仅仅是建议罢了，一切都要靠自己去探索，这跟领导者的行为如出一辙，我自己将此称为学者领导力。接下来，我选择用常识的方法从最基本的字、词开始学习，于是有了厚厚的几大本用不同颜色的笔标记的笔记，今天再翻阅这些笔记的时候，我要感谢她，因为她帮我奠定了思想和行为基础，这应该是一个学人必须具备的扎根精神，这也是一个学人向精致的、浮躁的功利主义叫板的基本行为。一个字、一个词、一个爻、一个卦……就这样经年累月的积累，整合一词于是生成和涌现了出来。在我，这是整合一词的真正来源，并不是受英文文献的影响，而是受中国传统经典文化的滋养和熏陶。不管西方多牛的大学者提出整合式领导和整合式领导力，也仅仅是他们/她们社会发展到了这个阶段的必然产物，反之在东方，我们早已经历过了这个阶段并且建立了基于实践基础上的整合认知。放眼未来，在人口红利式微的今天，我始终坚信，基于中国优秀传统经典文化的人文红利必将大行其道。

可是，真正整合的时候，又何止是难乎其难！张大鹏阅读了600多篇英文相关文献，加上中文文献，何止千篇！其用功至深，个中滋味，大家可以阅读他的博士论文的致谢部分，也可以跟他直接交流。

用什么整合？整合什么？为什么整合？始终是我们讨论的核心问题。既然整合一词主要来源于东方传统文化和实践思想，那么工具也从其中选择吧。于是，"式盘"的概念进入了我们的视野，所谓式盘是具有符号化和格式化的模仿宇宙结构的工具，它既是囊括各个分支知识的知识网络也是做一切相关分析的逻辑工具。利用式盘的工具性，在书中我们构建了微观、中观和宏观层面的多个领导力模型，这些模型既有对理论层面的、也有对实践层面的整合，我倒是认为实践层面的整合需求远远大于领导力理论丛林的整合需求，因为数字经济时代实践的需要，尤其是智能制造时代的需求，整合成为必然，至于领导力理论丛林正如生态丛林一样一定会长期持续下去，整合只是偶然。我个人认为，整合两个字中间还有一个分字，目前的领导力理论和实践研究正处于分的阶段，还远没有到合的阶段，虽然已经有不少文献开始关注于此，纵使本书提出并建构了整合式领导力，也不代表她的终结，恰恰代表了一种新的开始。那么，仅仅利用式盘工具进行整合，够吗？显然不够，既然是整合，似乎缺少了一些东西，西方领导科学的实证和案例研究也是值得借鉴和学习的，因此，本书基于中国传统文化整合思想，利用式盘的工具性，借鉴实证研究和案例研究最终建构了整合式领导力，至于整合式领导和整合式领导力的区别，大家可以从书中找到答案，我不再赘述。定性来看，一言以蔽之，今天的领导者如果不能站在世界的角度审视自身，不能站在自身的视角反观世界，这种领导者迟早是要被淘汰的。

既然已经掀开了整合式领导的面纱，必然做好了长期主义的打算。本书仅仅是我们"波导战团"面向智能制造下的创新引领推出的系列丛书之一，着眼于未来，整合一定是大势所趋。在这种趋势下，首先应该整合中国传统人文与西方现代科学，这样才可以建构人类命运共同体；其次应该整合领导艺术与领导科学，领导是人，我们认为其艺术性远大于其科学性，这样才可以持续人性价值和光辉；最后应该整合人工智能与人类智慧，人工智能是人类智慧的产物，其潜力远没有发挥，人类应自谦，方可驾驭人工智能。

本书在实证和案例研究过程中，所选择的数据主要来源于制造业企业，但这不代表其完全适用于制造业企业，本书作为整合式领导力的较早面世者，难免存在错漏之处，不管是什么问题，热忱欢迎各位朋友不吝赐教。

本书作者的联系邮箱是：neuqzdp@163.com，xbsun@mail.neu.edu.cn，敬请批评指正。

孙新波

2019 年 8 月